ERFOLG DURCH SELBSTMANAGEMENT

Golf *mental*

Antje Heimsoeth

pietsch

Einbandgestaltung: Katrin Kleinschrot
Titelbild: Skip ODonnell – iStockphoto.de

Bildnachweis:
Fotos: Anchels – fotolia.de: S. 51; Ben Blankenburg – iStockphoto.de: S. 39; Bergringfoto – fotolia.de: S. 99; campomalo – pixelio.de: S. 27; Chris Godson: S. 4 (Chris Godson); Karl Schuhbeck: S. 4 (Karl Schuhbeck); Kerstin Diacont: S. 48; Rainer Sturm – pixelio.de: S. 79; sida – fotolia.de: S. 115; Orhidea Briegel - http://www.orhideal-image.com/orhideal/ueber-mich.html: S. 135. Alle weiteren Fotos stammen von Frank Föhlinger.
Grafiken: Erika Vogl-Kis, EVK Design und Illustration: S. 41, 74, 114, 125; : Ilona Kröger: Abnehmen mit Klopfakupressur, VAK Verlags GmbH: März 2006 (978-3-935767-80-4): S. 46; Kerstin Diacont: S. 7 oben, 9, 18, 19, 20, 21, 24, 28, 30 unten, 31, 36, 39 unten, 45, 58 unten, 59, 61, 71, 72, 75, 76, 89, 99 rechts, 104, 126, 128, 129, 131. Alle weiteren Grafiken stammen – soweit im Text nicht anders vermerkt – von der Autorin Antje Heimsoeth.

ISBN 978-3-613-50772-2

1. Auflage 2014

Sie finden uns im Internet unter: www.pietsch-verlag.de

Lektorat: Dr. Anke Susanne Hoffmann, Susanne Fischer
Innengestaltung: Kerstin Diacont
Druck und Bindung: Appel und Klinger, 96277 Schneckenlohe
Printed in Germany

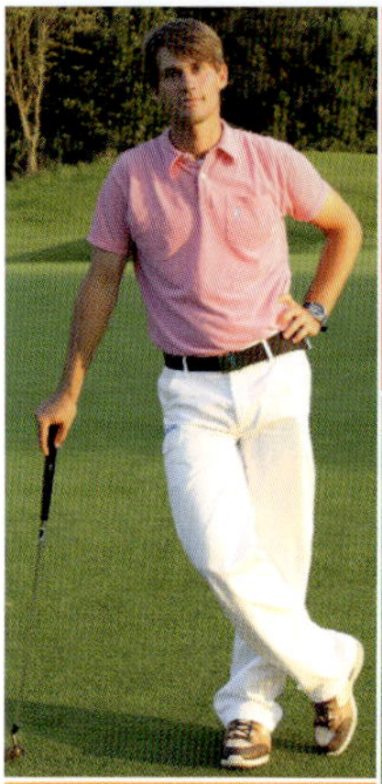

Christopher Godson

Charly Schuhbeck

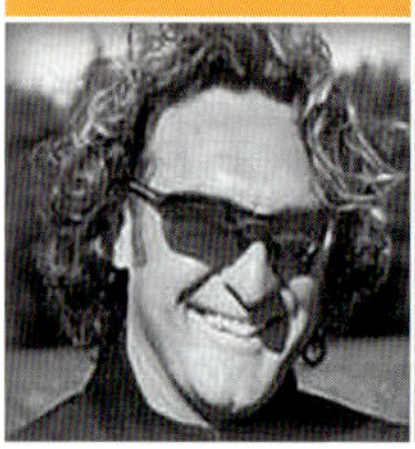

Vorwort

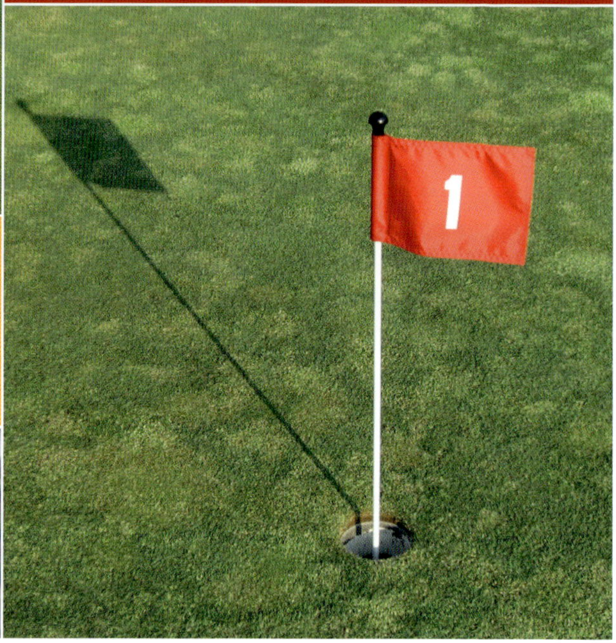

In meiner bisherigen Laufbahn als Golfspieler wurde ich mit Unentschlossenheit, Ängstlichkeit, Selbstzweifel und Ablenkung konfrontiert. Dabei merkte ich, dass mir das beste Techniktraining in diesen Situationen nicht weiterhalf. Daraufhin lernte ich die Bedeutung eines gezielten Mentaltrainings schätzen. Seitdem hat mein Spiel an Beständigkeit und Freude deutlich zugenommen.

Es ist bekannt, dass bei Golfern aller Leistungsklassen der mentale Aspekt zu 80–90 Prozent über Erfolg oder nicht Erfolg entscheidet. Je positiver ein Spieler denken kann, umso leichter sinkt das Handicap. Es macht also sehr viel Sinn, dem mentalen Aspekt des Golfspiels den gebührenden Platz einzuräumen, damit mehr Beständigkeit und niedrige Scores den Sieg erleichtern. Antje Heimsoeth versteht es sehr gut, ihr Wissen über diesen noch nicht ganz selbstverständlichen Teil des Golfspieles prägnant und gut nachvollziehbar zu vermitteln.

Schönes Spiel,
Christopher Godson
Playing und Teaching Professional

In den vergangenen Jahrzehnten wurden unzählige Golfbücher geschrieben. Der Großteil davon beschäftigt sich mit den technischen Aspekten des Golfschwunges.
Als Golfprofessional weiß ich, wie wichtig eine solide Technik ist und dass man die Gesetze der Physik nicht außer Kraft setzen kann. Mindestens den gleichen Einfluss auf unser Golfspiel haben jedoch unsere Gedanken. Auch sie folgen Gesetzmäßigkeiten, die es zu beachten gilt. Nur wer seine Gedanken im Griff hat, kann sein Leistungspotenzial voll ausschöpfen.

Im Golf entscheiden die mentalen Aspekte zu etwa 80–90 Prozent über Sieg oder Niederlage. Dieser Tatsache wird im Spitzensport schon seit längerer Zeit Rechnung getragen und Mentaltrainer sind nicht mehr wegzudenkender Bestandteil des Betreuerteams. Im Amateurbereich ist dieses Bewusstsein erst langsam im Entstehen. Es spielt keine Rolle, ob Sie Anfänger, Freizeitgolfer, Mannschafts- oder Tourspieler sind, denn auf jedem Niveau werden Sie durch den richtigen Umgang mit Ihren Gedanken Ihr Spiel deutlich verbessern.

In meiner täglichen Arbeit als Golflehrer begegnen mir immer wieder unzufriedene, frustrierte, ja manchmal sogar verzweifelte Golfer. Die Gründe dafür sind meist sehr vielschichtig und stehen miteinander in Wechselwirkung: Unpassendes Equipment, ungenügende Schwungtechnik, mangelnde körperliche Fitness und grobe Defizite im mentalen Bereich.

Die meisten Spieler sehen ein, dass sie nur mit einer soliden Technik und dem passendem Material gutes Golf spielen können. Was die Bedeutung der physischen Fitness anbelangt, ist das Verständnis schon geringer und hinsichtlich der mentalen Aspekte fehlt leider oft jegliches Bewusstsein.

Die Gründe für das Vernachlässigen der mentalen Seite liegen vermutlich in der unmittelbaren Messbarkeit. Eine Schwungverbesserung und besseres Material führen relativ schnell zu einem besseren Treffen des Balles und somit zu längeren und geraderen Schlägen. Dies lässt sich relativ einfach messen. Die Auswirkungen der Emotionen und Gedanken lassen sich nicht so einfach in Metern ausdrücken.

Emotionen und Gedanken begleiten und leiten uns jedoch ständig. Wir können sie nicht einfach ausschalten. Sie sind immer da und beeinflussen unser Tun massiv. Allein der richtige Umgang mit ihnen entscheidet darüber, ob wir mit angezogener Handbremse unterwegs sind, oder ob wir Zugang bekommen zu den Kräften, die in uns schlummern. In diesem Buch erfahren Sie, wie Sie durch die richtige Art des Denkens und das Management Ihrer Emotionen Ihr Spiel, egal auf welchem Leistungsniveau, deutlich verbessern können. Sie finden hier unterschiedliche mentale Techniken, um mit Druck, Nervosität und Ängsten umzugehen. Anstatt sich selbst zu sabotieren, entwickeln Sie Ihr Selbstvertrauen und werden so Ihr bester Freund auf dem Platz.

Ich habe in den vergangenen Monaten Einblick in die praktische Arbeit von Antje Heimsoeth bekommen und weiß, dass ihr profundes Wissen und ihre Art der Vermittlung Ihnen nachhaltigen Erfolg bringen werden – nicht nur auf dem Golfplatz!

Mag. phil. Karl Schuhbeck
Golfprofessional

1 Einführung – Golf mental

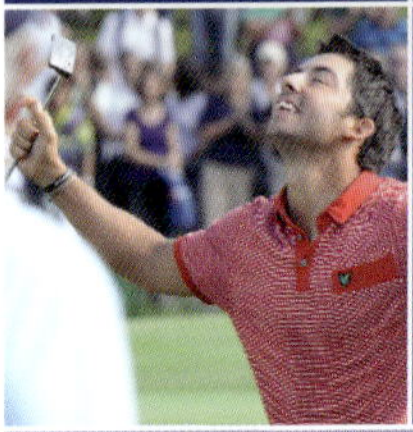

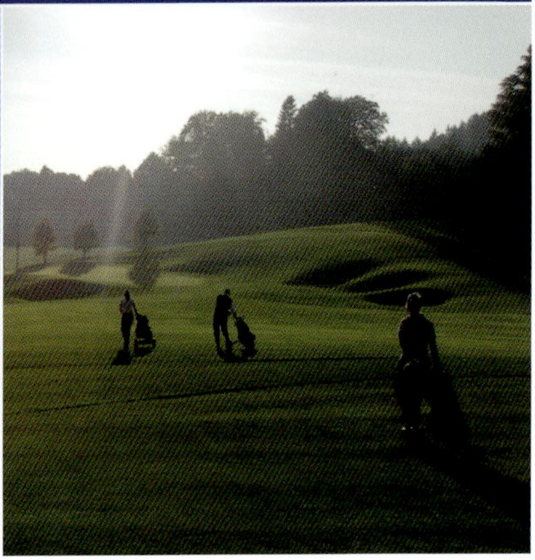

»The game is played mainly on a five-and-a-half inch course … the space between your ears!«

Bobby Jones

Golfer benötigen für gute Leistungen auf dem Platz athletische Fähigkeiten, körperliche Fitness und mentale Stärke. Du solltest als Golfer die Golfregeln kennen. Und natürlich brauchst du eine Basistechnik für einen wiederholbaren stabilen Schwung, regelmäßige Stunden mit deinem Pro, Zeit auf der Driving Range zum Üben, eine Ausrüstung mit einigen Schlägern und Bällen sowie Geld, um deine Pro-Stunden und das Green Fee bezahlen zu können. Und eben mentales Training.

Denn die Bewegungen eines Golfers werden vom Gehirn kontrolliert. Als Babys lernten wir Krabbeln, Gehen, Essen, das bewusste Sprechen, Rennen etc. durch das Prinzip von Versuch und Irrtum. Als Erwachsene müssen wir nicht mehr darüber nachdenken, wie wir gehen, sprechen, Fahrrad fahren, Treppen steigen oder einen Ball werfen. Diese Prozesse laufen automatisch ab. Dein Gehirn ist ein Bio-Computer. Was aber hindert uns, unsere Potenziale abzurufen?

Eine beschränkte Sicht der Dinge?

Um dir einen Eindruck zu vermitteln, was ich darunter verstehe, über die eigenen Grenzen hinaus zu denken und alternative Lösungen zu entwickeln, bitte ich dich, folgende Aufgabe zu lösen.

Übung:

Versuche, die auf Seite 7 abgebildeten neun Punkte mit vier Linien (geraden Strichen) zu verbinden, ohne den Stift abzusetzen.

(vgl. Thomas Zerlauth, Sport im State of Excellence 2000, S. 25)

Die Lösung findest du am Ende des Kapitels 1.

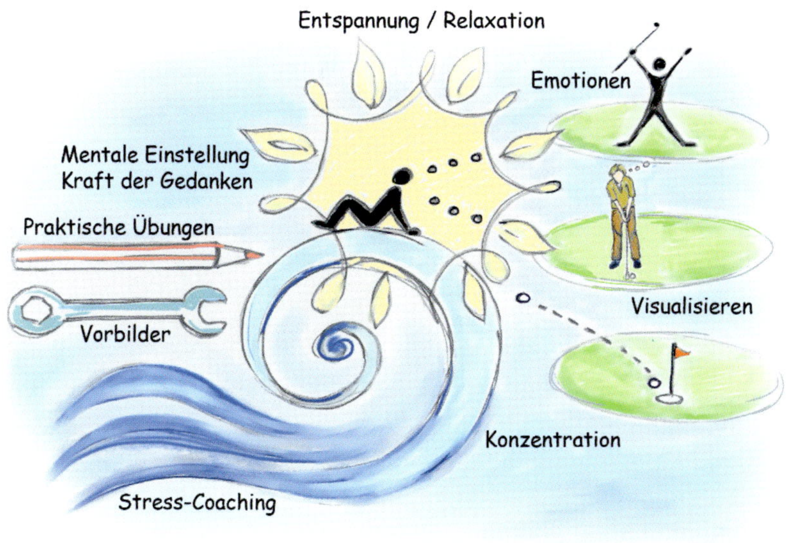

Fallbeispiele:

- Zum Beispiel ein verschobener Putt am selben Loch letzte Woche und die innere Stimme, die dir den Befehl gibt, nicht wieder den Putt links am Loch vorbeizuschieben wie letzte Woche.
- Negativer Befehl wie z. B. »Nicht zu kurz spielen!« oder »Nicht zu verkrampft schlagen!«
- Die Angst vor dem Par.
- Du stehst am ersten Abschlag mit einem Kunden der Firma und du denkst an den Slice von letzter Woche.
- Wir haben alle unsere negativen Erfahrungen auf Golfrunden gemacht. Und neigen dazu, immer wieder genau an diese negativen emotionalen Momente in der Vergangenheit, z. B. Schlag ins Wasser, zu denken. In diesem Moment entstehen auch die negativen Bilder dazu in unserem Kopf, denn wir denken in Bildern.
- Gelegentlicher Wechsel der Schlagtechnik.

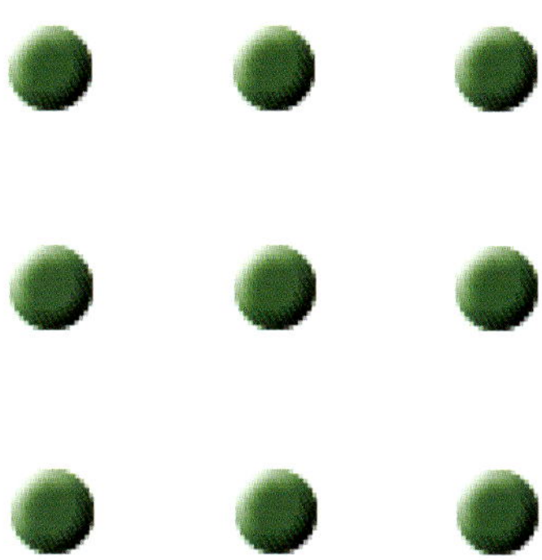

Was passiert? Normalerweise genau das Gegenteil von dem, was wir erreichen wollten. Wenn wir Büchern und Zeitschriften Glauben schenken wollten, liegt es am Griff oder Setup und wir müssen nur auf die Driving Range und mit Hilfe des Pros unseren Putt oder Abschlag verändern. Hast du es an der Stelle schon mal mit Mentaltraining versucht? Alle meine Kunden im Sport konnten mit Mentaltraining ihre Leistungen optimieren. Mentaltraining spart Zeit und Geld und beschleunigt Lernprozesse. Daher mein Tipp: Beschäftige dich mit den mentalen Aspekten des Golfsports mehr als mit den anderen Faktoren, die dein Golfspiel ausmachen. Und nicht erst, wenn du deine Technik ausgefeilt hast.

Mentaltraining heißt nicht, auf der Couch zu liegen, sich irgendwelche Suggestionen anzuhören, über die Beziehung zur Mutter zu reden, als man drei Jahre alt war, oder von einem besseren Leben zu träumen. Sondern?

> **»Golf is 90 % mental ...**
> **and the other 10 % is mental.«**
>
> ***(Jim Flick, ehemaliger Trainer von Jack Nicklaus und Tom Lehman)***
>
> **»90 % im Golf ist mental –**
> **und die restlichen 10 % ebenso.«**
>
> ***(Arnold Palmer, 94 Toursiege)***

Was ist Mentales Training?
Definitionen:
mental: [lateinisch] die psychischen Vorgänge (Denken und Vorstellen) betreffend.
(vgl. www.wissen.de)
men-tal: [Adj., o. Steig.] zum Geist gehörend, den Geist betreffend, geistig, (nur) in Gedanken
(vgl. www.wissen.de)
Training ['trei-; das; englisch]: Im weiteren Sinne jede organisierte Ausbildung, wie z. B. industrielle Anlernverfahren oder berufsqualifizierende Verfahren wie Verkaufstraining, Astronautentraining u. a. Die Psychologie kennt verhaltensändernde Methoden und Lernverfahren, die auch als Training bezeichnet werden, wie mentales Training, autogenes Training und observatives Training. Im engeren Sinne spricht man vom sportlichen Training, womit allgemein die verschiedenen Maßnahmen zur zielgerichteten Leistungssteigerung und -erhaltung im Sport bezeichnet werden; wird angewendet im Leistungssport, Schulsport, Breiten- und Freizeitsport sowie in der Prävention und Rehabilitation. *(vgl. www.wissen.de)*

> **»Golf ist zu 99 % im Kopf«.**
>
> ***(Annika Sorenstam, Nr. 1 der Weltrangliste, Stand Mai 2006)***

Mentaltraining beinhaltet das lat. Wort »mens«, was soviel bedeutet wie »Geist«, »Verstand«, »Intellekt«.

Definition: *(nach Eberspächer 2004, S. 73)*
»Mentales Training ist das planmäßig wiederholte, systematische, bewusste und kontrollierte Optimieren von Vorstellungen eines Eigenzustandes, seiner Handlung und/oder seines Weges ohne gleichzeitig praktische Ausführung.«
Durch ideomotorisches Training wird eine schwache Kontraktion der Muskeln hervorgerufen. (Carpenter-Effekt)
... kognitive Strategie, bei der ein Bewegungsablauf gedanklich wiederholt und dadurch optimiert werden soll. *(Janssen 1989, S. 23)*
Vorstellungen können bildhaft, verbal oder kinästhetisch sein.
Mentales Training verkürzt die Lernzeiten für die Aneignung von Golf-Techniken.
Mentales Training = gedankliche Vorbereitung, Hineingehen in eine Situation im Vorfeld. Für das Gehirn ist es nahezu egal, ob man etwas macht oder es sich nur vorstellt.

Mentale Stärke
Definition:
Als mentale Stärke bezeichnet man die »Fähigkeit, im entscheidenden Moment unter den gegebenen Bedingungen die bestmögliche Leistung zu erbringen« *(Venzl 1993)*.
Eine einleuchtende Definition formuliert Dr.

Erfolgsfaktoren

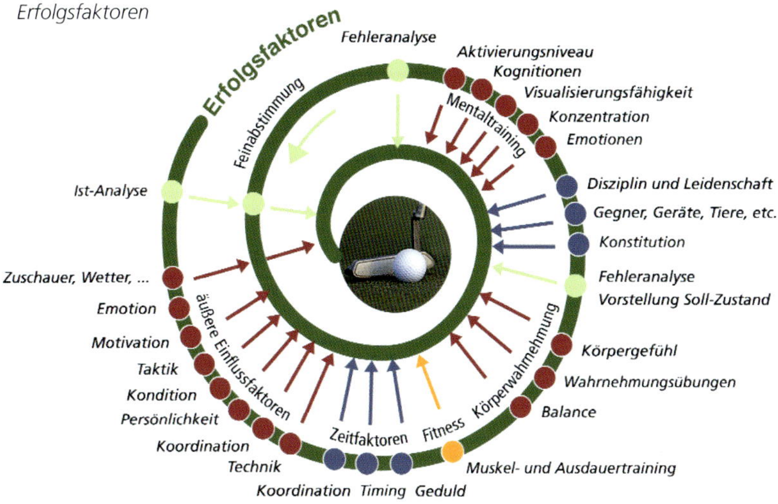

James Loehr *(2001 S. 20 f.)*: »Mentale Stärke ist die Fähigkeit, sich ungeachtet der Wettkampfbedingungen an seiner oberen Leistungsgrenze zu bewegen.«

Muskeltest

Die folgende Übung als Einstieg soll dir zeigen, wie sich deine Gedanken und die Kraft deines Geistes auf deine mentale Verfassung auswirken: Wir nutzen dazu den Muskeltest aus der Kinesiologie. Wir testen den Muskeltonus, ob der Muskel stark oder schwach reagiert. Wenn der Muskel schwach reagiert, dann zeigt der Körper dadurch Stress an. Bitte jemanden, mit dir folgende Übung zu machen:

Mache dich gedanklich frei und halte deinen Arm waagerecht bzw. strecke deinen Arm zur Seite raus und lasse dich durch die andere Person testen – die Person drückt hinter dem Handgelenk, da wo sonst die Uhr ist, auf deinen Arm. Im Regelfall kannst du dem Druck einen Widerstand entgegensetzen. Der Muskel fühlt sich stark an.

Denke an eine Person, die du nicht magst, die dir unsympathisch ist. Diese Person steht vor deinem inneren Auge vor dir. Oder denke an eine Situation, die dich belastet, gehe innerlich in die Situation und wenn du drin bist und ein Bild hast, halte deinen Arm waagerecht bzw. strecke deinen Arm zur Seite raus und lasse dich durch die andere Person testen.

Was passiert? In ca. 88 Prozent der Fälle signalisiert der Körper den damit verbundenen Stress mit einem »schwachen Muskel«, d. h. der Arm lässt sich leicht nach unten drücken.

Unterbrecher (Wie viel Uhr ist es?)

Denke an eine Person, die du sehr gerne hast, die dir sympathisch ist. Strecke dann deinen Arm zur Seite aus und lasse dich durch die andere Person testen.

Was passiert? Der Arm hält, bleibt in der Waagrechten.

Der Kopf ist der wichtigste Muskel.

Lösung der Aufgabe von Seite 7

»Fast jeder, der zum ersten Mal die Lösung dieser Aufgabe versucht, führt als Teil seines Lösungsversuchs etwas ein, das die Lösung unmöglich macht.

Es ist die unbegründete Annahme, dass die Lösung INNERHALB des durch die Punkte gegebenen Quadrats gefunden werden muss – eine Bedingung, die in der Aufgabe nicht enthalten ist, sondern die sich der Problemlöser unversehens selbst auferlegt. Sein Scheitern liegt daher nicht in der Unmöglichkeit der Aufgabe, sondern in seinem Lösungsversuch begründet. (…)

Die Lösung (…) besteht im Heraustreten aus dem Rahmen, sie kann nicht in sich selbst enthalten sein, wie sie eben – in der Sprache der PRINCIPIA MATHEMATICA – ihre Gesamtheit betrifft und daher nicht Teil ihrer selbst sein kann.«

(Watzlawick 1988, S. 44)

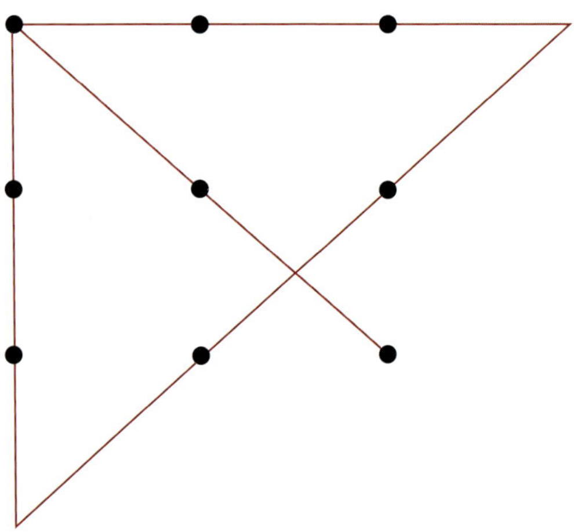

Ziel der Übung:

- Begrenzungen überwinden
- Rahmen »sprengen«

\> Mentaltraining erfordert dies

2 Zielarbeit – Ziele setzen, Ziele erreichen

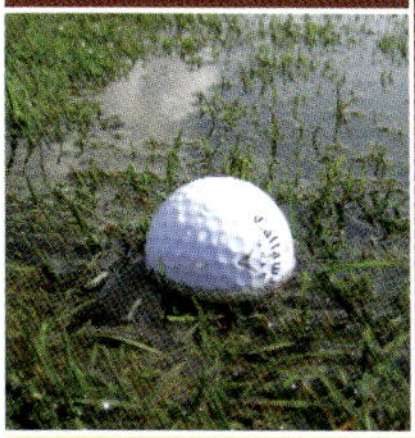

»Erfolg ist mit Aktion verbunden. Erfolgreiche Menschen bewegen sich ständig weiter. Sie machen Fehler, aber sie geben nicht auf.«

Conrad Hilton

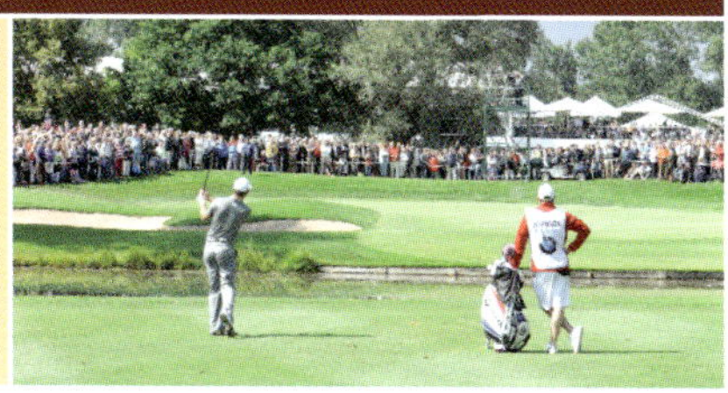

Ich möchte das Thema Ziele mit einer kleinen Geschichte einführen.

Warum Ziele so wichtig sind

Die kalifornische Küste lag nebelverhangen, da an jenem Morgen des 4. Juli 1952.

34 Kilometer westlich davon, auf der Insel Catalina, watete eine 34-jährige Frau ins Wasser und schickte sich an, in Richtung Kalifornien zu schwimmen, entschlossen, diese Strecke als erste Frau zu bewältigen. Ihr Name war Florence Chadwick. Sie war bereits die erste Frau gewesen, die den Ärmelkanal in beide Richtungen durchschwommen hatte. Das Wasser war eiskalt und der Nebel war so dicht, dass sie kaum die Begleitboote ausmachen konnte.

Millionen schauten über die nationalen Fernsehsender zu. Mehrmals mussten Haie mit Gewehren vertrieben werden, um die einsame Gestalt zu schützen. Die Müdigkeit war nie ihr großes Problem bei diesen Schwimmleistungen gewesen – es war die eisige Kälte, die ihr zu schaffen machte.

Mehr als 15 Stunden später bat sie, steif vor Kälte, aus dem Wasser geholt zu werden. Sie konnte nicht mehr. Ihre Mutter und ihr Trainer, die im Boot neben ihr herfuhren, sagten ihr, dass die Küste schon ganz nah sei. Sie drängten sie, nicht aufzugeben, aber als sie zur kalifornischen Küste hinüberschaute, sah die Schwimmerin nichts als den dichten Nebel und bat darum, herausgeholt zu werden. Stunden später, als ihr Körper sich erwärmt hatte, kam der Schock über ihren Misserfolg. Nur eine halbe Meile vor der kalifornischen Küste war sie aus dem Wasser gezogen worden!

Ein Reporter fragte sie: »Miss Chadwick, was hat Sie davon abgehalten, diese letzte halbe Meile zu schwimmen?« »Es war der Nebel«, antwortete sie. »Wenn ich das Land hätte sehen

Sportmentaltrainingszyklus (nach Amler/Bernatzky/Knörzer)

In meiner Ausbildung zum Sportmentaltrainer und -coach an der Heidelberger Akademie für Gesundheitsbildung habe ich den HIM-Sportmentalzyklus kennengelernt und seither in meine Arbeit als Coach integriert. Dieser wurde Amler/ Bernatzky/Knörzer am Heidelberger Institut für Mentaltraining in Anlehnung an den von W. Edward Deming (1982) entwickelten »Regelkreis zur kontinuierlichen Qualitätssteigerung «entwickelt, um den Prozess der kontinuierlichen und planmäßigen Leistungssteigerung zu gewährleisten.

Der Sportmentalzyklus umfasst vier Phasen (siehe Grafik unten):

1. Orientierungsphase
2. Stärken stärken
3. Mentale Blockaden und Engpässe
4. Erfolgskontrolle

Für jede dieser vier Phasen gibt es ein umfangreiches Repertoire an Interventionen und Übungen.
Ein so aufgebautes mentales Training gewährleistet einen kontinuierlichen Verbesserungs- und Veränderungsprozess.

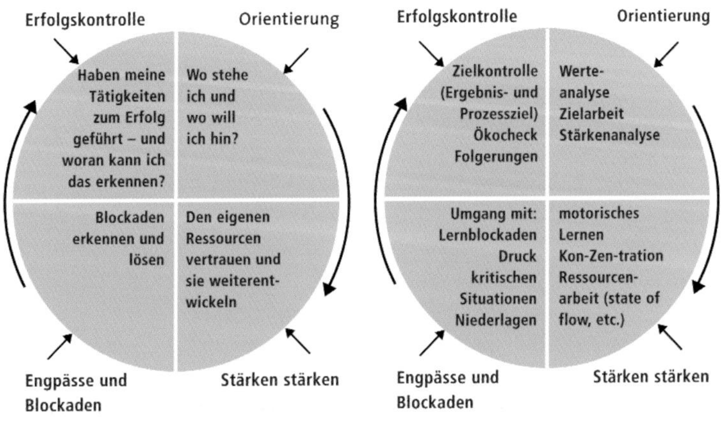

Der HIM-Sportmentaltrainingszyklus aus meiner Ausbildung an der Heidelberger Akademie mit Amler/Bernatzky/Knörzer

können, hätte ich es geschafft. Wenn man da draußen am Schwimmen ist und sein Ziel nicht sehen kann ...«.

Ziele motivieren

Der Satz von Miss Chadwick wurde weltberühmt: »Es war der Nebel. Wenn ich das Land hätte sehen können, ...« Da sie ihr Ziel aus den Augen verloren hatte, gab sie kurz vorher auf. Dasselbe passiert tagtäglich vielen Menschen in allen möglichen Lebensbereichen.

2.1 Vision, Wunsch, Ziel

... wie halten wir diese Begriffe auseinander?

Definitionen:

Wunsch

- »Der Wunsch ist ein Begehren oder Verlangen nach einer Sache oder einer Fähigkeit, ein Streben oder zumindest die Hoffnung auf eine Veränderung der Realität oder das Erreichen eines Zieles für sich selbst oder für einen anderen. Zu den Wünschen gehören sowohl die Glückwünsche als auch negativ besetzte Verlangen. (Verwünschungen, Flüche, jemandem die Pest an den Hals wünschen.)«
(www.wikipedia.de)
- »gleichbedeutend mit Begehren und Verlangen; das Herbeisehnen von etwas, wobei dieses fantasierte Ziel nicht unbedingt mit der Realität in Einklang zu bringen sein muss.«
(www.wissen.de)
- gefühlsbezogen
- Vater des Ziels. Wunsch als treibende Kraft; Wünsche sind wichtig, doch ein Wunsch allein lässt mich mein Ziel nicht erreichen.
- Wünsche richten sich auf Gegenstände, Personen oder auf lustvoll erlebte Sachverhalte.
- Oftmals ein unrealistisches Ziel. Erfüllung bleibt meist dem Zufall überlassen
- Oft liegt die Erfüllung nur teilweise unter eigenem Einfluss.
- Umsetzungsstrategie fehlt.
- Metapher: Ich pflanze ein Samenkorn, gieße es aber dann nicht.
- Beispiel: »Ich wünsche mir schönes Wetter beim nächsten Golfturnier.«

Vision

Sandburg *(zit. nach Zerlauth 2000, S. 99)* hat die Welt der Träume und Visionen treffend beschrieben, als er sagte: »Nichts geschieht, ohne dass ein Traum vorausgeht.«

- Eine Vision ist »weit weg«.
- Synonyme: Lebenszweck, Sinn, Lebensaufgabe, Mission State, Leitstern
- Eine Vision ist manchmal wie ein Traum, der Zugkraft entfalten kann.
- Die Vision ist der Schlüssel. Aus Visionen können Ziele werden. Eine Vision kann mehrere Ziele beinhalten.
- lateinisch, »das Sehen«, »Erscheinung«
(vgl. www.wissen.de)
- Allgemein: eine im Hinblick auf die (unbestimmte) Zukunft entworfene, oft träumerische Vorstellung oder Imagination bezüglich eines Zustands, z. B. die Vision einer völlig konfliktfreien Welt.
- Visionen sind bildhaft, verhaltenswirksam, richtungsweisend, wertorientiert, energiebesetzt, mitreißend, verpflichtend nach innen und nach außen.
- Eine Vision ist der größere Zusammenhang.
- Eine Vision ist eine für die Zukunft entworfene Vorstellung. Etwas, das noch nicht existiert. Ihr fehlt die Strategie zur Umsetzung.

Ein gutes Beispiel für eine Vision gab US-Präsident John F. Kennedy, der Folgendes sagte: »Wir Amerikaner werden noch in diesem Jahrzehnt als Erste den Fuß auf den Mond setzen.«

»Grundvoraussetzung ist die Vision. Diese und die Identifikation mit dem Ziel sind es, die unsere Motivation über Monate zu jener Willensenergie anwachsen lassen, die den Körper zum Pfeil machen. Nur angestaute Energie trägt weit. Sie explodiert … im Tun.« *(Reinhold Messner)*

Ziel

- Das Ziel ist die Antwort auf die Frage »Was will ich?«
- Das Ziel ist verbindlich, realistisch, unter eigenem Einfluss, herausfordernd, beinhaltet die Strategien zur Umsetzung, positiv formuliert, konkret, messbar, fordernd und fördernd.
- Das Ziel ist die Quelle der Motivation und mobilisiert bewusste und unbewusste Ressourcen.
- Ich bewege mich auf ein Ziel hin.
- Der (innere) Weg ist nicht das Ziel. Der Weg ist der Weg.

Wichtig: Ich darf mein persönliches Ziel als Mentaltrainer oder Pro nicht auf den Golfer übertragen!

Wer kein Ziel hat, kann auch keines erreichen und kann auch keinen Erfolg haben.

»Je größer die Ziele sind, desto leichter ist der Weg dorthin. Ein großes Ziel kann man nur er-

Leistungsanalyse/Zielarbeit:

Name: Alter:

Fertigkeiten	Test	Punktestand
Putten		
Chippen		
Bunker		
Pitchen		
Kurze Eisen		
Hölzer		
Fitness		
Herz, Kreislauf, Ausdauer		
Kraft I + II		
Beweglichkeit		
Koordination		
Warm Up		
Mentale Einstellung		
Konzentration		
Umgang mit Druck		
Selbstvertrauen		
Visualisierung		
Entspannung		

(vgl. Peter Terry: Mental zum Sieg. BLV 1990, S. 43)

reichen, wenn man sich auch ein großes Ziel setzt. Und wer sich kein großes Ziel setzt – kann auch kein großes Ziel erreichen.
Nach diesem Motto ist auch das Training bei allen Bedingungen leichter, weil ich genau weiß, warum ich mir das antue und wohin ich will. Wer sich kein Ziel setzt, hat das Problem, sich ständig zu fragen, warum er etwas überhaupt tun soll.«
(Max Wenisch, mehrfacher österreichischer Marathonmeister, Weltklasseläufer, http://www.oebv.com/aktiv/sport/wenisch.html)

Ergebnis- und Handlungsziele

Es wird unterschieden zwischen Ergebniszielen und Handlungszielen.

Ergebnisziele (Was will ich erreichen?)

Beispiele:

- Gewinn der US Open
- Handicap-Verbesserung
- Spielberechtigung auf der European Tour

Für den Menschen ist es natürlich, die meisten seiner Lang- und Kurzzeitziele auf der Basis von konkreten Ergebnissen festzulegen. Sie beschreiben den Ausgang einer Handlung, das, **was** erreicht werden soll. Ergebnisziele sind klar **quantitativ** messbare Ziele wie Titelgewinne, Platzierungen, Zeiten, Gewinnen von Schleifen und Pokalen oder Sieg gegen einen bestimmten Gegner. Oft werden Ergebnisziele an Platzierungen festgemacht (Platz auf dem Treppchen, bestimmter Tabellenplatz).
Vorteil: Genaue Überprüfung möglich, ob das Ziel auch tatsächlich erreicht wurde.

Hier liegt ein Verstoß gegen das Zielkriterium »eigenverantwortlich erreichbar« vor, da die sportliche Konkurrenz des Golfers durchaus an der Zielerreichung hindern kann.

- Sie haben einen Anteil an Fremdeinwirkungen (nicht vollständig unter eigenem Einfluss).
- Frust und Druck sind vorprogrammiert. Angst vor Versagen kann entstehen.

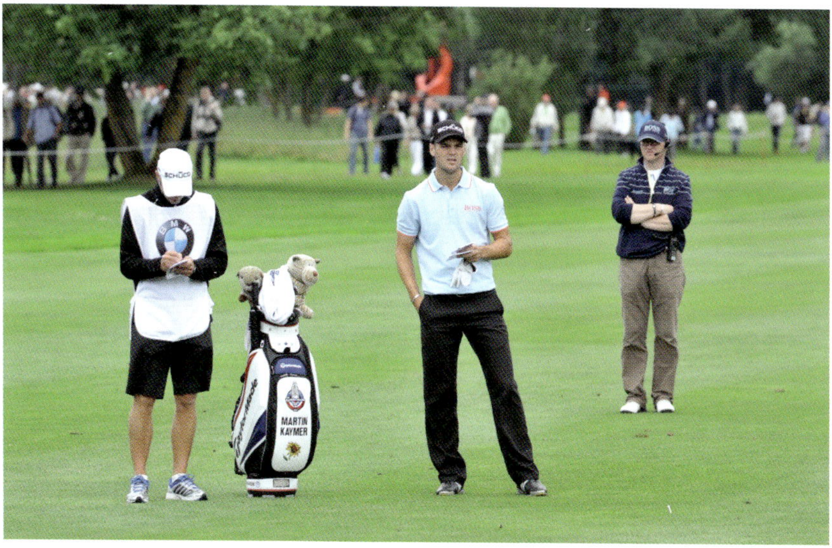

- Bin ich (auf dem Turnier) besser als mein Ziel, steuert mein Unterbewusstsein u. U. gegen.

Handlungs-/Prozessziele
(Wie will ich es erreichen? Was werde ich konkret tun?)
Beispiele:

- Entspannte Golfrunde mit mehr Spaß und Vorfreude auf die nächste Herausforderung
- Ich bin neugierig auf den nächsten Schlag und voller Stolz und Freude aufgrund eines gelungenen Lochs.
- Höhere körperliche Fitness
- Stärkeres mentales Spiel
- »Im nächsten Turnier führe ich nur positive Selbstgespräche, komme was wolle!«
- »Ich bin beim … voll konzentriert.«
- Entspannte Golfrunde allein oder mit Flight-Partnern

Das ganze Leben ist eine Reise und ein fortwährender Lernprozess, und der Golfsport ist ein wertvoller Teil davon. Manchmal denken wir gar nicht an unsere Erwartungen und golfen einfach so, weil es uns Spaß macht. Als Konsequenz daraus entspannt sich unser Geist, der Körper wird locker und wir lernen automatisch. Da in diesem Fall das grundlegende Ziel darin besteht, dass wir an dem Prozess teilhaben wollen, haben wir das Ziel bereits erreicht.

Handlungsziele bezeichnen erwünschte Zustände, die als Voraussetzung zur Erreichung der (Ergebnis-)Ziele gelten

Handlungsziele blenden das Ergebnis aus und beschreiben, **wie** das Ergebnis erreicht werden soll, beschreiben den Weg zum Ziel und die **Qualität** der Handlung. Die Beschäftigung mit dem Ausgang eines Schlags stört die perfekte Ausführung des Schlags.

Nenne drei bis fünf Kriterien, an denen deine Zielerreichung erkannt werden kann. Beispielsweise: »Voller Energie, mutig, locker, konzentriert usw.«
Im nächsten Schritt werden dann die Kriterien weitergehend hinterfragt:
»Wie siehst du aus, wenn du locker golfst? Wie hört sich das an? Wie fühlt sich das an? Wo spürst du die Energie am stärksten?«
Handlungsziele sorgen für dein Sein im Hier und Jetzt. Du verbesserst deine Chancen, wenn du in der Phase der Höchstleistung mit allen Sinnen voll im Hier und Jetzt bist (Exklusivität des Moments). Untersuchungen haben ergeben, dass 66 % der Sportler in der Phase der Höchstleistung im Hier und Jetzt sind. 85 % der Sportler, die schlecht abschnitten, waren auf ihr Ergebnis fokussiert.

Handlungsziel und Ergebnisziel sind mindestens gleichwertig! Nach meiner Ausbildung im Zürcher Ressourcenmodell (ZRM®) sind mir Handlungsziele wichtiger geworden als Ergebnisziele. Formuliere sowohl Ergebnis- wie ein Handlungsziel. Ich kann ein Ergebnisziel verpassen, das Handlungsziel aber erreichen.

Vermeidungsziele (»Weg-von-Ziele«) und deren negative Wirkung

Ziele, die sprachlich den Zustand beschreiben, der vermieden werden soll, heißen Vermeidungsziele (»ich lasse mich weniger hetzen«, »ich möchte weniger …«).
Vermeidungsziele führen zu geringer wahrgenommener Kompetenz, die wiederum zu geringem Selbstwert und geringem Gefühl persönlicher Kontrolle führt. *(Elliot/Sheldon 1997)*

Versuche deine Zielformulierung so zu gestalten, dass sie zum Annäherungsziel bzw. Handlungs- und Ergebnisziele wird. Mancher Pro formuliert seine Absichten für den Golfer als Vermeidungsziele. Für jüngere und unerfahrene

Golfer – und vor allem für Jugendliche – sind solche Aussagen wenig hilfreich, da diese Aussagen ihnen nicht aufzeigen, wie sie sich tatsächlich zu verhalten haben, was sie tatsächlich tun sollen. Vermeidungsziele erhöhen die Unsicherheit dann, wenn Golfer keine Fortschritte erkennen. Positive Handlungsziele wirken jedoch motivierend.

Annäherungs- oder Anstrebungsziele (»hin zu«) statt Vermeidungsziele
Ziele, in denen das Thema so formuliert ist, dass der Zustand, der erreicht werden soll, darin enthalten ist, werden Annäherungsziele genannt (»ich gönne mir Ruhe«, »Ruhe breitet sich in mir aus.«).

Einleitung des Zielfindungsprozesses
Konfuzius sagte: »Selbst eine Reise über tausend Meilen beginnt mit einem einzigen Schritt.«

Vorgang:

- Entscheide konkret, was du erreichen willst.
- Erkenne die Hindernisse, die dich an der Weiterentwicklung hindern.
- Entscheide, was nötig ist, diese Hindernisse aus dem Weg zu räumen.
- Formuliere spezifische Ziele, die dich unterstützen werden, ein Hindernis nach dem anderen anzugehen.

Setze dich hin und mache zunächst die Übung »Hindernisse erkennen« sowie eine Leistungsanalyse (siehe unten).
Nachdem du nun die Richtung festgelegt hast, in die du gehst, beginne, dir spezifische Ziele zu überlegen.

2.2 Zielkriterien und Richtlinien für eine effektive Zielsetzung – der positive Zielrahmen

Wie setze ich Ziele im Golfsport?
Formuliere deine persönlichen, beruflichen und sportlichen Ziele nach dem positiven Zielrahmen:
Positiv: Beschreibe das Ziel positiv und ohne sprachliche Verneinungen (kein, nicht, nie etc.)! Negationen existieren nicht in Wirklichkeit, sondern nur in der Sprache. Das Gehirn kann keine Negationen verarbeiten. Wenn ich zu dir sage: »Denke jetzt bitte NICHT an die Farbe Rot«, dann wirst du mit aller Wahrscheinlichkeit zumindest kurz an die Farbe Rot gedacht haben.

»Ich lande nicht so oft im Wasser am Loch 2.«
»Ich darf nicht im Bunker landen.«
»Ich verkrampfe vor dem Putt nicht mehr so.«
Es werden in diesem Fall Situationen beschrieben, die man nicht mehr erleben möchte. Die Sprache erzeugt ein Bild, im ersten Beispiel »ins Wasser zu spielen«. Negative Bilder haben eine Tendenz, einzutreffen und unsere Handlungen zu steuern. Sie sind selbst erfüllende Prophezeiungen.
Das Gehirn denkt in Bildern, Gefühlen und Kontexten. Für das Wort »nicht« gibt es kein Bild. Das Ergebnis war also absehbar.
Wenn man in einem Taxi sitzt und der Fahrer fragt, wo man hinwill, ist es wenig hilfreich, ihm zu sagen: »Also ich will auf keinen Fall zum Flughafen. Und in ein Restaurant will ich auch nicht. Und auch nicht zur Post ...«
»Ich lasse mich nicht davon ablenken, was andere neben dem Abschlag tun.«
Besser: »Ich bin auf dem Turnier ruhig und entspannt.«
»Ich bin voll konzentriert, wenn ich abschlage.«

»Ich verkrampfe vor dem Putt nicht mehr so.«
Besser: »Ich pendle beim Putten locker durch.«
»Ich werde mich auf Turnieren nicht mehr aufregen.«
Besser: »Ich bin auf Turnieren entspannt.«
»Ich habe keine Angst vor …«
Durch eine solche Formulierung wird die »Angst« ins Bewusstsein gebracht.
Richtig: »Ich gehe voller Selbstvertrauen in den Wettkampf.«
»Ich möchte nicht mehr dick sein.«
Richtig: »Ich bin schlank und beweglich.«

Keine Vergleiche

Das Gehirn kann auch bei Zielen mit Vergleichen wenig anfangen, denn es bleibt offen, worauf es seine Aufmerksamkeit richten soll. Bei dem Ziel »Ich will besser golfen« bleibt offen, wie und wann genau ich gut golfe. Bei »Ich möchte sportlicher werden« ist es möglich, nur ein wenig oder immer weiter zu gehen.

Präzision, Timing und Kontext

Zielformulierungen ohne **»will«**, **»kann«**, **»möchte«**: Du raubst deinem Ziel die Prägnanz.
Mit der Zielformulierung soll es konkrete Hinweise geben, wer, was genau, wie, wann, wie viel, wo und gegebenenfalls mit wem du dein Ziel erreichen möchtest. Je genauer und besser du dein Ziel beschreibst, desto wahrscheinlicher ist der Erfolg, das Ziel auch wirklich zu erleben.

»Ich möchte in der Situation XY geduldiger werden.«
Besser: »Immer, wenn die Situation XY eintritt, werde ich ab sofort erst tief durchatmen, mich beruhigen und dann reagieren.«

Vorsichtig mit dem Ziel Turniersieg, denn kannst du diesen konkret vorher bestimmen? Du weißt nicht, wie deine Konkurrenten am Turniertag spielen werden und mit wie vielen Schlägen das Turnier gewonnen werden wird. Du kannst dich nur gut auf das Turnier vorbereiten – mental und physisch.

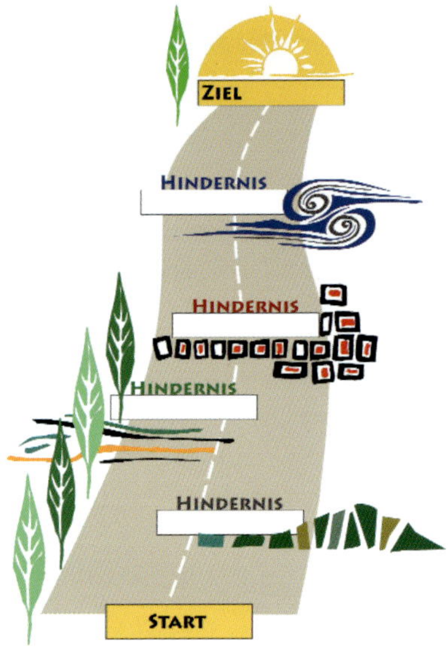

Übung: Hindernisse erkennen

Formuliere dein Ziel in der **Gegenwart** – so als ob du es schon erreicht hättest! Gib einen **konkreten Zeitpunkt**, Datum oder Zeitrahmen, an, wo und wann du dein Ziel erreicht haben wirst.

Ökologisch (ohne innere und äußere Widerstände, positive und negativen Konsequenzen)
Die Frage nach der Ökologie ist eine entscheidende Frage.
Jede Zielerreichung bringt Veränderung im eigenen Leben und evtl. auch im Leben oder in Abläufen anderer Menschen mit sich. Manchmal mag zwar das Ziel sehr attraktiv sein, die Konsequenzen daraus aber womöglich nicht. Ziele bedürfen manchmal großen Einsatzes auf Kosten anderer Lebensbereiche. Ziele können auf der Strecke bleiben, da Ziele es nicht wirk-

lich wert sind, über den eigenen Schatten zu springen und die eigenen Grenzen auszudehnen.

Was bist du bereit, zu investieren? Wie viel Zeit, Training, Turniere, Geld, Anstrengung, Dinge, die du zugunsten des sportlichen Erfolgs/Engagements hinten anstellen musst, willst du dafür aufwenden? Was ist dir dein Ziel wert?

Welche Konsequenzen/Auswirkungen entstehen, wenn du am Ziel bist? Sind die negativen Konsequenzen für dich akzeptabel? Wenn nicht: Wie können diese Nachteile ausgeglichen werden? Wie wird die Umgebung reagieren? Wie wirkt es sich auf deine Familie, Partnerschaft, Beruf … aus? Welche Rahmenbedingungen musst du auf dem Weg zum Ziel beachten? Stimmt deine persönliche Kosten-Nutzen-Rechnung?

Sind die Vorteile des alten Verhaltens im neuen integriert? Wenn nicht: Ist das okay? Auf welche Weise kannst du diese in das neue Verhalten integrieren?

Kosten/Aufwand: Welchen »Preis« bist du bereit, dafür zu zahlen? Ist das Ziel den »Preis« wert?

Macht dein Körper ein entsprechendes Training mit?

Es geht darum, sportliche Ziele im gesamten Lebenszusammenhang des Golfers zu sehen.

Sensorisch/sinnesspezifisch konkret

Ziel-/Erfolgsvisualisierung – Kopfkino, Tagträume

Die Schritte der Zielarbeit verlaufen überwiegend auf der gedanklich-kognitiven Ebene. Das vollständige Potenzial entfaltet sich dann, wenn du die Zielerreichung zusätzlich emotional und in deinem Kopf erlebst.

Hast du schon mal Weltcup-Skifahrern in der Vorbereitungsphase oben am Berg zugesehen? Sie visualisieren vor jedem Rennen jede Stange, jedes Tor, jede Bodenwelle immer wieder, bis sie die Strecke auswendig können.

Formuliere daher dein Ziel, zum Beispiel eine gute Performance oder die perfekte Leistung auf dem Golfplatz, so konkret, dass du den Zielzustand **sehen, hören** und **fühlen**, vielleicht auch riechen und schmecken kannst. Tu so, als wärest du schon am Ziel. Sei dein eigener Regisseur! Drehe einen Film. Was hast du an? Wie wirst du aussehen? Wo spielst du Golf? Höre die passenden Geräusche. Spüre, wie sich alles anfühlt. Was wirst du denken? Was sagen? Wie wird der Erfolg für dich sein? Welche Belohnung wartet auf dich? Wie reagieren die anderen? Schließe die Augen und erlebe möglichst intensiv, wie es sein wird, am Ziel zu sein! Versetze dich in das Bild deines gewünschten Ergebnis-

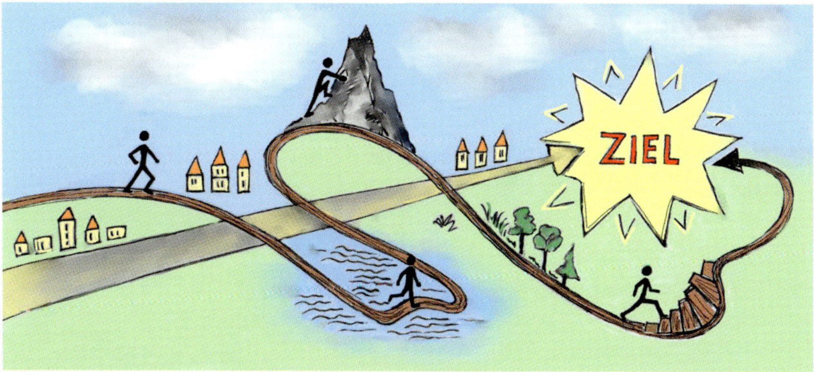

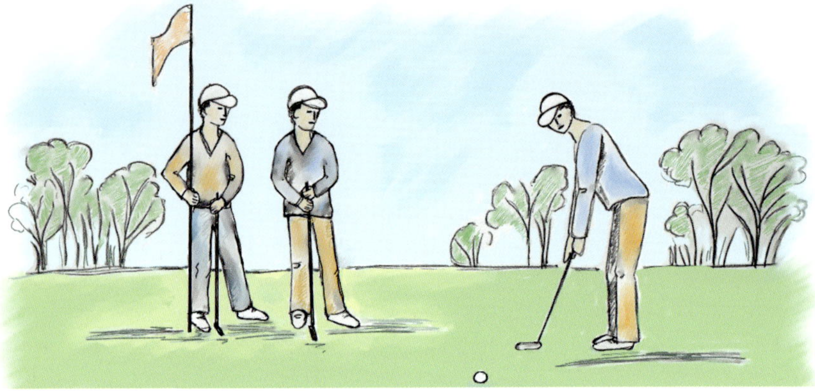

ses. Lasse deine Phantasie spielen und vor deinem inneren Auge einen Film ablaufen, in dem du das Ziel jetzt schon erreicht hast.
Aktiviere so auch deine Emotionen.
Du kannst das Erleben deiner Zielerreichung so oft wiederholen, wie du möchtest. Mit jeder **Wiederholung** (durchaus an unterschiedlichen Tagen) verstärkst du deine innere Motivation, die dir dabei hilft, deine Ziele zu verwirklichen. Das Vorwegerleben der Zielerreichung weckt Begeisterung und aktiviert Energien. Ziele, die in der Vorstellung bereits mehrfach erfolgreich erlebt wurden, stärken das Selbstvertrauen. Sie wirken im Sinne von »sich selbst erfüllenden Prophezeiungen« positiv in der Gegenwart.
Die Zeitspanne, die man für die Wiederholung dieser Übung benötigt, kann unterschiedlich groß sein. Manchmal auch sehr kurz, blitzlichtartig, zwischendurch im normalen Alltag – das erfolgt dann eher spielerisch und spontan, manchmal länger, z. B. abends vor dem Einschlafen, wenn man sich die Situation sehr detailliert vorstellt, oder als Hausaufgabe: Stehe jeden Morgen fünf Minuten früher auf und visualisiere dein Drehbuch.
Regelmäßiges Mentaltraining führt dazu, dass aus neuronalen Trampelpfaden neuronale »Autobahnen« werden. Gehirnphysiologisch betrachtet, kommt es zur Ausbildung stabiler neuronaler Vernetzungen *(vgl. Hüther 2004; Spitzer 2002).*

Individuell, realistisch, selbst kontrollierbar und initiierbar

Formuliere dein Ziel so, dass die Erreichbarkeit in deinem eigenen Einflussbereich bzw. unter deiner Kontrolle liegt! Formuliere dein Ziel so, dass es von dir abhängt, ob du es erreichst oder nicht.
Beachte: Wünsche und Ziele sind verschiedene Dinge. Wünsche sind außerhalb deines Einflussbereiches.
Kannst du dein Ziel ohne fremde Hilfe aus dir selbst heraus erreichen? Oder bist du von anderen Faktoren oder Menschen (Geld, Gegner, spielerische und mentale Stärke der Mannschaftsmitspieler, Sponsor) abhängig? Was ist dein persönlicher Anteil (an diesem Ziel)? In wessen Verantwortung liegt die Erreichbarkeit deines Zieles?
Bei einem wohlgeformten, sinnvollen Ziel spielst du eine aktive Rolle und bist nicht abhängig von anderen oder äußeren Umständen, d. h. die Verantwortung für das Ziel muss bei dir selbst liegen und darf sich nicht auf Dritte (Pro) oder Rahmenbedingungen beziehen.

Beispiele:
Lottogewinn ist nicht selbst erreichbar und nicht in deinem Einflussbereich.
Ungeeignet: »Ich schaffe mit unserer 1. Herrenmannschaft in diesem Jahr den Aufstieg in die 2. Liga.« – Das Ziel hängt nicht allein von dir ab, sondern von vielen Faktoren.

Testbar/überprüfbar/objektiv messbar
So wichtig wie die Klarheit deiner sportlichen Ziele, so wichtig ist auch deren regelmäßige Überprüfung. Klare Ziele müssen regelmäßig analysiert werden, um sicherzustellen, dass du dich in die angestrebte Richtung bewegst. Wenn du deine Ziele systematisch auswertest, wirst du die Entwicklung deiner Persönlichkeit als Golfer beschleunigen.
Vermeide vage Zielformulierungen. Formuliere dein Ziel so konkret, dass du die Erreichung eindeutig überprüfen kannst. Dabei helfen Meilensteine, um sicher zu sein, dass du dich noch auf dem richtigen Weg befindest.

Woran wirst du merken, dass du auf dein Ziel zugehst oder dich davon entfernst? Woran wirst du eindeutig merken, dass du dein Ziel erreicht hast? Woran werden andere Menschen/deine Umgebung merken, dass du dein Ziel erreicht hast? Bis wann hast du was genau erreicht? Wann darf ich dich nach dem Ergebnis fragen?

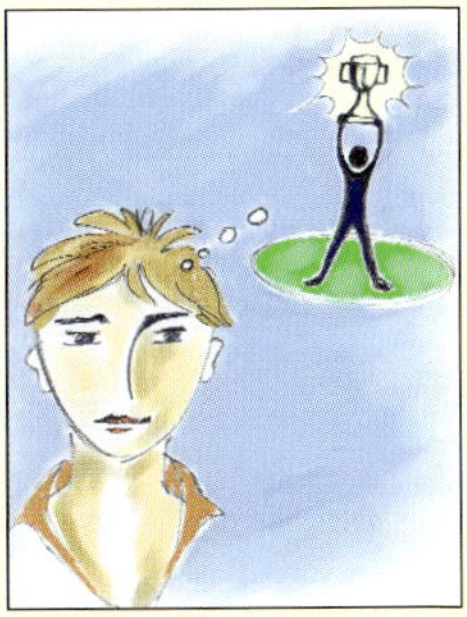

*Übung:
Stelle dir jeden Schritt auf dem Weg zum Ziel und dein Ziel in allen Einzelheiten vor!
Und visualisiere, bereits am Ziel zu sein!*

Das Zielrahmen-Modell

Individuell
Dein Ziel und dessen Erreichbarkeit unterliegen deiner eigenen Kontrolle.

Testbar
Woran erkennst du, dass du dein Ziel erreicht hast? Kannst du die Zielerreichung eindeutig uberprufen?

Interessant
Ist dir dieses Ziel jetzt so wichtig, dass du es motiviert angehst? Ist es fur deine derzeitige Situation interessant?

Visionär
Wie passt dein Ziel zu deinen Zukunftsvorstellungen? Wozu willst du dein Ziel erreichen?

Positiv
Ziel positiv und in der Gegenwart formulieren; einen konkreten Zeitpunkt angeben; ohne Vergleich

Ökologisch
Welche Konsequenzen entstehen fur mich, wenn das Ziel erreicht ist? Welchen Preis bezahle ich dafur?

Sensorisch konkret
Erlebe, wie es ist, am Ziel zu sein. Was kannst du dann sehen, hören und spüren?

Schreibe die messbaren Kriterien und deine festen Termine in ein Heft (»Tagebuch«) und erweitere die Liste ständig.

Beispiel:
»Ich verbessere im Jahr X mein Puttspiel.«
besser: Woran wirst du erkennen, dass du dein Puttspiel verbesserst hast? – »Ich versenke am Ende der Saison von zehn Zwei-Meter-Putts acht im Loch.«

Interessant/relevant

Manchmal folgen Golfer Träumen der Menschen in ihrem Umfeld, vielleicht, weil sie für diese Bereiche des Golfsports, die sie eigentlich selbst nicht als erstrebenswert ansehen, Anerkennung gezollt bekommen. Zielsetzung kann in der Zukunft nur Realität werden, wenn du deine eigenen Hoffnungen und Träume verfolgst. Deshalb solltest du dich immer wieder fragen, ob die Ziele, die du dir setzt, die du verfolgst und auswertest, wirklich deine eigenen sind. Kümmere dich nicht darum, anderen zu gefallen.
Was genau bedeutet dieses Ziel für dich? Hast du dein Ziel so gesteckt, dass du es auf jeden Fall erreichst, oder hängt der Apfel zu hoch am Baum? Musst du vielleicht Zwischenschritte oder Zwischenziele definieren? »Wie wird es sein, am Ziel zu sein?«
»Was bedeutet es für dich?« »Was wird es dir bringen, dass du dieses Ziel erreicht hast?«

Visionär

Ein Ziel folgt einer Vision.
Wozu willst du das Ziel erreichen? Welches größere (übergeordnete) Ziel gibt es »dahinter«? Wie fügt sich das sportliche Ziel in deine Le-

Arbeitsblatt: Ziele setzen

1. Was möchte ich im Golfsport erreichen? Was ist mein Ziel?
2. Wie weiß ich und woran merke ich, dass ich mein Ziel erreicht habe?
   »Persönliche Zufriedenheit.«
3. Wann, wo, in welchem Kontext und mit wem möchte ich dies erreichen?
4. Was wird sich dadurch in meinem Sport/meinem Leben verändern?
   »Zusätzlich ca. … Stunden Training täglich.«
   Hält mich das ab?
5. Was muss ich dafür aufgeben?
   »Zeit für familiäre Begegnungen.«
6. Was hindert mich an der Erreichung meines Ziels?
7. Muss ich mein Ziel eventuell verändern?
   Wenn ja, wie lautet mein verändertes Ziel? (Wiederholung ab Schritt Nr. 2)
8. Was ist mein endgültiges Ziel?
   Genaue Zielformulierung und/oder Symbol finden, auf einer Karte fixieren.
9. Was ist mein wichtigster persönlicher Gewinn bei der Zielerreichung?

bensplanung ein? Passt deine Vision zu deinem Ziel? »Warum ist das für dich wichtig?« »Welcher Sinn ...?« »In welchem Zusammenhang ...?«
Diese sogenannten Wohlgeformtheitskriterien sind nicht nur bei großen Zielen wichtig, sondern auch bei den vielen kleinen, alltäglichen Zielen, die man sich setzt. Beim Golfspielen ist es wichtig, Ziele für die Golfsaison, für eine Platzrunde, das Training, deine Turniere, für ein Loch und den nächsten Schlag zu haben.
Wollen statt müssen! Verwende keine Muss-Formulierungen, sonst entsteht womöglich eine Trotzreaktion.

Verbinde deine Zielsetzungen mit …

- Worten (laut oder innerlich vorgesprochen)
- Bildern (Foto, Zeichnung, »Film« – real oder vorgestellt)
- Gefühlen (Wunsch, Erinnerung?)
- Tönen, Melodien, Rhythmen (von einer CD oder in der Phantasie)
- Gegenständen (Maskottchen usw.)
- Bewegungen (ausgeführt oder gedacht Siegerfaust)
- Gerüchen (real oder in der Vorstellung)

Ziele

Hast du langfristige Ziele und Visionen, führt dies zu einer Bewusstheit, dass einzelne Siege und Niederlagen nur Eckpfeiler im langfristigen Leistungsaufbau sind. Somit verliert ein einzelnes Turnier seinen bedrohlichen Charakter, denn du weißt, wo du langfristig hinkommen willst.
Um langfristige Ziele erreichen zu können und Frust zu vermeiden, musst du dir konkrete mittel- und kurzfristige Ziele mit den entsprechenden klaren Vorsätzen für dein Training setzen!
Diese sollten immer mit deinen Langzeitzielen übereinstimmen.
Anhand von mittelfristigen und kurzfristigen Zielen kannst du nicht nur deinen Fortschritt messen, sie dienen auch als Motivationsverstärker.
Denke daran, der Weg ist so viel wert wie das Ziel. Genieße unterwegs die Landschaft!
Du bleibst auch ruhiger, wenn du, statt immer auf das Endziel zu schauen, mehr darauf achtest, wo auf der »Straßenkarte« du dich befindest.

Meine mittelfristigen Ziele:

Was möchte ich in der kommenden Golfsaison (spätestens in der nächsten) erreichen?

Trainingsziele: ______________________

____

____

Turnierziele: ______________________

Meine kurzfristigen Ziele:

Was möchte ich ab morgen bis in 2–3 Monaten erreicht haben? (verbindliche Zeitangabe bis zur Umsetzung angeben)

erreicht bis: ______________________

Trainingsziele: ______________________

____

____

Turnierziele: ______________________

____

____

Langzeit-/Endziele (in ca. 2–3 Jahren):

Langfristige Ziele hängen u. a. ab von folgenden Faktoren:

- zeitlichen Einschränkungen
- Interessen
- geeigneten Trainingsmöglichkeiten
- finanziellen Möglichkeiten

Meine langfristigen Ziele:
Was möchte ich in 2–3 Jahren erreicht haben?

____

____

____

____

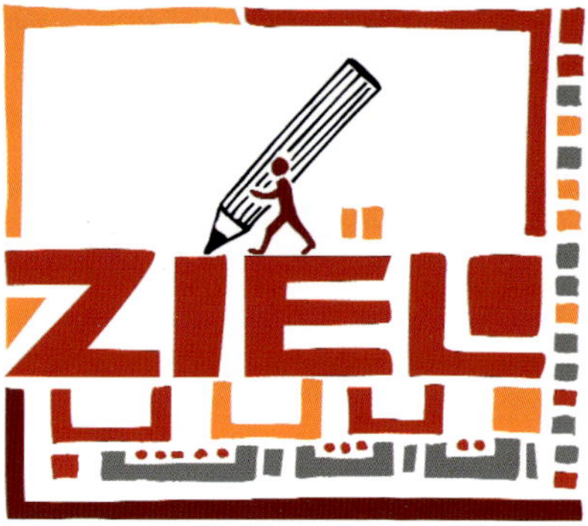

Übung: 10-Finger-Ressourcenteam

vgl. Lötscher-Gugler 2008, S. 34–35)

- Male die Umrisse beider Hände auf einen DIN A4-Bogen auf.
- In jeden Finger wird eine Ressource zum Thema »ich kann«, eine Stärke, hineingeschrieben.
- Stelle dir bei jedem Finger eine Fähigkeit vor und ankere durch leichten Druck auf die Fingerkuppe. Dann die Fingerspitzen zusammenführen: Das starke 10-Finger-Ressourcenteam, das schon viel gelernt hat und noch viel Neues lernen kann.
- Jetzt aus den Fingern ein »Haus« bauen: Die Daumen und die kleinen Finger berühren sich als Boden des Hauses und die anderen Finger als Dach.
- In diesem »Gewächshaus« kann jetzt etwas Neues wachsen; das können auch mehrere Dinge sein.

Tipp: Erfolgstagebuch

Nimm dir ein Heft, ein leeres Tagebuch, einen schönen Schreibblock und denke über deine Erfolge in den letzten Wochen nach. Schreibe künftig am besten täglich oder mindestens einmal wöchentlich die kleinen und großen Erfolgserlebnisse im Berufs- und Privatleben und beim Golfen auf, damit keiner deiner Erfolge verloren geht bzw. in Vergessenheit gerät.

- Was hast du gut gemacht, was ist dir gut gelungen,
  wofür kannst du dir auf die Schulter klopfen,
  was war ein Schritt nach vorn?
  Apropos Erfolge: Hänge die Messlatte nicht zu hoch.
- Was hat dir Spaß gemacht?
- Was hast du dazu gelernt?
- Welche Probleme hast du gelöst?
- Wichtig: Was sind deine positiven Seiten?
  Wo liegen deine Stärken?
  Was können andere nicht so gut wie du?
  Was spricht für deine Kompetenz?
- Worauf kannst du stolz sein?
- Wann ist es dir gelungen, dich einmal deutlich abzugrenzen?

- Neue Fähigkeiten, die während der Persönlichkeitsentwicklung/im Sport dazukommen, können später noch auf der Hand verankert werden und entsprechend auf dem Bild mit den beiden Händen eingezeichnet werden.
- Das Ressourcenbild aufhängen, damit es immer wieder angesehen werden kann.

Zweck des schriftlichen Formulierens von Zielen

- Nachdem du alle »Ich bin«-Aussagen fertiggestellt und sie noch einmal hinsichtlich der Richtlinien des positiven Zielrahmens geprüft hast, schreibe alle zusammen auf eine Kartei- oder Metaplankarte.
- Notiere deine Ziele in dein (Trainings-)Tagebuch.
- Mache deine Ziele einem sehr kleinen Kreis bekannt. Zeuge(n), ein Vertrauter (!), ein Freund unterschreiben den Vertrag. Das motiviert dich. Im Falle der Nichteinhaltung des Vertrags musst du dich dir selbst gegenüber rechtfertigen. Dieser Schritt soll aber auf der anderen Seite keinen Erfolgsdruck auf dich ausüben.

Persönlicher Ziel-Vertrag

Es reicht nicht, Ziele im Kopf zu formulieren. Fasse einen »Vertrag« mit dir selbst ab, und das schriftlich.

Vertrag von ______ (dein Name)

Ich, ______ (dein Name),

verpflichte mich und verspreche mit meiner Unterschrift nach bestem Wissen und Gewissen, dass ich über einen Zeitraum

von ______ (Zeitraum)

beginnend am ______ (Datum),

mindestens ______

(Länge, Art und Ort des Trainings) durchführen werde.

Mein Ziel: ______

(z. B. Konzentration, Pre-Shot-Routine)

Benötigter Aufwand: ______ (Std./Woche)

Wann & wo: ______

(Tage, Art und Ort des Trainings)

Um mein Ziel zu erreichen, unternehme ich Folgendes: ______

Fur das Erreichen meines Ziels belohne ich mich mit: ______

Ort, Datum: ______

Unterschrift: ______ Zeuge: ______

■ Aus Erfahrung bemühen sich Golfer so um eine möglichst termingerechte und konsequente Erledigung der Handlungsschritte und demonstrieren Konsequenz, Bereitschaft und Ausdauer, auch wenn es einmal etwas zäh läuft.

■ Unterschreibe deinen Vertrag als Appell an das eigene Pflichtgefühl.

■ Hefte deinen Vertrag an den Badezimmerspiegel, an deinen Arbeitsplatz, ins Auto, an den Kühlschrank in deiner Küche oder über dein Bett.

2.3 Ziele überprüfen

Es gibt verschiedene Methoden, um Ziele zu überprüfen, z. B. die Tagebuchanalyse.

Tipp: Führe ab sofort ein Sportleistungs- oder Mental-Trainings-, ein Turnier und Erfolgstagebuch! Ich habe meines immer in meinem Golfbag dabei.

Mental-Tagebuch

Analysiere dein Training gründlich und optimiere so deine Leistungen.
Deine schriftlichen Aufzeichnungen helfen dir, Ursachen für Probleme auf dem Platz zu identifizieren.

- Leistungsniveau
- Score, Anzahl der Putts
- Würdest du die Runde als erfolgreich bezeichnen? Wie zufrieden warst du mit dem Ergebnis?
- Welches Ziel hast du im Training verfolgt?
- Habe ich mein Ziel erreicht?
- Was hat gut geklappt im Training? Und was nicht?
- Was kann ich verbessern?
- Äußere Umstände: Wind, Wetterverhältnisse, Temperatur, Tag, Tageszeit des Trainings, mit/ohne Pro oder Flight-Partner, Platzbeschaffenheit, Platzcharakteristik
- Hattest du Stress oder körperliche Anstrengungen vor dem Training?

Gedanken:

- vor, während und nach der Runde
- vor, während, nach einem Schlag
- Auswertung: unterstützende Gedanken
- Auswertung: ablenkende Gedanken
- außergewöhnliche Vorkommnisse auf der Runde; Dinge, die dich aus der Ruhe gebracht haben

Emotionen:

- Wie fühle ich mich gerade? (Bewertung nach einer Skala von 1 bis 10)
- Wie fühlte ich mich vor schlechten Schlägen?
- Wie fühlte ich mich nach schlechten Schlägen?
- Welches Ziel setze ich mir fürs nächste Training?

Nimm dir die Zeit und notiere deine Gedanken und Emotionen und stelle dir selbst ein paar Fragen, die du in deinem Tagebuch festhältst. Glaube mir, dieser zusätzliche Aufwand lohnt sich!

3 Gedanken

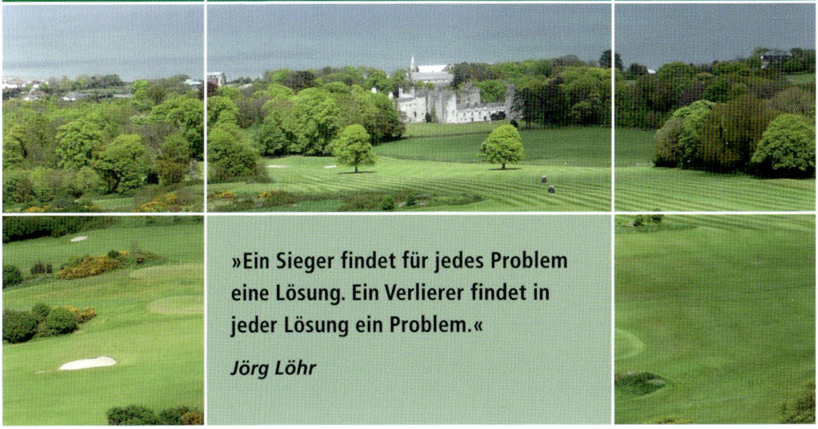

> **»Ein Sieger findet für jedes Problem eine Lösung. Ein Verlierer findet in jeder Lösung ein Problem.«**
>
> ***Jörg Löhr***

Wie steht es um deine inneren Dialoge? Ist dir schon einmal aufgefallen, welcher Art deine Selbstgespräche sind? Hast du schon einmal bewusst auf deine inneren Stimmen geachtet? Ist es deine Stimme oder die eines anderen Menschen? Wie hören sich diese Gedanken an? Unterstützen sie dich oder behindern sie dein Golfspiel? Kommst du schnell ins Grübeln?
Stelle dir dein Unterbewusstsein wie eine Festplatte eines Computers vor. Deine Gedanken, Worte und Bilder sind dort sozusagen wie ein Programm gespeichert.

Das Unterbewusstsein akzeptiert jede Information, die es erhält. Es denkt nicht vernünftig, es reagiert auf das, was ihm eingegeben wird.
Der Verstand ist der Filter. Er entscheidet, was er glaubt und was nicht, je nach bereits einprogrammierten Lebenserfahrungen. Wenn dein Verstand etwas für wahr hält – selbst wenn es falsch ist –, wird dein Unterbewusstsein es als wahr akzeptieren und sich anschicken, die entsprechende Resultate zu veranlassen.
Die gute Nachricht ist: Genau wie beim Computer kannst du auch die alten, negativen, selbstzerstörerischen (Lebens-)Programme deines Unterbewusstseins löschen und neu schreiben. Wenn wir uns der Arbeitsweise des Gehirns bewusst sind, dann liegt es bei uns, womit wir es als Nächstes programmieren. Deinem Unterbewusstsein ist es gleichgültig, woher diese Programmierung kommt, oder wie es sie erhält. Es wird einfach weiterhin die Informationen akzeptieren, die ihm zugeführt werden, gleichgültig, ob diese richtig oder falsch sind, oder ob sie zu unserem Wohl oder Schaden sind.
Wie das geht? Mit Hilfe von Autosuggestion bzw. Affirmationen und mentalen Techniken. Kehre die Verhältnisse um und gib deinem Geist gute Gedanken und schaffe dir so gute Gefühle.

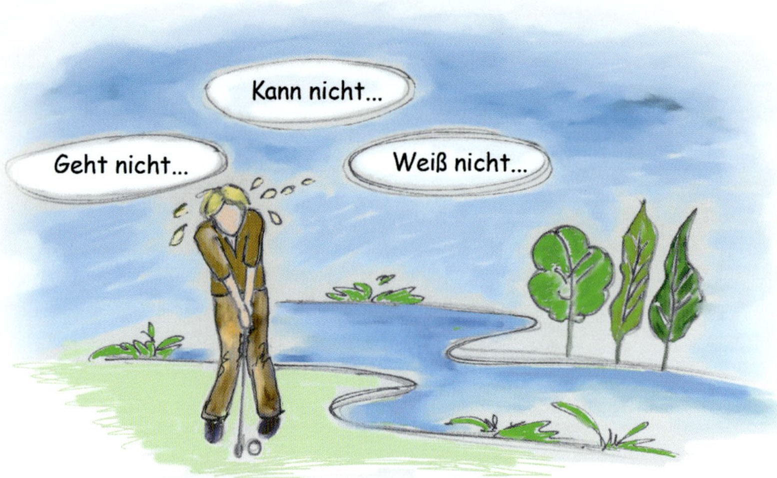

Das sind Gedanken wie: »Diesen Schlag kann ich nicht.«, »Warum habe ich nur soviel Pech mit dieser Balllage?«, »Heute treffe ich meinen Driver wieder nicht, ich lerne das nie.«, »Dieses Turnier ist wichtig, hoffentlich geht nichts daneben! Und was ist, wenn's schiefgeht?«, »Hier habe ich noch nie gewonnen.«, »Ich kann das nicht.«, »Warum bin ich eigentlich hier.«, »Das ist hoffnungslos.«, »Es war schon immer so – es wird auch dieses Mal so sein.«, »Ich kann das einfach nie – wieder typisch für mich – ich schaffe das nicht.«, »Ich bin mir nicht sicher, ob ich genug trainiert habe.«, »Ich werde müde! Was ist, wenn ich jetzt schlapp mache?« – und diese Gedanken führen zu Stress, Angst oder Verspannung und tatsächlich zeigst du eine schwache Leistung.

Ich könnte diese Liste noch beliebig fortsetzen.

> **»Leistung ist gleich Potenzial minus Störungen!« (*Timothy Gallway*)**

Sprich Klartext mit deinem Unterbewusstsein

Das Unterbewusstsein ist schon eine feine Einrichtung: Es hört und macht, was du sagst und berücksichtigt, was du dir vorstellst. Es fasst alles, was du ihm sagst, als einen direkten Befehl auf.

Um es mal etwas unternehmerischer auszudrücken: Das Unterbewusstsein ist wie ein gewissenhafter Angestellter, es braucht und sucht nach Führung. Verweigerst du als »Chef« deinem Unterbewusstsein diese Führung, dann holt sich dein Unterbewusstsein aus externen Quellen die benötigten Direktiven: Eltern, Partner, Flight-Partner, irgendwelche Respektspersonen, Pro, sogar aus den Medien.

Wenn du also nicht der »geborene« Führer für dein Unterbewusstsein bist, dann stellt sich die Frage, wie viele der Gedanken, die du so täglich vor dich hin denkst, tatsächlich von dir stammen.

Es ist so: Entweder du wählst deine Gedanken selbst oder du akzeptierst sie von einer auswärtigen Quelle!

Wenn du selbst deinem Unterbewusstsein keine Anweisungen gibst, dann wird es jemand anders tun, so einfach ist das! Gib daher deinem Unterbewusstsein jeden Tag die notwendigen Instruktionen. Übernimm selbst das Steuer.

Bitte bedenke:

Dein Mitarbeiter wird manche Anweisungen mit Freuden ausführen, manche nur halbherzig

und bei manchen Instruktionen stößt du auf Widerstand. Aber du bist der Boss: Also wiederhole deine Anweisungen so lange, bis du die gewünschten Ergebnisse siehst.
Auch bezüglich dieses speziellen Mitarbeiters gilt die Kraft der Gewohnheit. Auch im realen Leben haben Chefs, die plötzlich bestehende Gewohnheiten ändern wollen, nicht immer sofort den gewünschten Erfolg. Übernimm aktiv deine Führungsrolle, fordere ein, was du einfordern möchtest.

»Wir sind, was wir denken. Alles, was wir sind, entspringt der Gedankenwelt. Mit unseren Gedanken erschaffen wir die Welt.« *(Buddha)*

3.1 Entscheidend für Sieg oder Niederlage – die Kontrolle des »Inneren Dialogs«

Die Macht der Gedanken über unser Handeln kann man gar nicht genug betonen – es ist einer der effektivsten Zugänge zur Psyche und einer der wichtigsten Ansätze in der praktischen Sportpsychologie und beim Mentaltraining.

Negative Gedanken lassen sich nicht vermeiden. Sie können nicht ausgeschaltet, unterdrückt oder verdrängt werden. Aber der Golfer kann seine passive und negative Einstellung aufgeben und diese mit diszipliniertem Üben durch eine aktive und positive Einstellung ersetzen. Dies erreicht der Golfer durch die Umwandlung negativer Gedanken in positive Gedanken, sog. Affirmationen (Selbstgespräche), mit denen negative Gedanken, Gefühle, Vorstellungen durch positive ersetzt werden.
»In Selbstgesprächen formuliert man Pläne für sein Handeln, gibt sich selbst Anweisungen, ordnet seine Gedanken oder kommentiert das eigene Handeln.« *(Eberspächer 2007, S. 21).*

Überzeugungen, Meinungen und Glaubenssätze äußern sich in der Regel als Selbstgespräch. Also innere Stimmen (Gedanken), die dem Verhalten, dem Tun vorangehen, es begleiten bzw. als Folge des Verhaltens auftreten. Unsere Gedanken bestimmen unser Handeln und unser Tun, unser Handeln und unser Tun bestimmen unser Verhalten, und unser Verhalten gestaltet unser Leben und unsere Umwelt.
Vergegenwärtige dir einmal deinen geistig-emotionalen Zustand, wenn du dein bestes Golf spielst (was leider in aller Regel viel zu selten vorkommt). Formulierungen wie »Ich golfe wie im Rausch!«, »Ich habe einen Lauf!« oder »Alles läuft wie von selbst!« fallen in diesem Zusammenhang. In solchen Phasen steht das Denken still – der »Innere Dialog« ist sozusagen vorübergehend außer Betrieb. In ausführlichen Studien hat sich gezeigt, dass den dauerhaft erfolgreichen Sportler im Bereich des Inneren Dialoges auszeichnet, dass das Selbstgespräch konstruktiv, anspornend und handlungsorientiert verläuft.
Jeder weiß, dass man sich selbst wieder aus diesem genialen Zustand erweckt, ab dem Moment, wenn man beginnt, wieder nachzudenken.
Bei Misserfolgen berichten Golfer oft, dass ein vorhergehendes negatives Selbstgespräch bereits die Weichen in Richtung des unerwünschten Verlaufes des Turniers vorprogrammiert hat. Negative Selbstgespräche (ent-)nerven uns und machen uns schwach, sie dienen einzig und allein dazu, uns von unseren Zielen abzubringen, sowohl beim Golfen als auch im normalen Leben: Kurz gesagt, sie fördern eine Abwärtstendenz. Um wieder eine Aufwärtstendenz zu bekommen, müssen wir positive Worte gebrauchen, die unsere Leistungen bestärken.

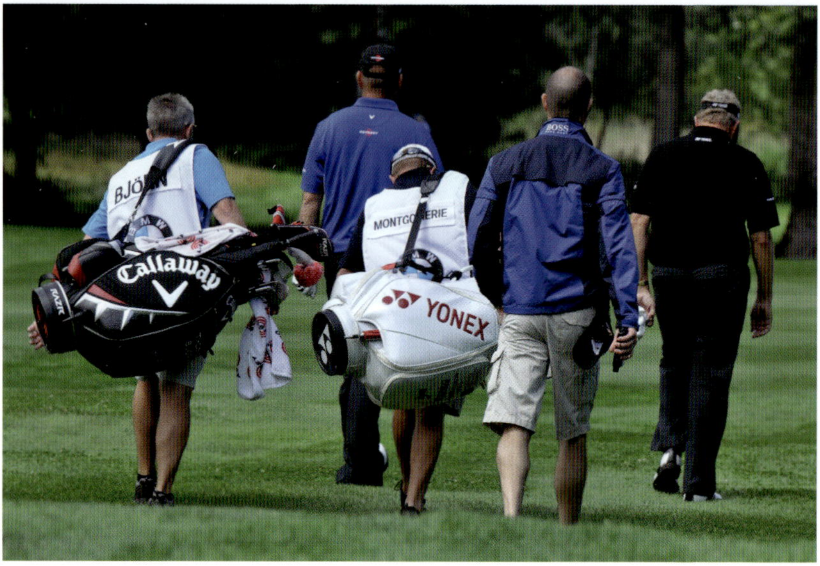

Auf dem Weg zum Ball – Positives Denken!

Ein entscheidender Schlüssel, der zur Erreichung dieses »Idealen Leistungszustands« (ILZ) beiträgt, ist die Kontrolle des sogenannten »Inneren Dialogs«.

»Ich spreche mit mir selbst!«

Auf die Frage, mit wem man da eigentlich spricht, wenn man sich wieder einmal als Idiot beschimpft, erhält man meist unisono die Antwort »Ich spreche mit mir selbst!«. Daraus lässt sich ja nur schlussfolgern, dass zwei oder mehr Personen in einem wohnen (müssen), nämlich diejenige, die schimpft und meckert, und diejenige, die sich permanent diese unsäglichen Kommentare anzuhören hat. Wenn man sich mit seiner »Inneren Stimme« also zu etwas auffordert, so entspricht dies nichts anderem als der Kommunikation zwischen Bewusstsein und Unterbewusstsein. Im Grunde gibt dein Bewusstsein einen Befehl und dein Unterbewusstsein hat diesen auszuführen.

Ein Golfer tut gut daran, die Qualitäten seines Unterbewusstseins anzuerkennen und zu schätzen. So wenig wie du von deinem Chef, Ehepartner, Eltern, Freund oder Trainer permanent kritisiert und angeherrscht werden willst, ge-

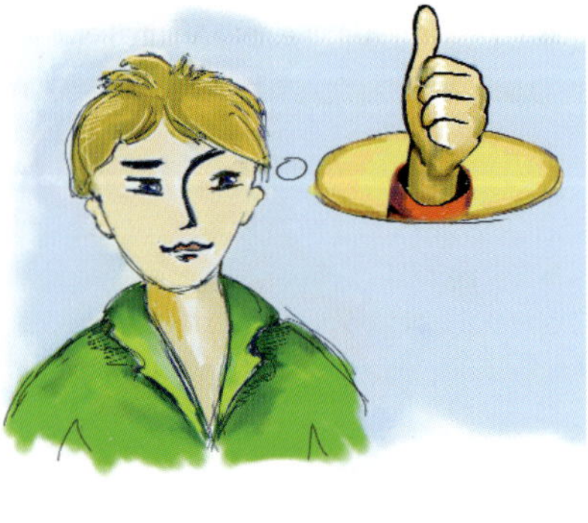

Sich selbst Mut zusprechen zwischen den Abschlägen.

nauso wenig möchte dies dein Unterbewusstsein. Ergo: Du bist gut beraten, zu deinem Unterbewusstsein ein harmonisches und vertrauensvolles Verhältnis zu entwickeln – tust du dies nicht, so ärgert es dich mit leichten Fehlern, Unkonzentriertheit sowie Gefühlen der Resignation und des Frustes. Bilde mit deinem Unterbewusstsein ein »Inneres Dreamteam« – dann sind Höchstleistungen möglich, dann schaffst du die Basis dafür, möglichst oft im Idealen Leistungszustand (ILZ) zu spielen.

Den optimalen Leistungszustand werden wir nur erreichen, wenn wir unsere Gedanken ganz

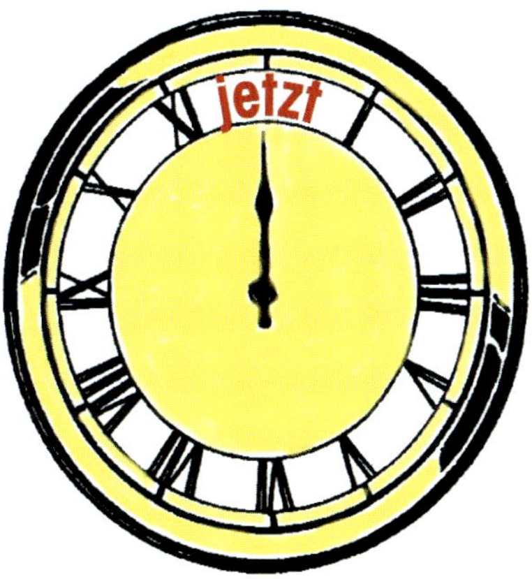

auf den Moment fokussieren – auf die momentane Handlung. Meistens aber sind unsere Gedanken ergebnisorientiert, entweder im Rückblick auf vergangene Golfrunden oder wir denken an zukünftige Konsequenzen unseres Spiels. Wenn du genau unter diesem Aspekt einmal die während eines Trainings auf der Driving Range permanent vorhandenen Inhalte deines »Inneren Dialogs« reflektierst (Selbstbeobachtung), dann wirst du in aller Regel feststellen, dass negative Dialoginhalte in Form von Ungeduld, überzogener Selbstkritik, Überheblichkeit etc. die positiven wie Vertrauen, Respekt, Verständnis und Geduld bei Weitem überwiegen. Es gilt zu erkennen, dass ohne die Kontrolle des »Inneren Dialogs« keine guten Leistungen möglich sind. Mit Wut, Frust, Ärger, Versagensangst, Problemen oder Resignation – verbalisiert im »Inneren Dialog« – sind noch auf keinem Gebiet Höchstleistungen erzielt worden. Insofern liegt genau hier der Schlüssel zum mentalen Erfolg! Mit anderen Worten: Erst die Kontrolle des »Inneren Dialogs« bringt dich auf die Straße zu deinem Idealen Leistungszustand.

»Ich schaffe es« – das positive Selbstgespräch

Dieser vom bekannten Buchautor Hannes Lindemann geprägte Satz begleitete ihn bei seinen Atlantiküberquerungen mit einem Serienfaltboot. Er erkannte den Zusammenhang zwischen inneren Gedanken und der Leistungsfähigkeit seines Körpers und war der Meinung, dass misserfolgreiche Handlungen (z. B. eine Aufgabe bei seinen Überquerungen) ihren Ursprung in negativen Selbstgesprächen haben. Lindemann hat es folgendermaßen formuliert: »Ein Schiffbrüchiger gibt zuerst seelisch auf, dann erst folgen die Muskeln, und als letztes überlebt das Rettungsboot!« *(Zerlauth 2000, S. 224)*

Das Wort Affirmation beinhaltet das lateinische Verb »firmare«, was soviel bedeutet wie »festigen, verankern«. Unter einer »Affirmation« versteht man einen selbstkräftigenden, autosuggestiven Satz, der einen erwünschten Zustand zum Ausdruck bringt, der jedoch zu diesem Zeitpunkt noch nicht verwirklicht ist. Eine Affirmation (Bekräftigung, Bejahung) ist eine Behauptung, die, wenn man sie oft genug laut oder innerlich in der gleichen Art wiederholt, Gedanken und Überzeugungen verändert. Affirmationen haben eine große Wirkung.

Wie sollten Gedanken optimal formuliert sein? – Erstellungsregeln

- Wähle immer positive, bejahende Formulierungen.
  Affirmationen streben ausschließlich einen positiven Effekt an, deshalb müssen auch die Inhalte positiv formuliert werden. Beispiele: Ich habe Selbstvertrauen. Ich fühle mich stark. Ich habe gut trainiert.
- Sprich mit dir über deine Stärken und persönlichen Fähigkeiten, gegründet auf realistischen Voraussetzungen. Positives Denken ist realistisches Denken.
- Bilde kurze Sätze mit höchstens 10 Wörtern (einfach, eingängig, leicht auszusprechen und leicht zu wiederholen).
- Formuliere rhythmisch (ggf. auch lustig/originell).
- Formuliere in der Gegenwartsform oder Zukunft. Beispiel: Ich bleibe ruhig und gelassen.
- Entwickle ein innerliches Lächeln.
- Lasse die Affirmation durch ständiges Wiederholen zum Ohrwurm werden.
- Ich-Bezug: Verwende in deinen Formulierungen das Wort »Ich«.
- Formuliere deine Affirmationen schriftlich auf jeweils ein eigenes Kärtchen oder einen Zettel.
- Trage ein oder mehrere dieser Kärtchen eine Zeit lang mit dir herum und lies deine Sätze und Codewörter immer wieder. (»Steter Tropfen höhlt den Stein!«)
- Symbolgehalt: Affirmationen können auch positive Symbole beinhalten. Beispiel: »Ich stehe wie ein Fels.«

Halte nun positive, für dich nützliche Affirmationen fest und stelle fest, wann genau du dich während eines Turniers oder eines Trainings an diese Gedanken erinnern willst.

Vermeide:

- Negative Formulierungen/Selbstbeschimpfungen
- Formulierungen, die du vor, während oder nach misslungenen Turnieren zu dir selbst gesagt hast und die dir nicht weitergeholfen haben.

Beachte:

Positives Denken bedeutet jedoch nicht, dass du alles erreichst, was du dir zum Ziel gesetzt hast. Auch dem Positiven Denken sind Grenzen durch die objektiven Leistungsbedingungen des Golfers gesetzt. *(vgl. Baumann 1993, S. 282)*

Unterstützende, positive, aufgabenbezogene Gedanken und Bekräftigungen/Affirmationen (positive Selbstgespräche)
Beispiele:

- Ich bin in ausgezeichneter Form.
- Ich bin die Ruhe selbst.
- Ich bin in der Gegenwart.
- Golfen ist Spaß und Entspannung für mich.
- Ich liebe den Golfsport.
- Ich bin ein Gewinner, und das spornt mich an, mein Bestes zu geben.
- Ich bin ein ausgezeichneter Golfer.
- Ich vertraue meinen Fähigkeiten.
- Ich besitze die Fertigkeiten, die ich brauche, um eine optimale Leistung zu bringen.
- Ich kann unter Druck konzentriert bleiben.
- Ich steuere auf mein langfristiges Ziel zu.
- Auf schwierigen Turnieren bringe ich eine optimale Leistung.
- Ich fühle mich mental stark.
- Ich liebe die Herausforderungen eines Turniers.
- Ich behalte während des Turniers meine positive Einstellung.
- Ich kann mich jeder Situation anpassen.
- Ich bin im Fluss.

- Ich denke und spreche positive Worte und Gedanken, wenn ich golfe.
- Ich bin voller Selbstvertrauen und Freude.
- Ganz ruhig!
- Ich fühle mich wie damals, als ich gewonnen habe!
- Ich bin nicht Favorit – ich kann nur gewinnen – und genau das ist mein Vorteil!

Selbstgespräche regulieren lernen

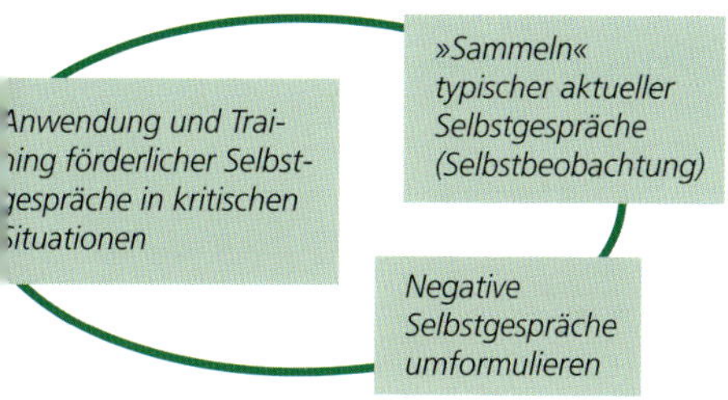

3.2 Schritte zum positiven Selbstgespräch

Voraussetzung: Bist du bereit, Zeit und Aufmerksamkeit für die Veränderung und Optimierung deiner Selbstgespräche zu investieren?

Selbstgespräche

Schreibe auf, mit welchen Worten du dich am besten beruhigen/entspannen kannst: ____________

____

Schreibe auf, mit welchen Worten du dich am besten aktivieren/ mobilisieren kannst: ____________

____

Entscheide dich für eine positive Formel, die du zu dir selbst sagen wirst:

- vor jedem Turnier/Spiel
- während einer leichten Turnier-/Spielsituation
- während einer schwierigen Wettkampf-/Spielsituation
- nach jedem Turnier/Spiel

Meine Selbstgespräche

Erinnere dich an deinen letzten erfolgreichen Wettkampf/ deine letzte erfolgreiche Platzrunde.

Vor Beginn habe ich mir gesagt: ____________

____

Währenddessen habe ich mir gesagt: ____________

____

Danach habe ich mir gesagt: ____________

____

Erinnere dich nun an deinen letzten misslungenen Wettkampf/deine letzte misslungene Platzrunde.

Vor Beginn habe ich mir gesagt: ____________

____

Währenddessen habe ich mir gesagt: ____________

____

Danach habe ich mir gesagt: ____________

____

Meine Selbstgespräche während/nach ... unbedeutenden, leichten Wettkampfsituationen:

... schwierigen Wettkampfsituationen: ____________

... aussichtslosen Wettkampfsituationen: ____________

(vgl. Eberspächer 2007, S. 106–107)

Vor oder während eines Wettkampfs/Spiels werde ich mich in Zukunft mit den Worten ______________________

____

____

beruhigen/entspannen.

Führe deine üblichen Gedanken in Turnieren an. Was tust du ab sofort, wenn du negative Gedanken hast? ______________________

____

____

Halte positive Bekräftigungen fest, die für dich unterstützend sein können, und stelle fest, wann genau du dich während eines Golfturniers oder eines Trainings an diese positiven Gedanken erinnern willst.

Anwendung: Affirmationen

Die unterstützenden Sätze werden bewusst und regelmäßig in Trainings- und Turniersituationen, beim täglichen Zähneputzen, nach dem Aufstehen oder vor dem Schlafengehen (ruhig als Einschlafhilfe) laut ausgesprochen und so eingeübt und integriert. Durch diese ständige Wiederholung üben Affirmationen eine autosuggestive Wirkung auf dich aus. Dadurch gelingt es dir, Trainingsleistungen aufs Turnier zu übertragen – unabhängig von der äußeren Situation.

Weitere Schritte:

- 1. Die Wirkung von Affirmationen wird entscheidend verstärkt, wenn du dich in einem entspannten Zustand befindest.
- 2. Affirmationen so oft wie möglich wiederholen! Schreibe sie auf Zettel oder Postkarten und hänge den Zettel im Bad an den Spiegel oder an die Kühlschranktür, damit du den Zettel immer wieder vor Augen hast. Ich habe auch immer eine Postkarte mit Affirmationen in meiner Handtasche und Bag.
- 3. Ändere deine Affirmationen parallel zu ihrer Veränderung.
- 4. Trainiere deine Affirmationen auch in optimalen Leistungsphasen.
- 5. Brenne dir eine CD mit deinen Affirmationen und Zielen zu einer von dir gewählten Musik. Höre diese mindestens dreimal pro Woche. Attackieren dich Selbstzweifel, höre deine Affirmationen im gleichen Moment an.

Durch das Selbstgespräch kannst du dein Handeln und deine Bewegungen stabilisieren und/oder ändern.

Denken und Affirmation

Negative Einstellungen beinhalten häufig auch eine Schutzfunktion. Wenn man den Erfolg nicht erwartet, ist man im Falle der Niederlage auch nicht so enttäuscht.

Gehe gegen diese negativen Gedanken an, indem du bewusst eine positive Denkstrategie entwickelst.

Negative Haltungen und positive Gedanken stehen in einem unvereinbaren Gegensatz. Positive Gedanken wirken wie ein Keil, der sich zwischen negative Programme und Ausführungen schiebt. Konsequentes Training positiver Denkinhalte lässt den Keil immer tiefer eindringen, um die Wirkung der negativen Grundhaltung langsam auszuschalten.

Unser Gehirn braucht präzise Anweisungen

Wenn du deinem Gehirn nicht genaue Anweisungen gibst, was es zu tun hat, wird es zwar aktiv und arbeitet, ergänzt aber die fehlenden Angaben »selbständig« und das ist oft die Ursache für »unerklärliche« Fehler. Sei daher während deines Golfspiels möglichst aufgabenbezogen, exakt und präzise in deinen Gedankengängen.

Beachte beim Spielen zukünftig:

- Fokus auf Lösung und nicht auf das Problem richten
- Keinen Gedanken an das Ergebnis/ Endresultat verschwenden
- Taktische Entscheidungen vor dem Start treffen
- Nicht an Konsequenzen von Ergebnissen denken
- Nur noch das Bewegungsgefühl genießen
- Nur noch das Gelernte automatisch ablaufen lassen
- Unser Geist arbeitet mit Bildern und speichert diese Bilder – und nicht Worte – ab.

Weiche auch nicht von der einmal getroffenen Entscheidung ab.

Das Zitat von G. Hüpper verdeutlicht es: »Passen Sie auf, dass das Unterbewusstsein – selbst aus guter Absicht heraus – Ihnen nicht noch im letzten Moment einen Streich spielt. Bleiben Sie bei dem, was Sie sich vorgenommen haben. Bejahen Sie es und streben Sie genau das an.« *(Hüpfer 1994, S. 257).*

Gedanken relativieren

Häufig werden Ereignisse falsch und überschießend bewertet. Wir interpretieren etwas in sie hinein, was in der Wirklichkeit gar nicht vorhanden ist.

Nicht das Ereignis selbst, sondern unsere Gedanken über das Ereignis belasten!

Beispiele:

- Objektiv schaut der Pro nicht ganz so freundlich drein wie sonst; subjektiv denken wir, einen Fehler gemacht zu haben.
- Unser ansonsten netter Flight-Partner grüßt einmal nicht, weil ihn die Sonne blendet; subjektiv sehen wir den Grund darin, dass wir in der letzten Woche Streit hatten.

Betrachte das Ereignis aus einer anderen Perspektive und relativiere die Ereignisse und Probleme, um so zu einer angemesseneren Bewertung zu gelangen. Frage dich:

- Wie empfindet ein Dritter die belastende Situation?
- Wie beurteile ich die belastende Situation morgen oder im nächsten Jahr?
- Welche Situationen waren in der Vergangenheit schlimmer als die mich jetzt belastende Situation?

Gedanken umformulieren

Formuliere deine negativen Gedanken in positive um, und zwar so, dass sie erwunschtes, angestrebtes Verhalten beschreiben
bzw. ausdrucken, wie du sein möchtest. Wenn du dich nicht selbst bremsen würdest, sondern jedes Golfer-Selbstbild haben könntest, das du dir wünschst, wie würde es aussehen?
Ein selbstsicherer, leistungsstarker, begeisterter, glücklicher, konzentrierter und erfolgreicher Golfer statt eines nervösen und unkonzentrierten?
Wie würdest du dich in einer schwierigen Situation gerne verhalten?
Vermeide Formulierungen wie »Ich versuche«, »Ich könnte« etc.

Gedankenprotokoll, Trainingstagebuch

Du trainierst auf der Driving Range und lässt jemand anderen protokollieren, was du vor, während und nach dem Schlag gedacht hast, und zwar jeden Gedanken und jede negative Äußerung, sei es ein Wort oder ein Satz, sei es uber dich selbst oder andere auf der Driving Range. Auch ein »Ja, aber …« zählt als negativ. Schummle nicht, indem du dir sagst, dass du dich an deine Gedanken erinnerst und sie später aufschreiben wirst. Oder stecke ein Notiz-

buch oder ein Stück Papier in deine Hosentasche, damit du dir selbst bequem Notizen machen kannst.
Du wirst überrascht sein, wie viele negative Worte und Sätze dir beim Golfen durch den Kopf schießen. Übe deswegen keine Selbstkritik! Diese Übung wird dir bewusster machen, was du beim Golfen denkst und wie du dich innerlich ansprichst.
Wenn du dich selbst verurteilst, dann bist du auf dem besten Weg mittels der Abwärtsspirale *(vgl. Kapitel »6. Selbstvertrauen«)* zu einem negativen Selbstbild zu gelangen.

Gedankenstopp

Ziel und Wirkung: Selbstkontrolle
Vermeidung von unerwünschtem, ständigem Grübeln (Versagensängste, Probleme) und negativen Selbstbewertungen, v. a. vor schwierigen Situationen auf dem Platz und nach schlechten Schlägen, um so die Stress-Spirale zu unterbrechen. Die Technik des Gedankenstopps dient dazu, aufkommende negative, unerwünschte, immer wiederkehrende, grüblerische, einschränkende oder unpräzise formulierte Gedanken, Gefühle und Verhaltensweisen zu stoppen. Die Konzentration wird wiederhergestellt.

Gedankenstopp setzt die Wahrnehmung und Selbstbeobachtung der negativen und einschränkenden Gedanken, das Erkennen der negativen Gedankenspirale voraus. Der beginnende Selbstbemitleidungsprozess nach einem schlechten Schlag, der deine Stimmung weiter nach unten schraubt, nimmt negative Ergebnisse und Bilder bereits vorweg und ruft Gefühle der Schwäche und der Unsicherheit hervor. Sobald negatives Denken und eine selbsterfüllende Prophezeiung aufkommt, hole das Stoppschild oder ein ähnliches Symbol aus deiner Hosentasche, schaue es an und sage »STOPP« (leise, wenn möglich laut). Du kannst das Wort auch mehrmals hintereinander sagen: »STOPP! STOPP! STOPP! STOPP!« Oder du stellst dir das Stoppschild vor. Du kannst zusätzlich noch mit einer Hand auf deinen Schenkel klopfen. Was besser zu dir passt. Atme dabei ruhig ein und aus. Wenn es dich unterstützt, kannst du dir beim Ein- und Ausatmen vorstellen, wie sich dieser Gedanke in Luft auflöst.

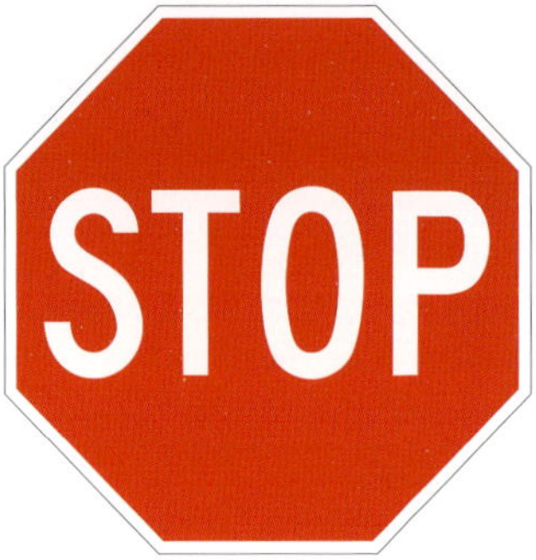

Negative Denkgewohnheiten, die sich von Gehirnzelle zu Gehirnzelle fressen, müssen unterbrochen werden, bevor sie sich auf dein Gesamtbefinden und Stimmung erstrecken und deine gesamte Platzrunde ruinieren.

Nach dem STOPP-Signal richtest du deinen Blick wieder auf die anstehende Aufgabe, suchst nach einer Lösung für deine Aufgabe bzw. konzentrierst dich auf den Schlag. Dies unterstützt du mit einem positiv formulierten, präzisen und unterstützenden Gedanken, z. B. der Erinnerung an etwas Angenehmes – muss nichts mit Golf zu tun haben –, oder alternativen Verhaltensprogrammen, damit du nicht wieder in das alte belastende Muster verfällst! Es kann sein, dass es dir anfangs »komisch« vorkommt oder es dir seltsam erscheint, sich immer die gleichen Sätze vorzusprechen – aber genau das ist die Sprache, auf die dein Gehirn reagiert. Auf diese Art programmierst du dich auf Erfolg.

Lasse dieses Stopp-Verfahren zur Gewohnheit werden. Das dauert erfahrungsgemäß etwas.

Setze Affirmationen und den Gedankenstopp in stressfreien Situationen ein, damit du diese dann auch an Tagen der »schlechten Befindlichkeit« wirkungsvoll einsetzen kannst. Am besten fragst du ab jetzt für die nächsten ca. sechs Wochen jedes Mal nach dem Training und nach Turnieren: »Habe ich unerwünschte Gedanken sofort gestoppt?« Wenn du dich unter Stress befindest, neigst du dazu, gewohnte Verhaltensweisen oder Stereotype durchzuführen, ob diese nun der Situation angemessen sind oder nicht. Das heißt: Verhaltensweisen, die kaum trainiert sind, sind in kritischen Mustern nicht abrufbar.

Hier bietet sich der Vergleich mit einem Golfer an, der an der Änderung einer Schlagausführung arbeitet und diese im Training sehr gut durchführen kann. Im Turnier hingegen wird er die neue, noch nicht automatisierte Bewegung nicht abrufen können. Bildhaft gesprochen: In unserem Gehirn beeinflusst ein »Golf-Riese«, der für die über Jahre hinweg falsch eingeschliffenen Muster steht, unsere Verhaltensweisen so lange, bis wir aus dem »Golf-Zwerg«, der hier neue, bessere Vorgehensweisen und Gedanken symbolisieren soll, ebenfalls durch Üben einen stabilen, selbstbewussten »Golf-Riesen« gemacht haben. Proportional, wie der eine wächst und sich golferisch und selbstkompetent entwickelt, schrumpft der andere.

(vgl. Wörz 2003, S. 29–30)

3.3 Emotionen & Gedanken

Keksdose, Papierkorb

Übungsanleitung:

Jedes Mal, wenn du an etwas denkst, um das du dir Sorgen machst, was dich belastet und frustriert, was du nach dem Golf machen musst, schreibe es auf ein Stück Papier und stecke dieses in eine leere Keksdose (o. ä.) – deine Sorgendose, deine Gedankenkiste (im Golfbag). Durch diese Bewusstmachung verhinderst du,

Realistische Selbsteinschätzung entwickeln

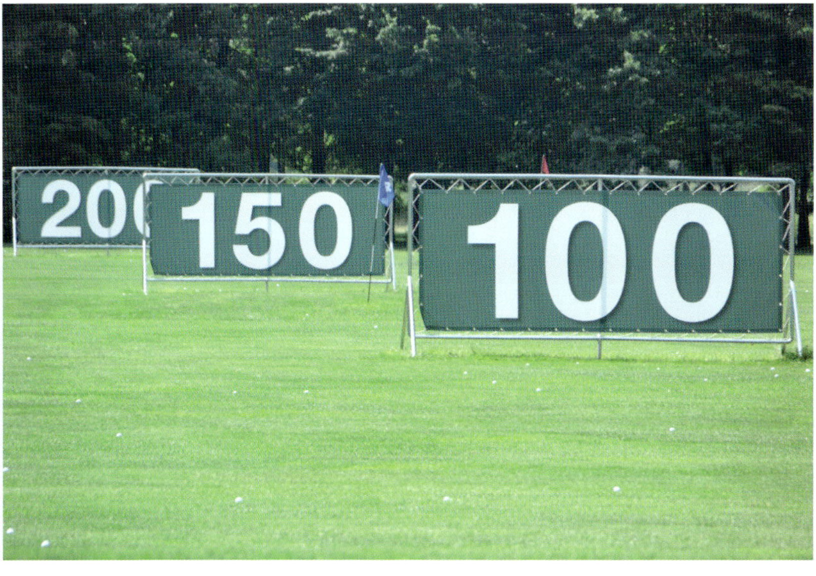

dass negative Gedanken während des folgenden Spiels plötzlich wie ein Blitz bei dir einschlagen.

Einmal pro Woche nimmst du dir Zeit und widmest dich ausschließlich dem Sich-Sorgen-Machen. Wenn die Sorgen in der Keksdose nicht länger angebracht sind, z. B. weil die befürchtete Situation sich nicht verwirklicht hat, knulle das Papier genüsslich zusammen, während du dankbar bist, für diese Sorge keine Energie verschwendet zu haben.

Jede berechtigte Sorge lege beiseite. Mit der Lösung der wenigen verbliebenen Sorgen beschäftigst du dich den Rest der Zeit.

Papierknäuelmethode

Dazu schreibst du deine Missgeschicke, die dir im Laufe des Tages bzw. auf dem Golfplatz widerfahren sind, auf Zettel und legst sie alle vor dich hin. Denn die Gedanken an diese Missgeschicke, z. B. zu langer Putt am letzten Loch, lenken dich ab. Das Ergebnis am nächsten Loch wird meist schlechter.

Dann knüllst du diese Zettel zusammen und wirfst sie in hohem Bogen in den nächsten Papierkorb. Ein Missgeschick nach dem anderen wird so »entsorgt«.

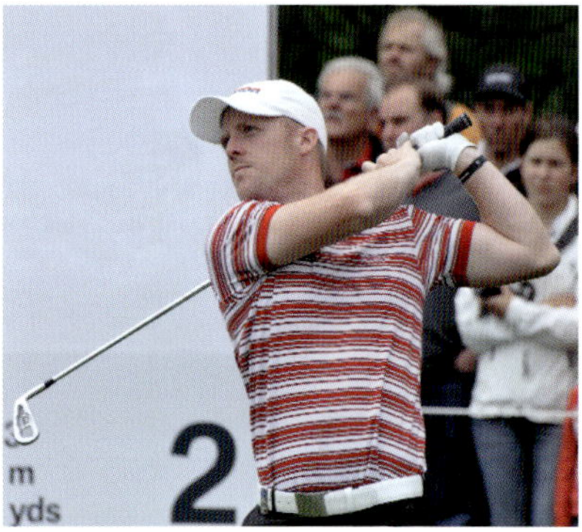

3.4 Zusammenfassung, Hinweise und Tipps

- **Es ist ganz normal, sich positive wie negative Gedanken zu machen. Lerne, mit negativen Gedanken und Gefühlen umzugehen.**
- **Analysiere deine Denkmuster.**
- **Hinterfrage deine veralteten Denkmuster.**
- **Dein Pro oder ein Freund und du ermitteln gemeinsam das auslösende Ereignis deiner negativen Gedanken.**
- **Negative Gedanken können eine Botschaft oder einen Impuls enthalten. Finde heraus, welche Botschaft der Gedanke enthält.**
- **Entwickle gezielte Strategien, um mit negativen Gedanken umzugehen.**
- **Wenn negative Gedanken aufkommen »STOPP«.**
- **Richte deine Aufmerksamkeit auf die Lösung.**
- **Erkenne selbst, dass sich negative Gedanken leistungsmindernd auswirken.**
- **Positives Denken ist realistisches Denken. Positives Denken ist kein Selbstbetrug. Richtige Selbsteinschätzung ist jedoch wesentlich.**

Stress & Entspannung

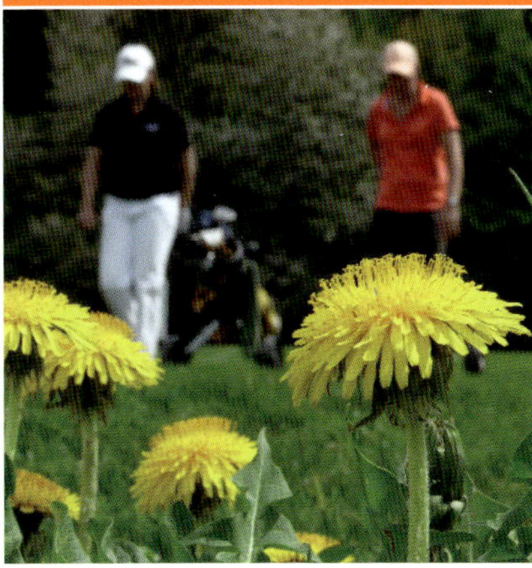

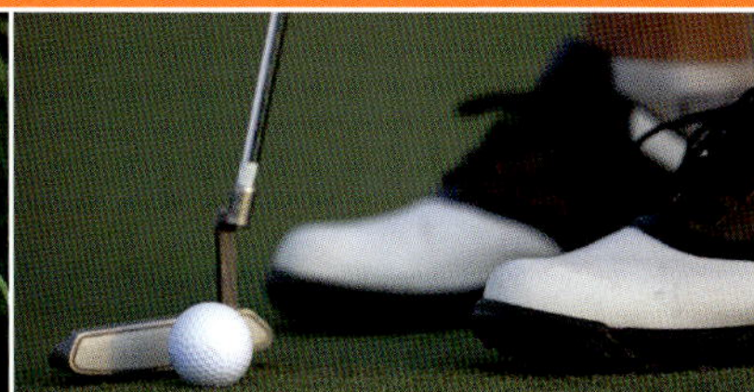

4

Was ist eigentlich Stress? Was bewirkt Stress genau? Welche Bedeutung hat Stress in unserem Leben und Alltag? Was treibt Menschen dazu, auf dem Golfplatz noch mehr Stress zu tanken, statt diesen wunderschönen Sport als Ausgleich zu nutzen?

Stress bedeutet für viele Hilflosigkeit, Ohnmacht, Aggression, Ruhelosigkeit und Angst, dem hohen Erwartungsdruck (von außen durch Mannschaft, Trainer, Eltern, Zuschauer, Medien, Öffentlichkeit oder eher von innen durch eigene große Erwartungen und ambitionierte Ziele) nicht standhalten zu können. Das wiederum ruft einen enormen Leidensdruck hervor. Und dieser ist eben meist selbst auferlegt.

Situation
(Turnier, Flight, Pro)
▼
Stress ist subjektiv
Veranlagung, Erfahrung, Einstellung, Persönlichkeit
▼
Bewertung →Score, Ergebnis
→Ressourceneinschätzung

Stress oder

Bedrohung | *Herausforderung*
▼
Stressreaktion
physisch (Körper)
kognitiv/emotional (Gedanken)
Verhalten – Wie reagiere ich?
▼
Emotionen

(Stressmodell in Anlehnung an Lazarus)

Psychologischer Stress

»Stress entsteht im Zusammenspiel zwischen situativen Anforderungen und individuellen Beurteilungen der eigenen Ressourcen und Fähigkeiten.« *(Lazarus 1966; Lazarus/Launier 1981)*

Das Stressmodell von Richard Lazarus (1974) geht davon aus, dass Stress sehr eng an die Bewertung und Beurteilung der Situation oder eines Ereignisses geknüpft ist. Nicht die eigentlichen objektiven Merkmale der Situation lösen den Stress aus, sondern deine Einschätzung des Problems, deine Gedanken, Einstellungen, Empfindungen und Überlegungen. Sobald eine Situation von dir als »Bedrohung« interpretiert wird und du diese nicht mehr mit deinen bestehenden Ressourcen und Fähigkeiten meistern kannst oder meinst, diese nicht mehr meistern zu können, reagiert der Körper mit der urzeitlichen Alarm- und Notfallreaktion.
Beispiele für überbewertete Situationen auf dem Golfplatz: der erste Abschlag, obwohl dies nur ein Schlag von vielen ist. Oder Schläge aus und über Hindernisse.

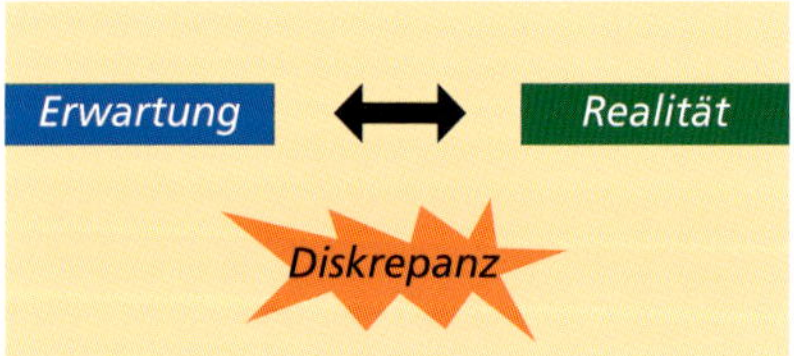

Es drohen Grübelkreisläufe, die unweigerlich zu Selbstmitleid und Resignation bzw. Unlust führen. Das Gefühl der Bedrohung resultiert aus der Unsicherheit und Angst, Erwartungen und Ansprüche nicht erfüllen zu können, und den möglichen negativen Konsequenzen, die dann eintreten könnten, wenn die Situation (Turnier) nicht bewältigt wird.

Je größer die Unsicherheit bzw. Angst (vor Fehlern, Wettkämpfen, Konkurrenzsituationen im Alltag und Beruf) und je bedeutungsvoller die möglichen negativen Konsequenzen, desto größer das Gefühl der Bedrohung und damit auch der Stress.

Stressoren

In meinen Augen ist einer der größten Stressoren das Zusammenzählen und Hochrechnen von Ergebnissen während der Runde. Das bringt unsere Stresshormone erst so richtig in Wallung und die mentale Belastung steigt. Das Vorgehen auf dem Platz wird in Folge härter oder zögerlicher. Es passieren »Verhüterli«-Schläge, bei denen die Arme angezogen werden.

»Solange das Selbstwertgefühl von den eigenen Scores abhängt, wird man seine Angst nicht loswerden. Die Überzeugung, Leistung sei das Wichtigste und mangelnde Leistung schmälere die ersehnte Anerkennung, ist der Grund für die bekannt hohe Nervosität am ersten Abschlag.« *(Heuler 2002, S. 96)*

Weitere mögliche Stressoren

Physische Einflüsse wie Hitze und Kälte, Lärm, Licht/Dunkelheit, Veränderung der Luftfeuchtigkeit, Veränderung der Temperatur, Veränderung des Luftdrucks, chemische Einflüsse wie Nikotin, Koffein, Tabletten, Alltagsstress, Krisen, komplexe Stressoren wie Streit und Konflikt-Situationen mit Flight-Partnern, Äußerungen anderer Personen, Emotionen von Mitspielern, »ungeliebte« Mitspieler, Spielpartner, die einen runterziehen, krankhafter Ehrgeiz, miese Stimmung durch das Schummeln von Mitspielern, Stolz, zu starke Vorfreude auf einen greifbaren Sieg, einschränkende Glaubenssätze, negatives Selbstgespräch, schwierige Ball-Lage, erlebte vergangene Turniere, misslungene Schläge und Putts (aus kurzen Entfernungen), Furcht vor weiteren Enttäuschungen, zu viele Gedanken um Technik, Zeitdruck/Hetze, überhöhte Leistungsanforderungen, Erwartungsdruck, Misserfolg, Konkurrenzsituation, Gegenstände (Bälle,

Stressfaktoren

- *Zeitdruck*
- *Kommentare und Gespräche anderer Golfer*
- *Öffentlichkeit*
- *Falscher Ehrgeiz*
- *Leistungsdruck beim Golfen (z.B. Abschlagsweiten Driving Range, Putten, Platzreife, Handicap, Zählspiele, Golfturniere usw.)*
- *Fitnesszustand,*
- *Alte Sportverletzungen*
- *Mangelnde Beweglichkeit*
- *Physiologische Probleme (z. B. Bluthochdruck, Diabetes, Übergewicht etc.)*
- *Seelische Probleme (Trennung, Scheidung, Tod)*
- *Schlechte Organisation*
- *Selbstüberschätzung*
- *Reizüberflutung*
- *Ständige Erreichbarkeit*
- *Angst (vor Versagen oder Blamage)*
- *Schmerzen*
- *Konflikte*

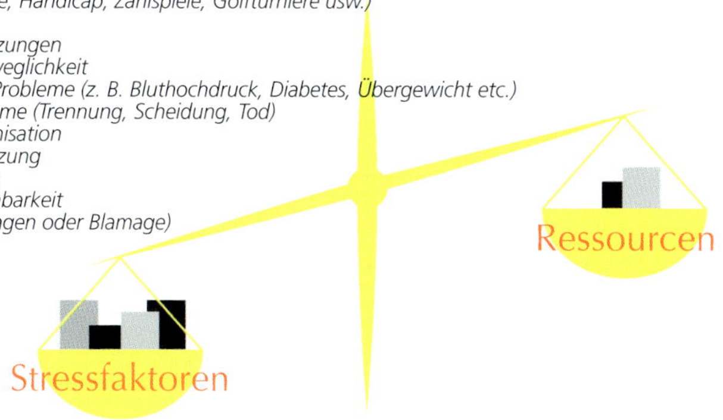

Tee, unterschiedliche Schläger, der Putter, etc.), Platz (Rough, Bunker, bergig), Kleidung, Uhrzeit, körperlicher Stress (Durst, Hunger, Erschöpfung, Müdigkeit, Infektionen, Verletzungen), körperliche Konstitution.

Diese Stressoren führen dann zu einer Stressreaktion und äußern sich auf den Ebenen des Verhaltens, des Körpers, der Gedanken und der Gefühle.

4.1 Übersicht Stressreaktionen

Gedanken

- Denkblockaden
- Konzentrationsstörungen
- Fehlender Überblick
- Selbstvorwürfe
- Ich habe den Schwung umgestellt, daher treffe ich nicht mehr so gut …
- Also der Schlag war jetzt mal okay, da habe ich einfach Glück gehabt …
- Was bin ich für eine Pflaume. So eine Chance kommt nie wieder.
- Immer ich.
- Das schaffe ich nie.
- Ich möchte mich am liebsten in Luft auflösen.
- Bloß nicht den Ball ins Aus.
- Und, und, und …

Gefühle

- Ärger, Wut, Zorn z.B. Ärger über einen verschlagenen Ball, Ärger über sich selbst
- Schwermut/Grübeln
- Unsicherheit
- Angst vor Blamage
- Unlust
- Aggressivität gegenüber Pro oder Flightpartnern
- Unzufriedenheit
- Kummer
- Traurigkeit
- Furcht
- Hilflosigkeit
- Deprimiertheit

Körper

- beschleunigte, flachere Atmung
- sexuelle Probleme, Erektionsprobleme
- Muskelkrämpfe
- Herzschlag steigt, Herz hämmert
- Hautspannung verändert sich
- Blutdruck steigt an
- Muskelspannung steigt an
- verminderte Magen-Darm-Tätigkeit
- Gerinnungsfähigkeit des Blutes ist erhöht
- beschleunigter Puls
- Hände zittern
- Schweißausbruch
- Gesichtsblässe
- Pupillen erweitert
- Bronchien erweitert
- Blutgefäße enger

Verhalten

- hastig, verkrampft
- gereizt
- Geistesabwesenheit
- automatisierte Verhaltensweisen
- Essen, Rauchen
- fehlende Pausen
- fehlerhafte Ausführungen
- Aufgeben
- Selbstvorwürfe
- Fluchen
- Konzentrationsstörungen
- Fahrigkeit
- Aufmerksamkeit auf Nebensächliches
- Vergessen von Bewegungen und taktischen Varianten
- Zähflüssigkeit der Bewegungen
- augenblickliche Ermüdung
- Schwunggefühl verliert sich.

Was wir messen und wahrnehmen können, ist weniger der Stress selbst als vielmehr die Reaktion unseres Körpers darauf. Vereinfacht gesagt reagiert unser Körper auf Stress, wenn wir die Anforderungen, die an uns gestellt werden, als Überforderung bewerten. Das Sprichwort: »Stress hat man nicht, den macht man sich!« wird hier in gewisser Weise bestätigt.
Die Stressreaktionen sind ein sinnvoller, biologischer Vorgang, der sich nur dann gegen den Menschen richtet, wenn ein gesundes Ausmaß überschritten wird. Die Stressreaktionen können dann zu einem Teufelskreis ausarten, der von gesundheitlichen Fehleinschätzungen bis zu psychosomatischen Problemen und einer psychischen Erkrankung führen kann.

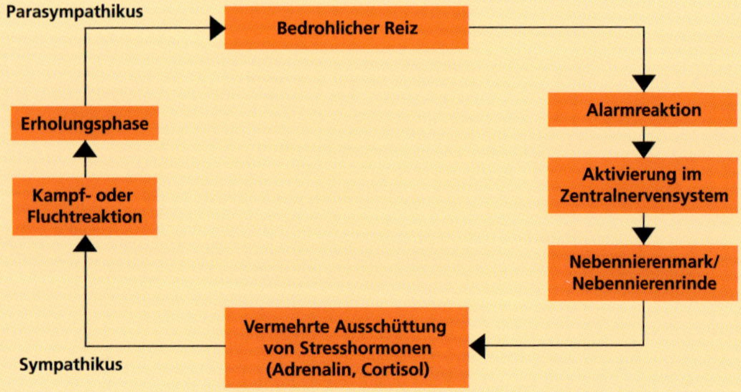

Die Stressreaktion

(Abb. aus Amler/Bernatzky/Knörzer 2006, S. 67)

Menschen können objektiv gleiche Belastungen subjektiv unterschiedlich empfinden.

Was für den einen Stress und Verzweiflung bedeutet, ist für den anderen eine Herausforderung und ein Anreiz, um sein Potenzial zu entfalten. Es sind die zwei Seiten der Medaille: Stress kann vorantreiben oder überfordern, weshalb die Wissenschaft zwischen positivem »Eustress« und negativem »Dystress« unterscheidet.

Diese Differenzierung berücksichtigt, dass nicht jede Form von Stress ungesund und unbedingt schlecht ist. Eustress ist wie ein Motor, der uns Kraft gibt und anspornt. Dieser Stress hilft uns, Neues zu lernen. Ein gewisses Maß an Druck und Herausforderung war und ist lebensnotwendig, steigert die Energie und Leistungsfähigkeit, fördert sogar den Spaß am Leben. Nur chronisch darf er nicht werden.

Die vollständige Stressreaktion umfasst vier Phasen, wie in der Abbildung auf Seite 32 unten dargestellt:

Bedrohlicher Reiz → Alarmreaktion → Angriff oder Flucht → Erholungsphase

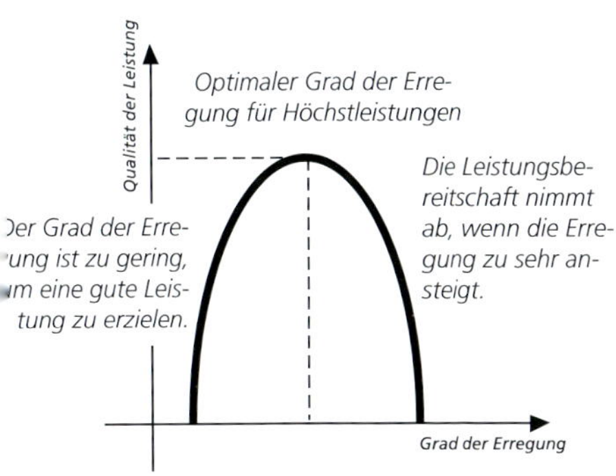

Die Abbildung zeigt einen umgekehrten U-Verlauf zwischen Stress und Leistung.

Das YERKES-DODSON'SCHE GESETZ besagt, dass es für die Bewältigung jeder Anforderung ein optimales Aktivationsniveau gibt. Je nach Schwierigkeitsgrad der gestellten Aufgabe kommt es mit Zunahme der Aktivierung bis zu einem gewissen Punkt – dem Aktivitätsoptimum – zu einer Leistungssteigerung, und Flow *(vgl. Kapitel »8. Konzentration«)* wird wahrscheinlich. Übersteigt die Aktivierung dieses personen- und sportartspezifische Niveau bzw. die Fähigkeiten des Golfers, kommt es zu einem Leistungsabfall bzw. zur Abnahme der Leistungsbe- reitschaft. Die Leistungsbereitschaft eines Golfers ist maximal, wenn eine Aufgabe als schwierig, aber nicht als Überforderung wahrge- nommen wird. Die Leistungsbereitschaft sinkt bei einer Unterforderung. Über- und Unterforderung ist nicht nur auf der technischen Ebene gemeint, sondern auch in Bezug auf die mentale Herausforderung.

Sich beruhigen, wenn es darauf ankommt!

Fallbeispiel:
Ich stehe am ersten Abschlag zu Beginn eines Turniers. Turnierleitung, Mitspieler, Zuschauer, Freunde usw. beobachten mich.

Ort, Zeitpunkt, Handlung: Golfclub XXX, 10.00 Uhr, erster Abschlag
Gedanken, Bewertungen, Selbstgespräche: »Hoffentlich gelingt der erste Abschlag, damit ich einen guten Eindruck hinterlasse.« Ich habe Zweifel, was meine Leistung betrifft. Erinnerungen an misslungene erste Abschläge tauchen vor meinem inneren Auge auf.
Gefühle: Angst, Nervosität, Enttäuschung
Körperempfinden: Herzfrequenz, Muskeltonus und Blutdruck steigen an. Ich spüre, wie ich mich anspanne.

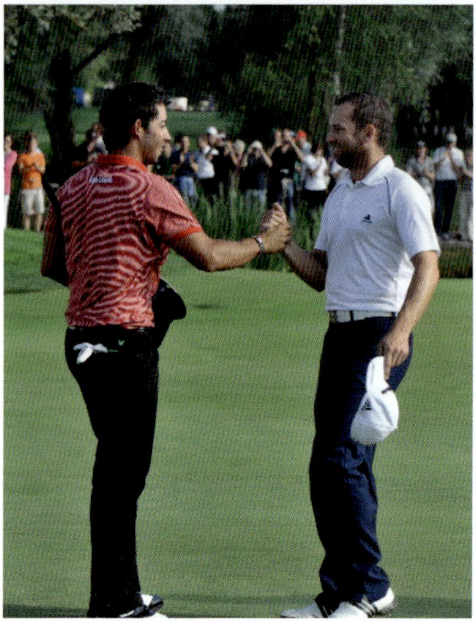

Eigenes Verhalten: Trotz meiner Bemühungen, ruhig zu bleiben, habe ich keinen Rhythmus beim Schlagen, da ich mich zu hastig bewege. Sage mir, es ginge ja um nichts.
Nachwirkungen der Situation: Ich spiele auf den ersten neun Löchern katastrophal und möchte am liebsten in der Halfway-Pause abbrechen.

Stressbewältigung

Stress entsteht zu einem erheblichen Teil im Kopf. Wie wir Situationen einschätzen und unsere eigenen Ressourcen bewerten, hat großen Einfluss darauf, ob es zu Stress kommt oder nicht.
Ein wichtiger Weg zur Stressbewältigung besteht daher darin, die eigene Denkweise zu überprüfen und eigene stressverschärfende Gedanken zu erkennen und zu verändern.

Besonders – aber nicht nur – in solchen Situationen, die nicht veränderbar sind, können folgende Fragen zu alternativen Bewertungen anregen:

- Was kann ich in dieser Situation lernen?
- Welche Aufgabe habe ich in dieser Situation?

4.2 Übersicht Stressbewältigungsstrategien

Verhaltensebene: Bewegungsprogramme zur Wiederherstellung des Wohlbefindens
Körperebene: Entspannungstechniken, Wiederherstellung des Gleichgewichts
Mentale Ebene: Positives Selbstgespräch, mentale Formelsätze, gedankliche Umbewertung bestimmter Situationen
Emotionale Ebene: Einsatz von Motivationstechniken; Überlagerung durch positive Gefühle (Freude, Spaß)

Mentalorientierte Zugänge

- a) Autogenes Training
- b) Phantasiereisen, Gedankenreisen, Körperreisen (Psychohygiene-Training)
- c) Mentales Training
- d) Zentrieren (Objekt-Konzentration)
- e) Selbsthypnose

Körperorientierte Zugänge

- a) Progressive Muskelentspannung (PMR) nach Jacobson
- b) Entspannungsmassagen, Massagen
- c) Langsame Körperbewegungen/ Feldenkrais
- d) Blitzentspannung in 1 Minute
- f) Elemente östlicher Bewegungskünste (Yoga, Tai Chi, Qi Gong, Hatha-Yoga)

Soforthilfen gegen Stresssymptome

- **Gähnen:**

Je nach Situation mit vorgehaltener Hand, oder aber, wenn du alleine bist, mit einem entspannenden Gähnton. **Energiegähnen** ist ein natürlicher Reflex, der die Körperatmung vertieft, den Kreislauf anregt und die Energiezufuhr im Gehirn verbessert. Zudem löst Gähnen Verspannungen im Kopf und Kiefer. Gerade die Kiefermuskeln können unter Stress die verspanntesten Muskeln sein. Und das Kiefergelenk ist eine der wesentlichen Verbindungsstellen zwischen Gehirn und Körper. Achte auch immer wieder im Tagesverlauf und beim Ausführen eines Schlags darauf, den Kiefer locker zu lassen. Besonders wenn du die Zähne zusammenbeißen musst, ist dies als Prophylaxe sehr hilfreich.

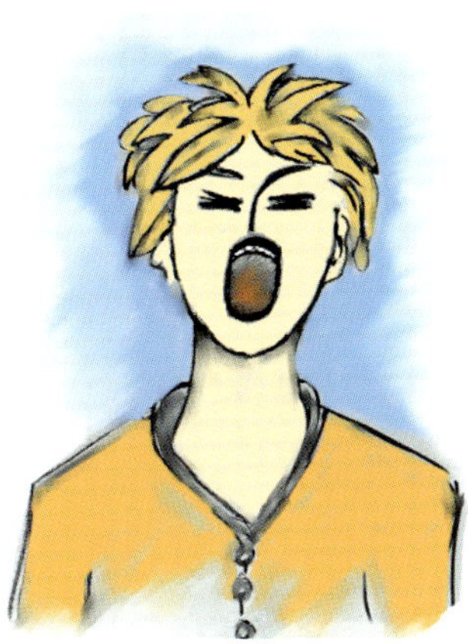

- **Zunge an den Gaumen führen**

Ein Reflexpunkt, den schon die Griechen, Römer und auch die Inder kannten und nutzten, wird ausgelöst, wenn du **die Zunge gegen den Gaumen legst**; die Zungenspitze soll dabei ungefähr einen halben Zentimeter hinter den oberen Schneidezähnen liegen. Auch hierdurch wird ein tieferes Atmen ausgelöst, oftmals sogar ein Gähnen.

- **Stirn-Hinterkopf-Halten:**

(Emotionale Stressreduktion)

Ärger, Aufregung oder Angst bedeuten Stress für unseren Organismus. In diesem Zustand handeln wir reflexartig. Mit dieser Übung kann Stress schnell und wirksam abgebaut werden. Wir sind dann wieder in der Lage, klare Gedanken zu fassen.

Nimm dir einige Minuten Zeit für dich. Leg eine Hand mit der Handinnenfläche leicht und sanft auf Stirn und Hinterkopf oder lasse jemand anderes sanft und leicht deine Stirn und deinen Hinterkopf halten.

Atme entspannt. Wenn du magst, schließe die Augen.

Schaue dir im Geiste die stressbeladene/belastende Situation an – vielleicht auf einer Leinwand. Und zeichne um dieses Standbild/Foto einen Rahmen.

- Woraus ist dieser Rahmen gemacht?
- Welche Farbe hat er?
- Ist er schlicht oder verziert?
- Glänzt der Rahmen?
- Aus welchem Material besteht er?
- Ist der Rahmen eckig oder rund?
- Fällt dir noch etwas auf?

Gibt es einen Rahmen, der deiner Meinung besser zum Bild/Foto passen wurde? Wähle den schönsten Rahmen aus, den du dir vorstellen kannst!

Was wäre, wenn du die Form des Rahmens ändern würdest? Müsste er größer, kleiner, breiter, schmaler, schwerer sein?

Verändere die Farbe des Rahmens!

Verändere die Verzierungen! Lass den Rahmen nüchterner oder phantasievoller aussehen!

Kann irgendjemand anderes den Rahmen verändern?

Könnte jemand anderes einen Rahmen machen, der dir genauso gut gefällt?

Gibt es noch mehr Details am Rahmen, die dir wichtig sind?

Tief ein- und ausatmen. Öffne deine Augen und nimm deine Hände wieder herunter.

Die Situation verliert ihren Schrecken, der Stress wird abgebaut.

- Besonders wirksam ist **das Berühren der beiden Stirnhöcker**, der so bezeichneten Stellen auf der Stirn zwischen Augenbrauen und Haarlinie. Diese mit den Fingerspitzen zu berühren oder leicht zu massieren, wirkt entstressend und du erreichst eine optimale Durchblutung deines Gehirns. Schon nach wenigen Sekunden kannst du häufig feststellen, dass du einen gleichmäßigen Puls von 70–74 Schlägen pro Minute spürst.

Diese Bewegung ist unauffällig durchführbar. Manche Menschen fassen sich auch instinktiv an die Stirn.

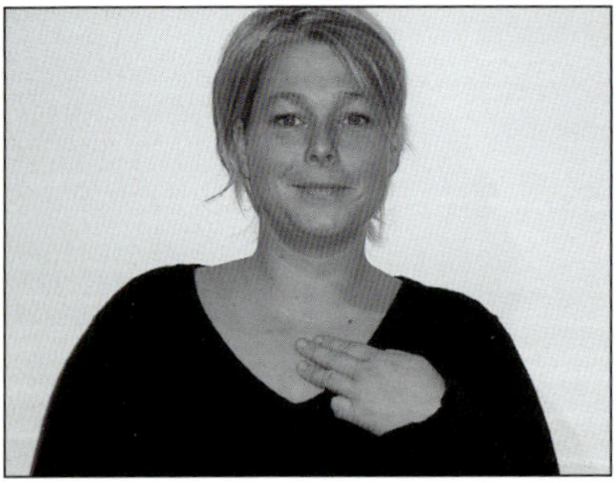

- **Aktivieren der Thymusdrüse**

In der Kinesiologie gilt die Thymusdrüse als Steuerungszentrale für den Energiefluss in den Meridianen und als Bindeglied zwischen Körper und Geist. Durch die Klopf-Technik wird bei dieser Übung der Energiefluss verbessert.

Schließe die rechte oder linke Hand locker zu einer Faust. Klopfe mit vier Fingern bzw. der flachen Hand etwa 2 bis 5 Zentimeter unterhalb der Stelle, an der du das Schlüsselbein ertastest (unterhalb des Halses), auf dein Brustbein. Klopfe die Thymusdrüse (griech. »thymos« = »Lebensenergie«) so lange und so stark, wie es dir angenehm ist (aber nicht häufiger als fünfmal und das drei- bis viermal täglich).

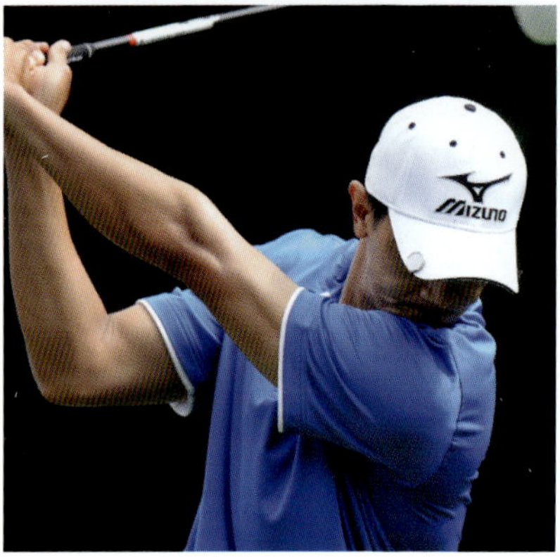

Vielleicht merkst du nach einigem Klopfen, dass du tief Luft holen musst. Das ist meist ein Zeichen für körperliche Entspannung. Stress wird abgebaut.

Du schüttest mit Hilfe dieser Klopf-Übung Mut machende Immunzellen aus, die Körper und Seele stärken. Diese einfache, praktische und hilfreiche Übung belebt deine Energie, verbessert deine Stimmung, gibt dir Stärke, unterstützt deinen Willen und tut so richtig gut.

Du kannst bedenkenlos zu jeder Tages- und Nachtzeit »klopfen«.

Zeige diese einfache Klopf-Übung auch deinen Freunden, Mitarbeitern, Flight-Partnern und deiner Familie. Sie ist einfach durchzuführen und hat eine große Wirkung. Du steigerst damit Lebensfreude, geistige Wachheit, Gesundheit, Energie, Leistungs- und Lernfähigkeit.

Die Anti-Switching-Übung

Lege die rechte Hand über die linke und verschränke die Finger beider Hände miteinander. Beuge die Arme so zum Körper hin, dass die gefalteten Hände auf deiner Brust liegen.

Beim Einatmen lege deine Zunge hinter den Zähnen an deinen Gaumen und beim Ausatmen löse die Zunge und lege sie auf den Mundboden ab (und mit offenen oder geschlossenen Augen

visualisiere etwas, das in Balance ist, z. B. eine Waage, eine Wippe oder einen Mensch, der Schritt für Schritt balanciert geht.)
Atme dann ca. 10- bis 20-mal ein und aus.
Stelle beide Beine nebeneinander, die Füße stehen fest am Boden. Die Fingerspitzen berühren einander leicht.
Bleibe in dieser Position eine Minute und atme dabei tief ein und aus.

Die Anti-Switching-Übung hilft, beide Hirnhälften zu synchronisieren.

Basisverfahren zur Switching-Korrektur:

- Stimuliere den Nabel und beide Schlüsselbeine.
- Stimuliere den Nabel und den Bereich unter der Nase.
- Stimuliere den Nabel und den Bereich unter der Unterlippe.
- Stimuliere den Nabel und das Steißbein.

Neurologische Desorganisation kann auch eine Folge von Überenergie sein. Anzeichen dafür sind Konzentrationsschwierigkeiten, das Gefühl verwirrt oder weggetreten zu sein.

Hook-up-Korrektur (bei Überenergie):
Setze dich bequem hin und strecke die Beine nach vorne.
Kreuze das linke Bein über das rechte Bein in Höhe der Fußknöchel. Strecke die Arme nach vorne aus, die Handflächen sind zueinander gewandt. Drehe bei der Anti-Switching-Übung die Handflächen nach außen, sodass die Daumen nach unten zeigen.

Durchziehen der Pre-Shot-Routine
Festgelegter Ablauf:
(Vgl. Wörz 2003, S. 133)

- »Marker setzen«
- Autosuggestive Formel
- Imitationsübungen
- Zielvisualisierung
- Optimaler Leistungszustand

Vier Phasen zwischen den Schlägen:

- Reaktionsphase, Reaktion auf Schlag
- Entspannungsphase – Abschalten
- Vorbereitungsphase
- Aktivierung, Rituale, Pre-Shot-Routine

Zur Pre-Shot-Routine gehören:

- Sich ein Ziel für den Schlag festlegen.
- Sich entscheiden, wie man den Ball spielen möchte.
- Schlägerwahl.
- Visualisierung der Flugbahn und des Ziels.
- Probeschwung.
- Ansprechposition, Griff, Schlägerblatt ausrichten, Stand, Körperausrichtung.
- Blick zum Ziel.
- Mentale Übung, Selbstgespräch,
- Hier und Jetzt.
- Rationales Denken hat Pause.
- Mit dem Einatmen schwingen.

Visualisierungsübung: Das Ruhebild

Jeder Sportler, der mentales Training praktiziert, hat meist ein Ruhebild, mit dem er sich blitzschnell in hektischen Situationen auf ein niedrigeres Erregungsniveau »herunterholen« kann. Jeder Mensch hat in seiner Erinnerung reale Bilder, die ihn besonders entspannt haben, z. B. Bilder aus der Natur. Diese Orte werden immer wieder geistig aufgesucht.

- ein besonders schöner Blick aufs Meer oder auf eine blühende Wiese
- auf der Terrasse sitzend, auf das Meer, einen Garten oder eine Berglandschaft blickend
- an einem warmen Sandstrand liegend, den Sonnenuntergang beobachtend und dem Rauschen der Wellen lauschend
- ein gemütlicher Winterabend zu Hause am

knisternden Kaminfeuer, mit einem heißen Getränk und einem guten Buch
- in einer Hängematte.

Beziehe möglichst viele Sinnesorgane mit ein. Wichtig dabei sind die emotionale Erinnerung und die kinästhetische Empfindung. Versuche dabei
- Farben zu sehen
- Geräusche (Knistern des Feuers im Kamin, Vogelgezwitscher, Meeresrauschen) zu hören
- Gerüche (nasses Gras, Holz) wahrzunehmen, zu fühlen (den Sand, die Baumrinde, den Felsen).

Das Ruhebild soll in der Erinnerung wirklichkeitsgetreu erlebt werden können.

Du kannst bei jeder Wahrnehmung von Stress und Zweifeln dein Ruhebild »einschalten«.

In der Praxis schaut das wie folgt aus:
Du merkst, dass du zu zweifeln beginnst. Du rufst dein Ruhebild ab, indem du tief durchatmest, dein Code-/Schlüsselwort, das die Situation bezeichnet, sagst und dich mental an deinen Ort der Ruhe, Erholung und Geborgenheit versetzt. Du entfernst dich bewusst aus dem Hier und Jetzt und »beamst« dich sozusagen an einen Ort der Ruhe und somit in ein Gefühl der Ruhe, Erholung, Entspannung und Freiheit.
Übe dieses Vorgehen gezielt in Problemsituationen.

Übung:
Nimm dir ein paar Minuten Zeit und entwirf ein entspannendes, positives, schönes geistiges Ruhebild. Das kann eine friedliche Umgebung oder schöne Landschaft sein. Das Bild soll Ruhe, Erholung und Wohlbefinden in dir erzeugen. Wenn du dir keinen entspannenden Ort vorstellen kannst, liste die Dinge auf, die dich entspannen und kreiere daraus dein Ruhebild.
Schreibe dein Ruhebild auf.
Zeichne zur besseren Verinnerlichung dein Ruhebild.
Nimm dir jetzt Zeit, die Vorstellungsübung (mit

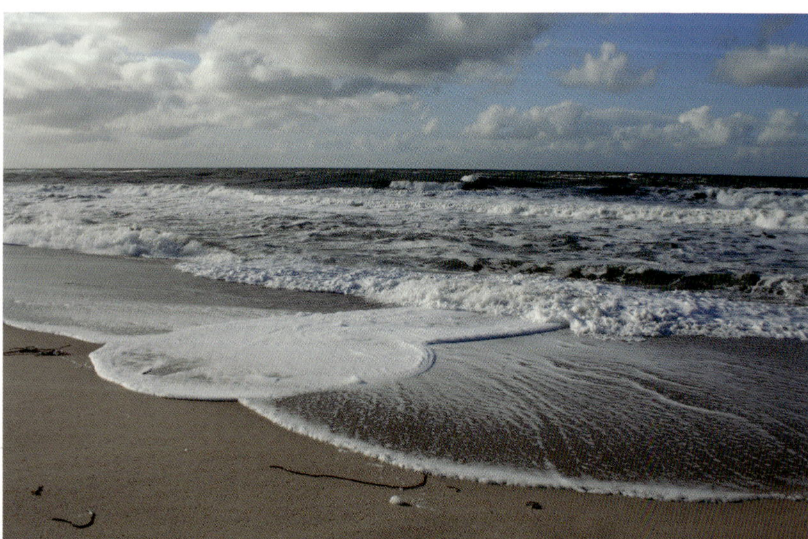

oder ohne entspannende Musik) durchzuführen. Beginne die Visualisierung mit einigen tiefen Atemzügen.

Entspannungstechniken

Stressgrad bewirkt eine Übererregung: Das Erregungsniveau des Golfers zu hoch.
Entspannung ist ein wichtiger Faktor im Sport. Basis ist die Ent-Spannung, das Lösen von Spannung, das Loslassen von allem, was belastet. Entspannungstraining ist daher ein wichtiger Bestandteil eines umfassenden Trainings im Golfsport.

Entspannung hat viel mit eigener Körperwahrnehmung zu tun – genau das, was der Golfer braucht, um auf dem Golfplatz und im Turnier seine optimale Leistung abrufen zu können. Entspannung gibt dir neue Energie für mehr Leistung. Eine Entspannung der Muskeln hat auch Auswirkungen auf die Psyche: Lockerung der Psyche. Nervosität und Entspannung schließen sich gegenseitig aus! Wenn du ein Entspannungsverfahren gelernt hast, kannst du Entspannung auf dem Golfplatz und im Turnier abrufen und auf diese Art und Weise deine Nervosität neutralisieren.

4.3 Zugänge zur Entspannung

Techniken, mit denen man seinen Körper »herunterkühlen« kann.

Atmungszentrierte Zugänge

Viele Probleme, Ängste und Unsicherheiten auf dem Grün oder beim Schlagen entstehen dadurch, dass die Atmung flach und schnell wird bzw. die Luft angehalten wird. Meist fällt es einem selbst nicht auf. Daher immer »Erst mal tief einatmen …« in die Pre-Shot-Routine mit einbauen.

Physiologische Grundlagen der Atmung

Die wichtigste Aufgabe der Atmung ist die ausreichende Versorgung der Zellen mit frischem Sauerstoff und die Ausscheidung von Kohlendioxid. Sauerstoffmangel kann Müdigkeit, Kopfschmerzen, Energielosigkeit und Unkonzentriertheit zur Folge haben. Wir verkrampfen.

Achte genau auf deine Atmung und darauf, dass du nicht unter Stress die Schultern hochziehst, die Luft anhältst und flach und in die Brust atmest, also wenig effizient. Du atmest dann schneller, die Stresssymptome verstärken sich, die Herzfrequenz steigt und der Teufelskreis beginnt. Sondern nutze Bauch- und Brustatmung als Vollatmung. Die Bauchatmung unterstützt deine Entspannung.

Atemübungen gegen Stress

Suche dir bitte einen ruhigen Platz aus und stell dich hin oder setze dich aufrecht mit geradem Rücken hin oder lege dich auf den Rücken, die Beine ausgestreckt, etwa hüftgelenksbreit, die Füße locker nach außen fallen lassen, die Arme liegen neben dem Rumpf, mit den Handflächen nach oben.
Dann schließe bitte die Augen und beginne, ruhig durch die Nase, statt über den Mund einzuatmen (3 Sekunden). Durch den Mund ausatmen. Beim Einatmen liegt die Zunge hinter den oberen Schneidezähnen. Beim Ausatmen Zunge wieder fallen lassen. Richte deine Aufmerksamkeit nur auf deinen Atem.
Zähle die Länge deiner Atemzuge mit, das wird dir helfen, dich auf die Atmung zu konzentrieren.
Beginne nun damit, das Ausatmen zu verlängern, ohne dich dabei unter Druck zu setzen. Verlängere die Ausatmung mit jedem Atemzug ein Stück mehr, bis deine Ausatmung ungefähr doppelt so lange ist wie deine Einatmung (6 Sekunden). Dabei stelle dir vor, dass du beim Aus-

Entspannungsübungen

- Autogenes Training
- Yoga
- Tai Chi (langsame Körperbewegungen)
- Hypnose, Selbsthypnose
- Progressive Muskelentspannung (PME)
- Musik (als Begleiter), Entspannungsmusik
- Atemtechniken, Entspannungsatmen
- Energiegähnen (Atemübung)
  Simuliere ein Gähnen! Bringe einen tiefen, entspannten Gähnton hervor!
- Faustballen (Muskeln entspannen)
  Balle beide Hände zu Fäusten, balle die Fäuste immer noch ein wenig mehr, jetzt lasse sie los.
- Denkmütze (Massage)
- Lachtraining, Lach-Yoga
  Mundwinkel nach oben ziehen
- Gehirnbalance
- Anti-Switching-Übung
- »Smiley« auf der Golftasche
- Blitzentspannung, Tropho-Training®
- Meditation
- Zentrieren
- Gedankenreise, Phantasiereise
- Schwebebad, Floating
- Visualisierungsubung »Ruhebild« (Liegen am Strand, »schöner Ort«, Sonnenuntergang)
- Codewort »Relax!«
- Spazieren, Lesen
- »Rückwärtszählen«
- Farbe mit einer besonders ruhigen und angenehmen Wirkung und diese wie einen Mantel anziehen und Wärme und Ruhe am Körper spüren.
- Ich fühle mich leicht wie eine Feder.
- Katathymes Bilderleben
- Duftkerzen, Aromen

atmen alles Belastende, Negative ausatmest. Das Ganze wiederhole etwa ein bis zwei Minuten. Und fühle, wie du dich beim Ausatmen mehr und mehr entspannst.

Im Liegen kannst du dir ein Buch auf den Bauch legen. Das Buch muss sich beim Einatmen heben, weil sich dein Bauch ausdehnt. Wenn du wieder durch den Mund ausatmest, fällt dein Bauch zusammen, und das Buch sinkt wieder herab.

Weitere Vorteile: Du atmest hier und jetzt. Du kannst weder morgen atmen, noch kannst du gestern atmen. Atmen musst du in diesem Augenblick!

Wenn du deine Atmung beobachtest, werden negative Gedanken ausgeblendet. Und es ist unmöglich, gleichzeitig aufgeregt zu sein und dennoch ruhig und gleichmäßig zu atmen.

Nasenatmung:
Lasse die Atemluft über das rechte Nasenloch hinein- und über das linke Nasenloch wieder hinausströmen. Dann wieder zum linken ein und zum rechten aus. Verschließe dabei mit Daumen bzw. Mittelfinger einer Hand abwechselnd rechtes bzw. linkes Nasenloch. Lege den Zeigefinger beweglich auf die Nasenwurzel zwischen den Augenbrauen. Beobachte dabei, wie die Luft durch die Nasenkanäle fließt.

Kontrolliere ab sofort beim Golfen, ob du genügend in den Bauch atmest oder fast ausschließlich in die Brust, idealerweise auf jedem Loch über ein paar Meter.

Vorteil: In dieser Zeit denkst du nicht an deinen Score.

Ergänzend dazu kannst du ganz konkret vor

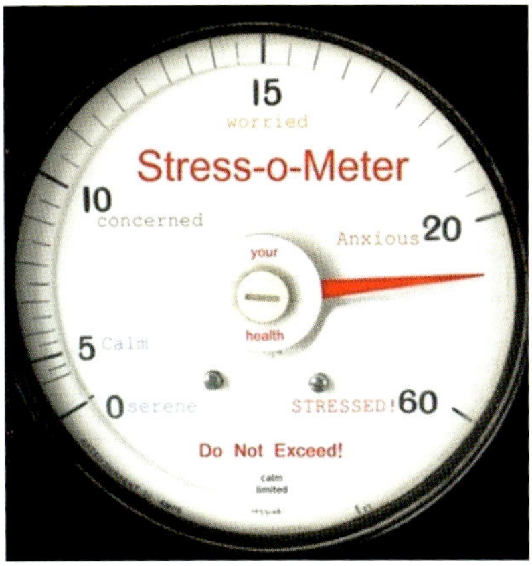

dem Abschlag oder Putt dein Stresslevel auf einer Skala von eins (neutral) bis zehn (maximaler Stress) einschätzen. Ab Stresslevel fünf solltest du ein Entspannungsverfahren, z. B. eine Atemübung, anwenden.
Baue einen tiefen Atemzug in deine Routine ein. Dieser Atemzug eignet sich beispielsweise gut als Startsignal der Routine oder um kurz vor dem Schlag eventuelle Verspannungen zu lösen und den Schwung frei ablaufen zu lassen.

Musik

Entspannung durch die Wirkung von ruhiger, getragener, entspannender Musik. Diese findet sich häufig im Bereich der klassischen, aber auch der modernen Musik. Wichtig ist, dass dir die ausgewählte Musik gefällt. Sie sollte keine besonders prägnanten Stellen haben, auf die dann unbewusst gewartet wird. Mit der heute zur Verfügung stehenden Technik ist es relativ einfach, von dem ausgewählten Musikstück ein »Endlosband« herzustellen, das mit Walkman, CD-, MP3-Player auch während des Turniers eingesetzt werden kann.
Im Handel sind zahlreiche Entspannungs-CDs erhältlich. Achte beim Kauf von Entspannungsmusik darauf, dass der Takt möglichst langsam ist, maximal 60 Schläge pro Minute, denn der Herzschlag reagiert auf den Takt und soll sich ja möglichst verlangsamen.

- Du wählst aus einer Sammlung von Musik zwei beruhigende Stücke aus. Wende die Lieder in ruhiger Sitz- oder Liegeposition an. Lasse die Musik durch deinen Körper fließen.
- Diese werden gezielt im Vorwettkampfzustand zur Beruhigung oder zur Aktivierung eingesetzt.
- Diese Stücke nicht zu oft anhören, sondern gezielt einsetzen.
- Die beruhigenden Musikstücke können auch vor einer Visualisierung eingesetzt werden.

Progressive Muskelentspannung (PME)

Stress führt zu einer erhöhten Anspannung der Muskulatur. Diese ist uns jedoch häufig nicht bewusst. Ziel der Progressiven Muskelentspannung ist es, eine bessere Wahrnehmung für Muskelspannung zu entwickeln, diese bewusst wieder zu lösen und die Entspannung einzelner Muskelgruppen auf den ganzen Körper übergehen zu lassen. Erreicht wird dies durch die Anspannung von Muskeln bzw. Muskelgruppen

Spannungsregler

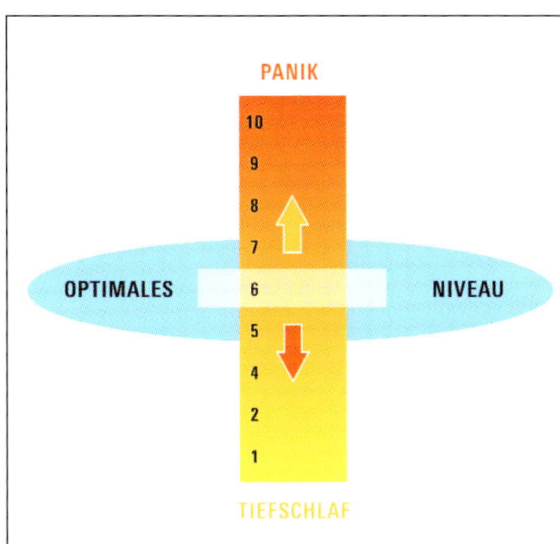

mit anschließendem Lockerlassen. Durch die vorherige Anspannung ist die folgende Entspannung vertieft.
Das Jacobson-Training beinhaltet das wechselseitige Anspannen und Entspannen der Muskulatur mit der Absicht, sein Bewusstsein für den Unterschied zu entwickeln und zu schärfen. Die Methode ist, wie du feststellen wirst, recht einfach.

Durchführung, exemplarisch dargestellt:
Wähle einen **bequemen** Stuhl, möglichst mit verstellbarer Rückenlehne, oder lege dich nun auf den Rücken, die Arme liegen dabei entspannt neben deinem Körper. Mache es dir richtig bequem. Achte zudem darauf, dass du nicht durch Kleidungsstücke, Brillen, Uhren oder Ähnliches eingeengt wirst und die Entspannungssitzung in einem angenehm temperierten und ruhigen Raum durchgeführt wird.

Die Übungen können mit offenen oder geschlossenen Augen durchgeführt werden, die meisten Menschen können sich allerdings mit geschlossenen Augen besser entspannen. Atme gleichmäßig und tief durch, halte den Atem kurz an und atme nun ganz lange aus und fühle, wie du innerlich »loslässt«.
Richte deine Aufmerksamkeit auf deine dominante **Hand** und **Unterarm**. Beginne mit der dominanten Hand – balle sie zur Faust, beachte die Spannung (5–7 Sekunden), löse mit dem nächsten Ausatmen die Faust und nimm die Entspannung als Kontrast dazu wahr.
Richte dann deine Aufmerksamkeit auf deine andere Hand und Unterarm. Balle deine andere

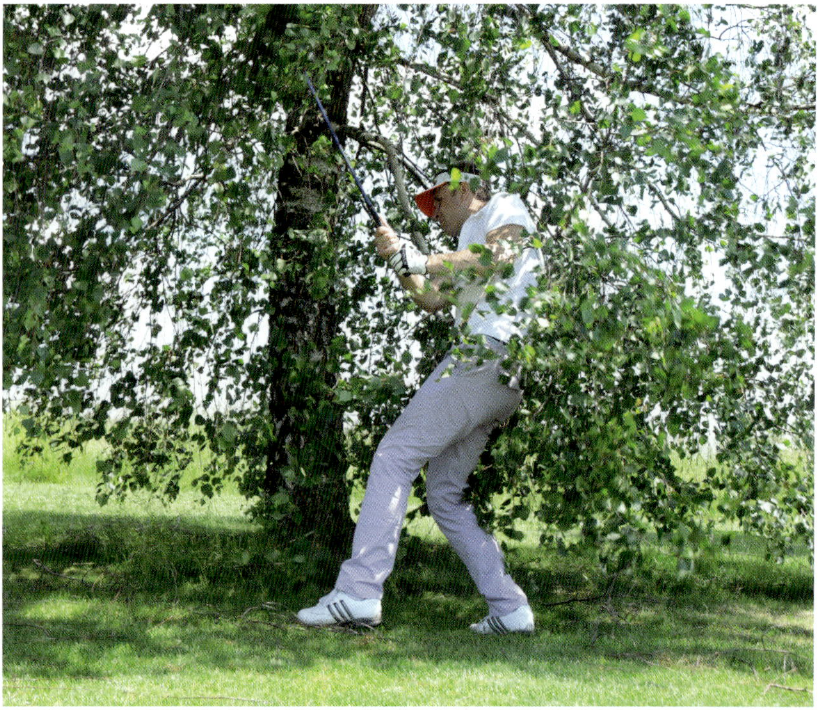

Hand zur Faust, löse mit dem nächsten Ausatmen die Faust und entspanne dich.
Strecke beide **Arme** nach vorn und balle deine Hände zu Fäusten ... steigere langsam die Intensität der Anspannung, bis alle Muskeln in deinen Fingern und den beiden Händen maximal angespannt sind ... dann entspanne ... und lasse die Arme einfach hinunterfallen. Achte auf den Unterschied zwischen dem Gefühl »angespannt« und »entspannt«.
Richte deine Aufmerksamkeit auf den **Oberarm** der dominanten Seite. Beuge den Arme mit geöffneter Hand und spanne die Muskulatur an ... halte die Spannung, werde dir des Gefühls bewusst ... nun entspanne ... und lasse deine Arme einfach auf die Oberschenkel hinunterfallen.
Spanne deine **Stirnmuskeln** an, indem du die Stirn runzelst/in Falten legst ...Augenbrauen nach oben ziehen (»Stirnrunzeln«) ... halte die Spannung, spüre der Spannung deiner Kopfhaut nach ... nun entspanne ... und lasse alle Muskeln deiner Stirn wieder glatter und weicher werden. Entspanne.
Augen – Kneife die Augenlider zusammen (»Zornesfalten«) ... halte die Spannung, werde dir des Gefühls bewusst ... nun entspanne ...
Nase – Nasenmuskeln anspannen durch Naserümpfen, -kräuseln (Augen geschlossen) ... halte die Spannung, werde dir des Gefühls bewusst ... nun entspanne ...
Mund – Lippen spitzen oder zusammenpressen (Kussmund) ... halte die Spannung, werde dir des Gefühls bewusst ... nun entspanne ...
Kiefernmuskeln – Zähne aufeinander drücken ... halte die Spannung, werde dir des Gefühls bewusst ... nun entspanne ...
Spanne die Muskeln in deinem **Gesicht** an ... schneide eine Grimasse (lächle) ... halte die Spannung, werde dir des Gefühls bewusst ... und entspanne.
Spanne deine **Hals- und Nackenmuskeln** an ...Ziehe dazu die Schultern hoch und drücke das Kinn gegen das Brustbein ... halte die Spannung, werden dir des Gefühls bewusst ... und entspanne.
Spanne deine **Schultermuskeln** an, ziehe dazu die Schultern nach hinten und oben ... jetzt ... halte die Spannung, werde dir des Gefühls bewusst ... und entspanne.
Spanne deine **Rückenmuskeln** an, zuerst im oberen und dann im unteren Bereich ... Rücken wird dabei hohl ... halte die Spannung, werde dir des Gefühls bewusst ... und entspanne.
Spanne die Muskeln deines **Brustkorbs** an ... halte die Spannung, werde dir des Gefühls bewusst ... und entspanne.
Atme tief ein und halte die Luft an; atme langsam aus und nimm die Entspannung wahr. Bauch – Spanne deine **Bauchmuskeln** an, mache deine Bauchdecke hart, so als ob du einem Druck auf deinem Bauch standhalten wolltest (wie ein Brett) ... halte die Spannung ... werde dir des Gefühls bewusst ... und entspanne.
Gesäß – beide Gesäßhälften anspannen, Pobacken zusammenkneifen ... halte die Spannung, werde dir des Gefühls bewusst ... und entspanne.
Lenke dein Bewusstsein auf deine **Beine**. Spanne den rechten Oberschenkelmuskel an ... Drücke dazu den Fuß auf den Boden ... halte die Spannung, werde dir des Gefühls bewusst ... und entspanne.
Spanne die Muskeln rechts vom Knie abwärts an, und zwar alle Muskeln einschließlich des Knies und der Wade ... ziehe dazu den Fuß hoch, Ferse bleibt auf dem Boden ... halte die Spannung, werde dir des Gefühls bewusst ... entspanne.
Spanne die Muskeln deines rechten **Fußes** und die rechten Zehen an ... krümme die Zehen dazu so, als ob du etwas greifen wolltest ...

halte die Spannung, werde dir des Gefühls bewusst … entspanne.
Spanne nun deinen linken Oberschenkelmuskel an … Drücke dazu den Fuß auf den Boden … halte die Spannung, werde dir des Gefühls bewusst … und entspanne.
Nun wird das Ganze mit den Muskeln links vom Knie abwärts und den Muskeln deines linken Fußes und der linken Zehen wiederholt.
Nimm einen langsamen tiefen Atemzug; ziehe die Luft ein, indem du deinen Bauch nach außen drückst; atme langsam aus. Spüre die Folgen des Gelöst-Seins. Und das Gefühl vertieft sich mit jedem Atemzug. Spüre das Gelöst-Sein in deinen Fingern, Händen, Armen, Gesicht, Kopfhaut, Stirn, Auge, Nase, Mund und Kiefer. Schultern, Bauch, Rücken, Gesäß, Oberschenkel, Unterschenkel bis in die Füße und Zehenspitzen hinein sind angenehm entspannt.
Wiederhole dieses tiefe Atmen dreimal. Richte deine Aufmerksamkeit auf diesen Atemvorgang. Mit jedem Ausatmen vertieft sich die Entspannung … tiefer und tiefer …
Öffne deine Augen, dehne und strecke dich nach Herzenslust. Gähne! Richte dich nun langsam auf! Das Gefühl der Entspannung bleibt in deinem Gedächtnis gespeichert und du fühlst dich nun frischer und erholter als zuvor …

Es gibt verschiedene Formen der PME:

- lange Form – 16 Muskelgruppen
- kurze Form – 7 Muskelgruppen
- kurze Form – 4 Muskelgruppen
- mental (nichts sichtbar)

Die PMR-Kurzform:

- Dominante Hand mit Unterarm und Oberarm:
  Balle die Faust, winkle den Unterarm an, drücke den Oberarm gegen die Unterlage.
- Nicht dominante Hand mit Unterarm und Oberarm
- Gesichtsmuskeln (Stirn, Augen, Kiefer, Lippen, Zähne):
  Stirn runzeln, Augen zusammenkneifen, Lippen und Kiefer aufeinanderpressen.
- Nackenmuskulatur (Hals, Nacken, Schulter):
  Drücke das Kinn gegen die Brust.
  Ziehe dabei die Schultern hoch.
- Brust-, Rücken-, Bauchmuskulatur:
  Atme tief ein, Schulterblätter nach hinten ziehen, Bauch und Po anspannen.
- Füße, Unterschenkel und Oberschenkel dominantes Bein: Ziehe die Zehen ran, drücke das gestreckte Bein gegen den Boden.
- Füße, Unterschenkel und Oberschenkel nicht dominantes Bein.

Die Kurzform der PME (kurz anspannen – entspannen) kannst du auch auf dem Golfplatz anwenden! Der bekannte norwegische Sportpsychologe Willi Railo, der seit Jahren mit Top-Athleten (olympischen Medaillengewinnern und Rekordhaltern) erfolgreich zusammenarbeitet, schreibt u. a. zur Progressiven Muskelentspannung:
»Progressive Entspannung kann immer und überall eingesetzt werden. Sie wird hauptsächlich zur Verminderung der Nervosität und zur Entspannung des Körpers eingesetzt. Die Methode ist nur eine besondere Variante, die sich gut für den sportlichen Bereich eignet. Aber es gibt noch viele andere Techniken.«

Achtung: Schmerzende Muskelpartien sollten nicht angespannt werden, ebenso Muskeln, die beim Anspannen beginnen zu schmerzen. Diese Muskelgruppen werden entweder einfach ausgelassen oder man versucht, über eine »passive« Vorstellung zu arbeiten (z. B. … ich stelle mir vor, ich würde jetzt das linke Bein anspannen … und jetzt wieder lösen).

Heutzutage werden Kurse an Volkshochschulen sowie bei den gesetzlichen Krankenkassen angeboten, in denen man die Progressive Muskelentspannung erlernen kann. Es besteht jedoch auch die Möglichkeit der Selbstschulung mithilfe von Büchern und CDs.
Du kannst die Progressive Muskelentspannung auch mit Atem- und Visualisierungsübungen kombinieren.

4.4 Aktivierungsübungen

Techniken zur Erhöhung der Aktiviertheit (Mobilisationstechniken)

Standardisierte Mobilisationstechniken gibt es nicht. Ansatzstellen für die Mobilisation sind: *(zum Teil nach Eberspächer 1995, S. 78):*

Verhalten
Schnelle und schwunghafte Bewegungen, Muskelspannung aufbauen, Skippings, Konzentration auf Einatmung

Umwelt
Reizreiche, anregende, aktivierende Umwelt aufsuchen oder »herstellen« (z. B. fetziges Musikstück am besten mit MP3-Player)

Wahrnehmung
Innere Einstellung: Herausforderung; Druck, »Power« durch pushendes Selbstgespräch wie: »Here we go!« (Geschwindigkeit und Tonfall der inneren Stimme beschleunigen bzw. energetischer mit sich selbst sprechen) und energetisierende Suggestionen. Schnell, stoßartig und tief atmen. So bekommst du auch negative Gedanken aus deinem Körper und Kopf.

Aktivierungsverfahren

Für den Wettkampf ist es wichtig, ein optimales Spannungsniveau zu erreichen (Psyche). D. h. nicht nur Entspannung kann angesagt sein, sondern auch Aktivierung und Mobilisierung.

Wie ist dein Spannungsniveau vor dem Turnier?
Musst du dich aktivieren oder entspannen?
Wie aktivierst und entspannst du dich?

Aktivierungsverfahren (sich pushen):

- Eiskaltes Wasser, Eiswürfel
- Gegenseitiges Abklatschen
- Lachen
- Sich kneifen, Schmerz
- Provokation, Kampf suchen
- Infizieren – sich von einem motivierten Flightpartner anstecken lassen
- Negative Menschen meiden
- Düfte/Geschmack (Minze)
- Aktivierung über Musik (Hardrock, Techno, Trance)
- Aktivierungsatmung durchführen
- Atemübung/Atemphantasien: Sich mit geschlossenen Augen vorstellen, wie man auf einem hohen Berg steht und tief die frische Luft einatmet …
- Einige Kickbox-Schläge oder -Tritte
- Boxschläge in die Luft ausführen.
- Den »Ich-Bereich« und Körper klopfen.
- Schreien, verbunden mit einer Kampf- oder Siegesbewegung
- Körpersprache
- In den Spiegel schauen und sich verbal anfeuern: »Du bist der Größte, du schaffst es!«
- Sich von Zuschauern anfeuern lassen.
- Selbstgespräche (»Los jetzt!«)
- Skippings
- Seilspringen, hoch springen
- Bilder (Stier, Löwe – stark, gelassen – Fans)
- Koordinationsübungen

Stressbewältigungsprogramme ersetzen keine indizierte Behandlung psychischer Störungen.

4.5 Die inneren Antreiber

Innere Antreiber/typische Stressgedanken:
(aus der Transaktionsanalyse)

- Mach es allen recht (please me).
- Beeil dich, mach schneller (hurry up).
- Sei perfekt (be perfect).
- Streng dich an (try hard), ohne Fleiß kein Preis.
- Sei in jeder Lage stark, zeig keine Schwächen.
- Mach keine Fehler.
- Wenn ich mir etwas gönne, muss ich es mir zuerst verdienen. (Ohne Fleiß kein Preis!)

Welche dieser Stressgedanken stellst du bei dir fest?
Welche Gedanken laufen in belastenden Stresssituationen automatisch ab? · Was sage ich zu mir selbst? · Wo habe ich überhöhte Anforderung an mich selbst? · Welche negativen, abwertenden Sätze sage ich mir innerlich? · Erwarte ich immer etwas Schlechtes, sehe ich immer schon im Voraus Probleme auf mich zukommen?

Stress abschütteln
Suche dir »Erlauber« = Alternativgedanken
Beispiele:

- Ich habe das Recht dazu, nur das zu tun, was ich selbst für das Beste halte.
- Ich darf mir etwas gönnen, auch ohne dass ich etwas dafür leiste.
- Was ich selbst für richtig halte, ist wichtig.
- Es kommt darauf an, dass die Dinge für mich stimmen.
- Man braucht es nicht jedem recht zu machen.

4.6 Wettkampfübungen zum Stresstraining

Ziel: Förderung der Wettkampfstärke
Prognose- und Konsequenztraining z. B. auf Kurzplatz:

- Golfer trägt den Score in ein öffentlich aushängendes Blatt ein; Ziel nicht erreicht: Athletik-Übung oder Beitrag in Golf-Kasse
- Golfbiathlon: als Team über 5 Stationen; z. B. 5-mal 1 Meter-Putts, 5-mal 15 Meter-Pitch in Zielfeld, 5 Bunkerschläge aus 10 Metern), große Runde laufen und 5-mal chippen, bei Fehler(n) Strafrunde
- Speedgolf (nicht in Golfschuhen)
- Störfaktoren einbauen (leicht stupsen, Witze machen, Gespräch führen, etwas fallen lassen)
- Erfolgsserie: Alle Sechs in Folge: 1-,2- oder 10-Meter-Putt in Kreis, Chip, aus Bunker, Pitch; bei Wettkampfatmosphäre (kein Reden); Fehler an einer Station: Zurück an den Start und solange spielen, bis Vorgabe erfüllt ist.
- Führen einer Rangliste über ein Jahr mit Belohnung für die ersten drei Plätze.
- Mit vorangehender körperlicher Belastung (z. B. Seilspringen mit Arm-Bein-Koordination)
- Wettkämpfe mit Preisaussetzung (Getränke, Sachpreise)
- Wettkampfübungen mit Bewertung – »top«, »o. k.«, »wiederholen« oder mit einer Skala von 1 bis 6 für Schläge
- Wettkampfübungen mit vorgegebenen Zielen und der Konsequenz »Nichtwiederholbarkeit«
- Nur ein Versuch auf der Driving Range
- Zocken – wetten, z. B. um ein Essen
- CD mit Störungen einspielen
- Auf fremden Golfplätzen spielen
- Putten mit Voraussage
- Trainingsrunden mit Vorgaben (nur Eisen, nur gewisse Schläger im Bag)
- 3 oder 4 Löcher wählen und diese solange spielen, bis du jedes Loch Par gespielt hast.
- Zuschauer zum Training einladen.
- Videokamera mitlaufen lassen.

Emotionen – ein entscheidender Faktor

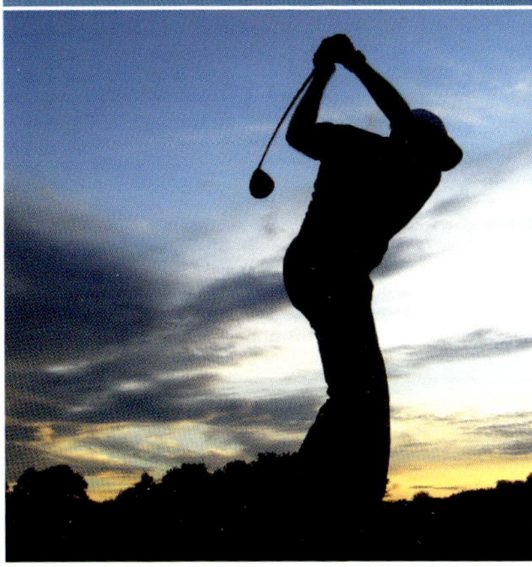

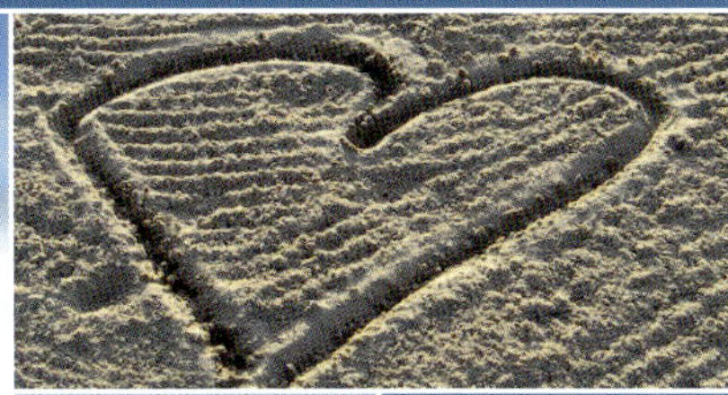

5

Welche Funktionen haben Emotionen in unserem täglichen Leben? Welche Emotionen spürst du auf dem Platz? Und wodurch wurden diese ausgelöst? Wurden deine Emotionen durch Aspekte des Golfens ausgelöst? Spielten private und berufliche Aspekte in diese Emotionen hinein? Gehen dir Emotionen wie Stolz, Wut, Zorn, Niedergeschlagenheit und Nervosität unter die Haut? Kannst du deine Emotionen auf dem Platz und im Training kontrollieren und regulieren? Wie gelingt es dir, deine negativen Emotionen herunterzufahren? Wie kannst du schlechten Schlägen doch noch etwas Gutes abgewinnen?

Empirische Befunde verdeutlichen den Zusammenhang zwischen gedanklichen Prozessen, emotionalem und körperlichem Befinden sowie Verhalten auf der Handlungsebene. Gefühle und Verhalten beeinflussen sich gegenseitig.

Ich übe verschiedene Sportarten aus, aber keine Sportart triggert meine Emotionen so sehr wie der Golfsport, und das in die eine wie in die andere Richtung. Gerade im Golfsport wird jeder Golfer mit großen Leistungsschwankungen sowohl auf der Platzrunde als auch auf der Range konfrontiert.
Jede Aktion, jede Handlung, jeder Schlag beim Golfen wird im hohen Maß von Emotionen begleitet. Sie sind ständige Wegbegleiter unseres Lebens. »Emotionen aktivieren den Menschen. Angst- und Schmerzgefühle z. B. lösen Vermeidungsreaktionen aus, Freude und Spaß haben Zuwendung und ein höheres Aktivationsniveau zur Folge.« *(Baumann 1993, S. 223)*

Positive Emotionen, wie Freude über einen Trainingserfolg, einen Erfolg in einem bedeutenden Golfturnier und Stolz über die eigene Leistung, geben Kraft, fördern das positive Denken, regen

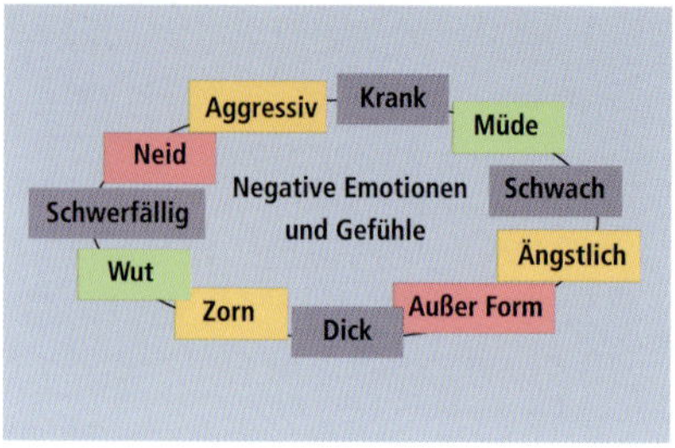

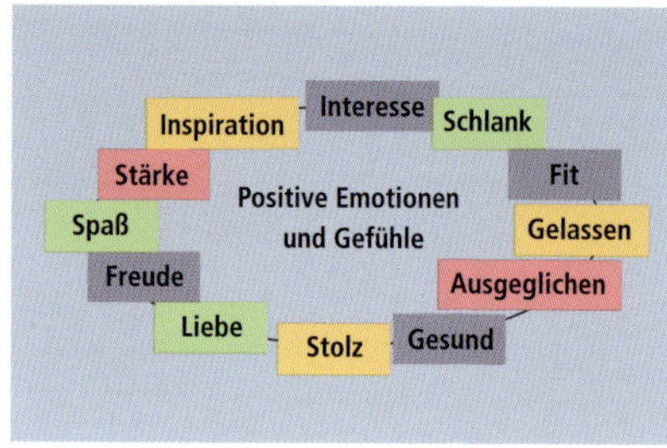

die Konzentration an, senken das Schmerzempfinden, bauen das Selbstvertrauen auf und werden als »angenehm« erlebt. Negative Gefühle, wie Ärger über schlechte Schläge und Angst vor einem bevorstehenden Golfturnier etc., aber auch Stress, rauben Kraft, saugen Energie, verhindern die Entfaltung unserer Lebensfreude und unseres Potenzials, machen uns müde und werden als »unangenehm« erlebt.

Was ist eine Emotion?

»Everyone knows what an emotion is, until asked to give a definition. Then it seems that no one knows«. *(Fehr/Russel 1984, S. 464)*

Mir ist keine präzise wissenschaftliche Definition bekannt.
Emotion kommt aus dem Lateinischen »movere = bewegen«. Der Zusatz »E« verändert die Bedeutung: »emovere« = eigtl. »hinausschaffen, etwas entfernen, herausbewegen«.
»Emotio«: Herausbewegung, das Fortbewegen; »ex = heraus und motio = Bewegung, Erregung«.

- Emotionen hat jeder. Sie beeinflussen uns.
- Emotionen können hemmen und blockieren, aber auch beflügeln und uns zu Spitzenleistungen antreiben.
- Emotionen sind ein komplexer Prozess, der

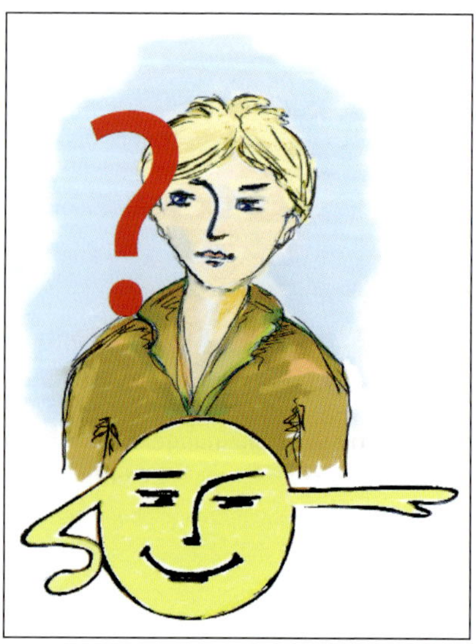

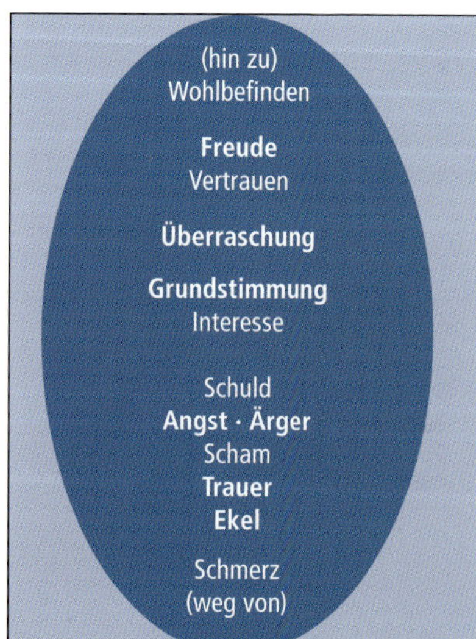

z. B. durch eine Situation ausgelöst wird und zu einem Erregungszustand führt.

- Bei Emotionen handelt es sich um Sinneswahrnehmungen, die über Erinnerungen und Erfahrungen geprägt werden.
- Gefühle zeigen dir den Weg, das Richtige zu tun.
- Sie werden als Gefühle erlebt.
- Sie werden ausgedrückt (durch Gestik, über Mimik, Worte, etc.).
- Emotionen können wir nicht immer kontrollieren.
- Emotionen bestimmen Einstellungen, Absichten und Verhalten.
- Gefühl ist das subjektive Erleben. Gefühle sind ansteckend.
- Negative Gefühle wie Angst und Wut breiten sich schneller aus als positive und lassen ein vernünftiges »Handeln« nicht zu!
- Emotionen haben immer einen Appell.
- Wir müssen fühlen, um eine Emotion zu haben. Emotionen spüren wir in unserem Körper.
- Wirkung von positiven Emotionen. Verminderung von Stress, Beschleunigung der Erholung, Optimierung der Informationsaufnahme, Beschleunigung des Lernens, Unterstützung von Lernprozessen, Förderung der Langlebigkeit, Erhöhung der Kreativität *(nach Prof. Sigurd Baumann).*

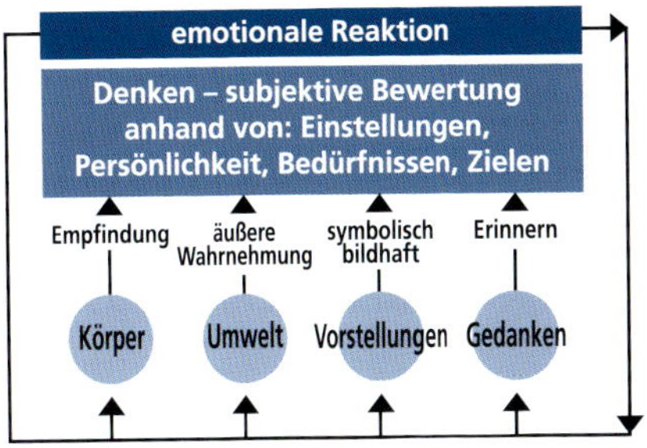

Entstehung von Gefühlen (Baumann 1993, S. 228)

Paul Ekman stellt folgende sechs Grundemotionen heraus: Freude, Furcht, Wut, Ekel, Überraschung und Traurigkeit.

Für Daniel Goleman *(»Emotionale Intelligenz«, 1995)* sind Freude, Trauer, Wut und Angst die vier Grundgefühle.

A. Damasio unterscheidet im Bereich der Emotionen zwischen primären (oder vitalen, universellen) Emotionen wie Freude, Trauer, Furcht, Ärger, Überraschung und Ekel, sekundären (oder sozialen) Emotionen wie Verlegenheit, Eifersucht, Schuld, Stolz u. a. m. und Hintergrundemotionen wie Wohlbehagen, Unbehagen, Ruhe, Anspannung u. a. m.

Emotionen entstehen aufgrund der individuellen und subjektiven Bewertung einer Situation (Sieg, Gefahr) und früheren emotionalen Erfahrungen. Diese Bewertung hängt ab von:

- der Einstellung, der Erwartungshaltung (»jetzt muss es klappen«)
- der momentanen Befindlichkeit (emotionaler Zustand), z. B. Stimmung, Müdigkeit
- dem gegenwärtigem Umfeld (Zuschauer, Flight-Partner, Partner)
- gemachten guten und schlechten Erfahrungen in ähnlichen Situationen (»nicht schon wieder …«)
- den zu erwartenden Konsequenzen.

Emotionsauslösende Situationen:
Lob als Wertschätzung, positive Erfüllung von Erwartungen, Zielerreichung, erfolgreiche Beendigung einer Runde, kleine und große Veränderungen.

Die negativen Erscheinungen/Reaktionen von Wut, Angst und anderen Emotionen:
Überforderung, Versagensangst, Selbstzweifel, Hilflosigkeit, Unlust, fehlende Motivation, Ärger bis hin zu Wutausbrüchen, Unsicherheit, Verlust von Lockerheit und Konzentration, Minderung

der Leistungsfähigkeit, Denkblockaden, keine Kontrolle mehr über die Technik und Taktik, Störung der Lebensführung und des gleichmäßigen Energieflusses im Körper.

Während eines Turniers erleben viele Golfer regelrechte emotionale Berg- und Talfahrten. Wer kennt nicht den bei einem Golfturnier aufkommenden Stress, wenn die eigene Leistung weit hinter der Trainingsleistung und vor allem hinter den eigenen Erwartungen zurückbleibt. Je höher deine Erwartungen und je größer die zu erwartenden Konsequenzen aus dem Ausgang des Golfturniers, desto größer der emotionale Stress. Dies kann so weit führen, dass die Angst vor dem Versagen jegliche nur annähernd normale Leistung verhindert. Hier finden wir den Trainingsweltmeister!

Nach dem Turnier entsteht bei Niederlagen eine Situation, mit der nicht jeder so easy umgehen kann. Man ist mit sich selbst unzufrieden, ärgert sich, sucht Gründe für das Scheitern. Und dann noch die vielen Menschen, vor denen man sich rechtfertigen soll, warum man gerade heute, wo es doch so wichtig war, nicht sein bestes Golfspiel gezeigt hat.

Emotionale Kontrolle ist beim Golfen eine Schlüsselqualifikation. Schließlich haben unsere Emotionen einen starken Einfluss darauf, wie wir mit anderen Menschen im Flight und mit Ereignissen im Golfsport umgehen.

Es ist wichtig, sich bewusst zu machen, wann man aus dem seelischen und/oder körperlichen Gleichgewicht gekommen ist, um entsprechend darauf zu reagieren. Sind der physische sowie der emotionale und der mentale Bereich im Gleichgewicht, kannst du flexibler und selbstbewusst auf Stresssituationen welcher Art auch immer reagieren.

Emotionen als Treibstoff der mentalen Fähigkeiten

Bei allen lebensbestimmenden Prozessen sind aber nicht nur die rationalen Überlegungen ausschlaggebend, sondern bevor die Ratio anfängt zu arbeiten, ist schon eine lange Kette von Emotionen am Arbeiten. Schön, wenn es sich dabei um positive Gefühle handelt, einschränkend, wenn es negative sind. Dass wir hilflos unseren Gefühlen ausgeliefert sind, ist nur ein Trugschluss.

Emotionen sind nichts anderes als das Ergebnis von Hormonausschüttungen. Und weil sich Hormonausschüttungen nicht nur unbewusst ereignen, sondern auch ganz gezielt ausgelöst werden können, haben wir die Chance, unsere Emotionen bewusst zu steuern und ihre unbestreitbare Kraft positiv für uns zu nutzen.

Man kann sich das so vorstellen, dass in jedem Menschen ein kleiner Barmixer im Kopf sitzt, der die Körpersäfte je nach Anforderungen zusammenmixt. Dieser ist natürlich von allen Umweltreizen abhängig und natürlich auch manchmal von falschen oder unerwünschten Reizen beeinflusst. Mentaltraining hilft diesem Barmixer, den richtigen Mix der Körpersäfte in der jeweiligen Situation richtig zusammenzustellen und damit den gewünschten Zustand energetisch, rational und emotional herzustellen.

5.1 Die Wirkung von Emotionen

»Gefühle stellen für die meisten Menschen etwas Wichtiges dar, sie sind ein Teil unseres seelischen Lebens und es ist nicht möglich, unsere Gefühle abzutrennen oder dauerhaft zu verdrängen.« *(Linz 2004, S.160)*

Negative Emotionen können zu »Selbstläufern« werden.

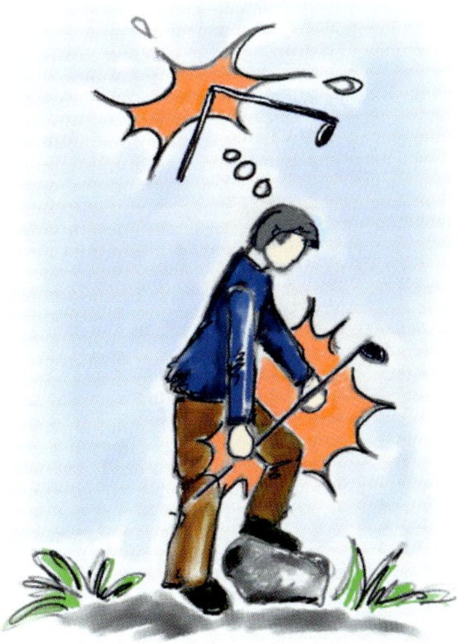

Wut/Zorn

Geschichte: Ein kräftiger, knorriger, aggressiver Samurai kommt zu einem Zen-Meister und fragt: »Sagt mir, was die Natur von Himmel und Hölle ist.«

Der Priester schaut ihm ins Gesicht und entgegnet: »Warum sollte ich das einem schäbigen, ungehobelten, hässlichen Taugenichts wie dir verraten? Warum sollte ich einem Wurm wie dir irgendetwas sagen?«

Da zog der Samurai rasend vor Wut sein Schwert und setzte an, dem Zen-Meister den Kopf abzuschlagen.

Der Zen-Meister sagte gelassen: »Das ist die Hölle.«

Augenblicklich begreift der Samurai, dass er soeben seine eigene Hölle geschaffen hat, finster und sengend, voller Hass, Selbstschutz, Zorn und Ablehnung. Ihm wird klar, dass er so tief in der Hölle steckt, dass er sogar bereit ist, jemanden zu töten. Mit Tränen in den Augen legt er die Handflächen zusammen und verbeugt sich voller Dankbarkeit für diese Einsicht.

Der Zen-Meister sagte lächelnd: »Und das ist der Himmel.«

(Quelle unbekannt)

»Golfspiel mit seinen winzigen Fehlerspielräumen und den langen Phasen der Erfolglosigkeit kann äußerst enttäuschend sein. Darüber wütend zu werden, erscheint normal.« Eine Fähigkeit des Spielers ist besonders gefragt: mit Enttäuschungen und negativen Gefühlen umzugehen und diese zu ertragen.

(vgl. Heuler 2002, S. 102).

Fallbeispiel:

»Schon von weitem sah ich den Ball, zwischen Dornen eingekeilt, im Busch nisten.

Wer einen solchen Schlag wagt, sollte tunlichst vermeiden, mit dem Gesträuch in Berührung zu kommen, denn sonst läuft er Gefahr, dass der Ball noch tiefer in den Zweigen versinkt. Also trat ich äußerst behutsam mit meinem Golfsack näher, nahm ein Siebener-Eisen zur Hand, entschlossen, auf Anhieb das Grün zu erreichen. Trotz aller schlechten Omen verlockte mich nach wie vor die Aussicht auf ein Par. Ich achtete darauf, dass mein Eisen den gelben Blüten nicht zu nahe kam, und suchte festen Halt unter den Füßen. Ein paar Mal nahm ich mit dem Schläger schwingend Maß und stellte fest, dass mir genügend Spielraum blieb. Nach einem letzten Blick auf die entfernte Fahne schlug ich mutig zu. Der Ball tropfte zwischen den Blüten tiefer ins Geäst und war nicht mehr zu sehen. Kopfschüttelnd schaute ich zum Himmel empor. »Scheißspiel, verdammt noch mal«, fluchte ich.« *(vgl. Murphy 2006, S. 36)*

»Untersuchungen zeigen: Wut lässt sich nicht so schnell abbauen, dass der nächste Schlag aus einer ruhigen Grundstimmung heraus ausgeführt werden kann. Außerdem ist in einem wütenden Zustand das Einschätzungsvermögen getrübt, wodurch oft grobe taktische Fehler entstehen« können. »Im Zustand der Wut wird meist die Chance verpasst, etwas aus den gemachten Fehlern zu lernen.« *(vgl. Heuler 2002, S. 103)*

Wut	
Gedanken Andere verhalten sich verletzend Regeln sind verletzt worden Andere verhalten sich mir oder Anderen gegenüber unfair Frustration, Benachteiligung Erniedrigung meiner selbst oder einer Bezugsperson	**körperliche Reaktionen** angespannte Muskeln erhöhter Blutdruck, gestiegener Puls erhöhte Herzfrequenz Hormone wie Adrenalin und Cortison werden ausgeschüttet schnelle und flache Atmung Atemschwierigkeiten
Verhaltensweisen Verteidigung/Widerstand Angriff/Streit, Distanz Rückzug Schläger wird durch die Luft geworfen lautstarkes Fluchen	**Gefühle** Reizbarkeit Wut/Ärger Aufgebrachtheit
Wirkung setzt Energie frei aktiviert zu eigenem gezieltem Handeln beeinträchtigt häufig die Konzentration macht blind ist während des Spiels kontraproduktiv	**Wutauslöser** nicht erreichte Ziele, nicht versenkter Ball, Misserfolge jemand anderes bewirkt Wut in dir immer wieder dieselben Fehler machen jemand lehnt mich ab wenn jemand absolut im Stress ist wenn jemand durchhängt

Formen des Ärgerausdrucks und der Bewältigung

- Anger-in: Ich fresse Dinge in mich hinein
- Anger-out: Ich schlage Schläger in den Boden.
- Anger-control: Ich sage mir: »Reg dich nicht auf.«

»Mut ist die notwendige Eigenschaft eines jeden Spitzensportlers. Ein Sportler kann aber nicht mutig sein, ohne vorher Angst gehabt zu haben.« ***(Bob Rotella)***

Angst

Angstgefühl entsteht, wenn wir eine Situation oder Person als gefährlich für uns einschätzen und glauben, die Situation nicht bewältigen zu können. Angst macht im rechten Maß aufmerksam, führt zu einer erhöhten Erregung, führt aber im Übermaß zu Unsicherheit, Verkrampfungen und Hemmung und ist dann leistungsmindernd. *(vgl. Linz 2003, S. 161)*

Frauen sind in der Regel ängstlicher als Männer.

Freude

Freude gibt Kraft und Zuversicht, kann aber auch hinderlich sein, unaufmerksam und unsicher machen, die Koordination der Muskeln beeinträchtigen, zu Verspannungen führen und dazu führen, dass wir unsere Körperspannung und Konzentration auf die Aufgabe verlieren. Das kann manchmal nach einem besonders guten Schlag beobachtet werden, wenn Golfer dann z. B. übermütig werden, sich selbst überschätzen und gewagte Schläge ausführen. Nicht selten misslingen diese Schläge dann.

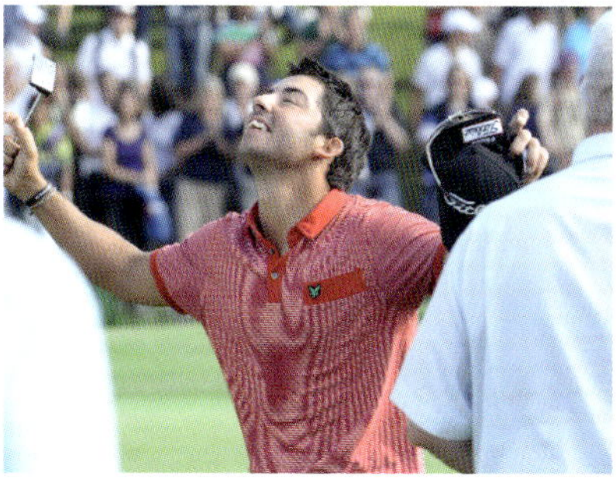

Positive Emotionen

5.2 Umgang mit Wut, Ärger und Frust

Ärger und Wut

- Erlange Kontrolle über Ärger auslösende Situationen oder über deine Reaktionsweisen!
- »Erst wenn mir meine Wut bewusst ist, kann ich deren Ursachen erkennen und abstellen. Wenn ich die Wut wahrnehme, habe ich mich schon von ihr gelöst, denn ich bin nicht mehr die Wut, sondern ich beobachte sie. Statt mich zu identifizieren, nehme ich die Perspektive eines Beobachters ein. Jetzt kann ich mir Gedanken über die Ursachen machen.« *(Heuler 2002, S. 105)*
- Erarbeite dir Handlungsalternativen für Situationen, die dich bisher geärgert haben. Spiele die Alternativen unter Entspannung mental vor deinem inneren Auge durch (Visualisierung).
- Friss Ärger nicht in dich hinein! Anstatt mit Meckern oder einem Wutausbruch reagiere mit einer dich beruhigenden Selbstinstruktion/Affirmation bzw. einem Schlüsselwort, das du dir für genau diese Situation zurechtlegst. Sage dir z. B. »Ruhe bewahren«, auch wenn du gerade eine große Chance leichtfertig vergeben hast.
- Atme tief durch, atme durch den Mund aus.
- Denke immer daran: Wenn wir so mit unseren Freunden umgehen wurden, wie wir oft mit uns selbst innerlich umgehen, dann hätten wir keine Freunde mehr.
- Glück und Pech liegen nicht selten eng zusammen auf dem Golfplatz.
- Vielleicht könntest du auch versuchen, den Schlag anders zu interpretieren. »Jetzt habe ich die Aufgabe einen schwierigen Schlag unter realistischen Bedingungen zu üben – gelingt es mir, kann ich in zukünftigen Turnieren davon profitieren.« *(Heuler 2002, S. 109)*
- Wenn du dich schon ärgerst, dann richtig. So nimmst du negativen Emotionen die Kraft.
  - Aufschreiben, woruber du dich ärgerst!
  - Sich selbst laut sagen, was dich ärgert!
  - Den Ärger anderen ruhig mitteilen (gewaltfreie Kommunikation).
- Entspannungsverfahren, -training.
- Stärken stärken.

Frustration und deren Quellen

Innere Quellen: Versäumte Chancen, falsche Entscheidungen, verpasste Gelegenheiten
Äußere Quellen: Überforderung, ausbleibende Anerkennung, Rückschläge

Frust kann ungeheuer destruktiv sein. Nutze die Energie, die darin steckt, konstruktiv.

- Aufrechte Körperhaltung.
- Verlieren können.
- Bleibe im Hier und Jetzt.
- Selbstvertrauen erwerben,

- Selbstbewusstsein stärken.
- Sich selbst mögen und zu sich selbst gut sein.
- Komplimenten zustimmen können.
- Konzentration auf das, was du erreichen kannst.
- Fange mit kleinen Handlungszielen an.
- Veränderung und Schwung-Umstellung brauchen Zeit.
- Konzentration auf den nächsten Schlag.
- Lerne aus der Frust-Situation. Halte den Lerngewinn schriftlich fest, z. B. in einem Handbuch.
- Kontrollierte Dampfablass-Reaktionen. Das Adrenalin muss raus.
- Akzeptiere deine gegenwärtigen Grenzen.
- Sei ehrlich zu dir selbst.
- Atemübungen.
- Entspannungstechniken, -verfahren
- Behalte die Pre-Shot-Routine bei.
- Positive Selbstgespräche.
- Nicht den Score zusammenzählen und hochrechnen, nicht ans Ergebnis denken.

5.3 Strategien für positive Emotionen beim Golfen

Die Auseinandersetzung und Aufarbeitung von Gefühlszuständen ist ein wichtiges Mittel der Emotionskontrolle. Um sich positiver Gefühle aus vergangenen Erfolgssituationen wieder bewusst zu werden und um aufkommende störende Emotionen kontrollieren zu können, benötigst du Techniken, die deine Konzentration aufrechterhalten.

Emotionale Selbstkontrolle – störende Emotionen und Impulse in Schach halten
Golfer mit dieser Kompetenz

- kommen mit ihren impulsiven Gefühlen und leidvollen Emotionen gut zurecht
- bleiben auch in kritischen Situationen gelassen, positiv und unerschütterlich
- behalten unter Druck einen klaren Verstand und lassen sich nicht irritieren.

Gutes **Selbstmanagement** schont deine Nerven! Selbst in Phasen, in denen du üblicherweise von unliebsamen Emotionen mitgerissen wirst, kannst du mit ein paar wenigen Tricks Chef über dich selbst bleiben und entscheiden, wann du wie viele Gefühle erleben und zeigen willst.

Schaffe Distanz

Wenn du mit unangenehmen Situationen bzw. einer schwierigen Aufgabe konfrontiert bist, solltest du möglichst rasch Abstand gewinnen. Mache dich zum unbeteiligten Zuschauer, der unbehindert von starken Gefühlen beobachtet und analysiert. Atme tief durch, und tu so, als ob du einen Film im Fernsehen anschauen würdest.

Das fällt oft leichter, wenn man schriftlich das Problem festhält, mögliche Lösungen sowie die dazu benötigten Mittel und die erforderliche Zeit erarbeitet. Die schriftliche Aufarbeitung eines Problems bringt dich auf eine sachliche Ebene, von der aus es einfacher ist, einer Lösung näher zu kommen, als wenn dein Gedankenfluss ständig von Ängsten, Ärger, Unsicherheit und anderen negativen Gefühlen blockiert wird.

Nimm das »Happy End« vorweg

Erlebe innerlich das Problem im Rückblick, indem du eine Geschichte daraus machst, die sich vor etlichen Jahren zugetragen hat. Stelle dir vor, dass du Bekannten davon erzählst – einschließlich der Lösung des damals so gewichtigen Problems. Durch dieses Manöver werden deine mit der Sache verbundenen Gefühle auf eine angemessene Temperatur »heruntergekühlt« – so wie man beim Gedanken an seine erste Liebe sich zwar noch an das damalige Herzklopfen erinnert, aber es nicht mehr fühlt. Aus der Perspektive des Rückblicks erkennst du auch, dass jedes Problem eine Lösung findet oder sich selbst erledigt, was dir den nötigen Optimismus gibt, auf die gegenwärtige Situation sachlich und geschickt zu reagieren.

Wie du deine Gefühle durch Änderung deiner Stimme beeinflussen kannst

So führst du die Übung durch:

Überlege dir, welchen Satz oder welches Wort du benutzt, wenn du dich beschimpfst, ob du also zu dir sagst: »du blöde Kuh«, »Versager« oder »Idiot«. Rufe dir jetzt noch mal in Erinnerung, in welchem Tonfall du diese Worte sagst. Meist ist es ein barscher, ärgerlicher Tonfall, oder?

Nun sprich diesen Satz oder dieses Wort einmal in folgenden Varianten aus:

- gaaaaanz laaaangsam
- ganz schnell
- flüsternd
- in schmeichlerischem oder
- verführerischem Tonfall
- mit ganz hoher Stimme
- mit ganz tiefer Stimme
- singe das Wort oder den Satz.

Welche Selbsterkenntnis hast du gewonnen?

Wie hast du dich gefühlt, als du dich auf diese verschiedenen Arten beschimpft hast? Vermutlich musstest du lächeln oder lachen, du hast diese Beschimpfung nicht ernst genommen, richtig?

D. h. durch eine Änderung deiner Stimmlage, mit der du etwas zu dir sagst, kannst du die negative Wirkung deiner Worte abschwächen oder zunichte machen und somit deren schädlichen Einfluss auf dein körperliches, emotionales und seelisches Befinden.

Welche Bedeutung hat diese Selbsterkenntnis für dich?

Deine Selbstgespräche entscheiden über deine Gefühle. Sprichst du schlecht von dir, beschimpfst du dich, redest du dir ein, keiner mag dich oder alle wollen dir nur schaden, dann fühlst du dich mies.

Wenn du dich das nächste Mal dabei ertappst, dass du schlecht über dich denkst, und du möchtest dich gut fühlen, dann beschimpfe dich doch einfach mal in einem verführerischen Tonfall. Und schon hast du die negative Energie deiner Beschimpfung neutralisiert und sie kann dir nichts mehr anhaben.

Das Gleiche funktioniert natürlich auch, wenn du dir ärgerliche Gedanken über andere machst. Wenn du deine ärgerlichen Worte auf lustige Weise oder singend aussprichst, dann kann und wird kein Ärger bei dir aufkommen.

Der Klang deiner Stimme hat einen Einfluss auf deine Gefühle. Ändere die Art und Weise, wie du etwas aussprichst, und du nimmst deinen negativen Gedanken und Worten ihre negative Energie.

Atmung

Jede Emotion hat ihr eigenes Atemmuster. Oder anders herum ausgedrückt: Je nach Atemmuster empfinden wir eine andere Emotion. So findet z. B. bei Wut (dem oft hörbaren Wutschnauben) eine Verstärkung der Aus- und vor allem der Einatmung statt, kräftige Atemzüge folgen schneller aufeinander, die Atempause verschwindet, die Atmung wird etwas unregelmäßiger.

Bei Angst wird die Atmung sehr beschleunigt, die Pausen fehlen, der Ablauf wird chaotisch ungleichmäßig und es wird insgesamt mehr eingeatmet als ausgeatmet.

Da unsere Stimmung so sehr von unserer Atmung abhängt, können wir auch umgekehrt durch Beeinflussung unserer Atmung auf unsere Stimmung einwirken, uns zum Beispiel durch langsames, gleichmäßiges, ruhiges Atmen mit verlängerter Ausatmung in einen Zustand der Gelassenheit versetzen.

Trainiere eine Atmungskontrolle zusätzlich außerhalb des Golfsports. So lernst du, deine Atmung auch beim Golfsport zu kontrollieren und zu regulieren.

Emotionen im Zusammenhang mit Musik

Musik kann Gefühle auslösen. Welcher Art diese Gefühle sind, ist abhängig von der Verfassung des Hörers und der Musik. Musik kann also bei jedem Menschen individuelle Gefühle hervorrufen. Durch Musik können Erinnerungen hervorgerufen und Gefühle ausgedrückt werden. Dies trifft nicht nur bei besinnlicheren Stücken zu, auch Musik, an die das europäische Ohr eher nicht gewöhnt ist, löst Emotionen aus.

Wenn du beim Golfen entspannen und einfach mal abschalten möchtest, höre Musik, die dir Spaß macht. Musik ist ein weiteres Werkzeug, um deine Konzentration vor und während Wettkämpfen und beim täglichen Training zu optimieren. Verwende Musik nicht nur zum Entspannen oder beim Radiowecker zum Aufwachen. Integriere die Musik in dein Mentaltraining, um deine Leistung zu steigern.

Emotionsverarbeitung durch schnelle Augenbewegungen EMDR (Eye Movement Desensitization and Reprocessing) im Golf

EMDR (= Desensibilisierung und Neuverarbeitung durch Augenbewegung) ist eine aus Kalifornien stammende Psychotherapiemethode für Menschen, die traumatische Erfahrungen gemacht haben *(Francine Shapiro, 1989)*. Sie hilft bei einer Vielfalt emotionaler Probleme und zur Potenzialentwicklung, indem Selbstachtung und Bewältigungsfähigkeiten einer Person verbessert werden.

Im Gespräch über das Trauma/Problem helfen geführte Augenbewegungen, die Erinnerung zu verarbeiten. »Emotional belastende Ereignisse aus der Vergangenheit verlieren sehr schnell ihre Gefühlsintensität. Als Erklärung für diesen Effekt wird angegeben, dass durch Augenbewegungen die emotionalen Erinnerungen im limbischen System verarbeitet, konsolidiert und abgespeichert werden. In den Veröffentlichungen hierzu wird eine Verbindung zum REM-Schlaf (REM = Rapid-Eye-Movement) hergestellt. Dieser ist durch schnelle Augenbewegungen gekennzeichnet. Offensichtlich haben diese schnellen Augenbewegungen die Aufgabe, die Erlebnisse des Vortages, aber auch länger zurückliegende Ereignisse im Traum zu verarbeiten und die emotional belastenden Erinnerungen zu konsolidieren.« *(Hauser 2003, S. 33)*

EMDR ist eine Methode, die im Kern nicht auf Worte angewiesen ist. Sie bezieht Erkenntnisse aus verschiedenen Wissensgebieten ein, etwa über das biochemische Gleichgewicht und die Vorgänge im Gehirn während des Schlafens.

In den Coachings, in denen ich mit **wingwave**®, und somit mit den schnellen Augenbewegungen, Muskeltests und der psychischen Umkehrung gearbeitet habe, durfte ich erfahren, dass durch eine Nachbearbeitung negativer/unangenehmer Erlebnisse, sogenannter Stress-Erlebnisse, mit schnellen Augenbewegungen tatsächlich die emotionale Erinnerung verblasst, jegliche Unsicherheit und Stress sich auflösen und die Einflüsse der negativen Gedanken auf die Muskulatur verschwinden. Die mentale Fitness und Konfliktstabilität steigt. Ein zukünftiges Golfturnier kann durch schnelle Augenbewegungen von seinem emotional-mentalen Stresspotenzial befreit werden. Dieses Entschärfen kann auch noch erfolgreich auf dem Golfplatz während eines Turniers vorgenommen werden, da hierfür oft schon 60 Sekunden ausreichen.

EMDR-Ablauf

- Analyse des Problems, Klärung des Themas und der Vorgeschichte, Golfer stabil genug?
- Inhaltliche Vorbereitung, Beziehungsaufbau
- Einbau von Sicherheiten: Vorstellungsbild »sicherer Ort« unter Einbeziehung unserer fünf Sinne als mentale Rückzugsmöglichkeit.
- Benennen der negativen Gedanken in der belastenden Situation.
- Schilderung der gewünschten Gedanken (Kognition), die der Golfer in dieser Stress/Angst auslösenden Situation gerne haben möchte; Formulierung ohne »nicht«.
- Benennung der Emotion
- negativ Angst, Panik, Wut, Ärger, Trauer, Ekel, Scham, Nicht-Empfinden, usw.
- positiv Freude, Spaß, Zufriedenheit, Wachheit, Euphorie usw.
- Bestimmung des Ausmaßes der subjektiven Berührtheit auf einer Skala von zwischen -10 und +10 – Wie ist es, wenn der Golfer jetzt dran denkt?
- Body-Scan: das »Körperecho« der subjektiven Berührtheit wahrnehmen.
- Intervention, Desensibilisierung: Pupillen wandern hin und her, schnelle Augenbewegungen auf der waagerechten Ebene zwischen den Ohren (Hörebene), von oben links nach oben rechts (Bildebene), von unten links nach unten rechts(Gefühlsebene) und auf den Diagonalen. Golfer versetzt sich in negatives Gefühl, solange bis sich das Gefühl gegenuber der Problemsituation neutralisiert hat (ca. 25–50 Bewegungen).
- Verankerung: Wie glaubwürdig ist die positive Kognition jetzt beim Gedanken an Problemsituation (mindestens 5 Punkte)?

An positive Kognition denken und dann verlangsamte Augenbewegungen (Processing).

- Body-Scan, Körpertest: Kleine Restverspannungen suchen und spüren lassen.
- Future Pace (Schritt in die Zukunft)
- Abschluss: Hinweise auf mögliche Nachwirkungen: »angenehm erschöpft«, Nachverarbeitung in Träumen, »Gedanken-Saat«

Literatur: Shapiro, F. (1999). EMDR. Handbuch zur Behandlung traumatisierter Menschen. Paderborn: Junfermann.

»Butterfly-Technik« für Selbstcoaching

(Cora Besser-Siegmund 2004, S. 70–71):

Diese kannst du im Sitzen oder Liegen anwenden. Hierbei kreuzt du die Unterarme über dem Brustkorb, so dass deine Hände die beiden Schultern berühren können. Nun kannst du mit den beiden Handflächen die Schultern durch leichtes abwechselndes Klopfen – zwei Klopfer pro Sekunde – berühren und so den gewünschten neuronalen Stimulationseffekt erzielen. Auch Kinder und Jugendliche wenden diese Technik sehr gerne an. Die Butterfly-Technik ist – nebenbei erwähnt – auch ein hervorragendes Beruhigungsmittel kurz vor einem Zahnarztbesuch. Sie kann wunderbar auf dem Behandlungsstuhl beim Warten auf das kommende Geschehen eingesetzt werden. Nimm deine Körperreaktionen beim Gedanken an die Behandlung wahr, klopfe dabei und registriere die angenehme Beruhigung deiner Gefühle.

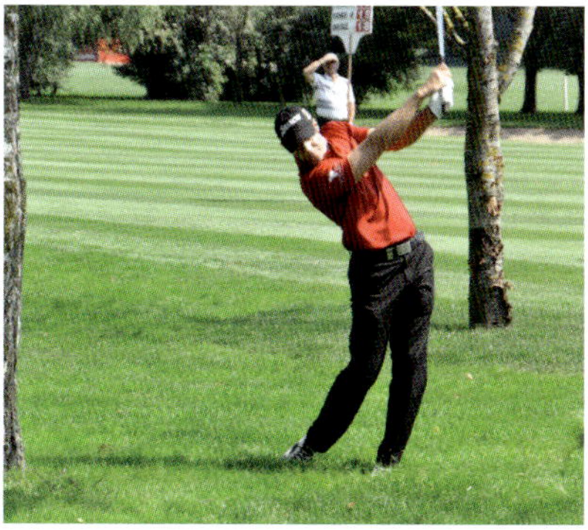

Übersicht über weitere Techniken

- Ritual, um Fehler zu akzeptieren und negative emotionale Reaktionen abzustellen
- Zu negativen Selbstgesprächen laut oder innerlich »Stopp!« sagen (siehe Kapitel 3 »Gedanken«) und an etwas Schönes denken
- Positive, aufbauende Selbstgespräche/ Affirmationen (anderes Denken – anderes Fühlen)
- Sich auf den Schlag, das Spiel konzentrieren
- Geduldig bleiben mit sich selbst (passion)
- Eigene Einstellung zu Emotionen ändern – Negative Emotionen wahrnehmen, verstehen, akzeptieren, respektieren, bei sich selbst und anderen
- Stärken stärken (Persönlichkeitseigenschaften, Fähigkeiten, Kompetenzen)
- Kleine Schritte loben
- Visualisieren
- Desensibilisieren
- Gedankenlenkung
- Ziele setzen
- Symboltraining
- Lachen
- Umdeuten
- Innerer Dialog

Lerne:

- Deine Gefühle anzuerkennen.
- Negative Gefühle in positive umzuwandeln.
- Gelassenheit auch in Stress-Situationen zu bewahren.
- Dich psychisch, mental und emotional zu entspannen, speziell wenn du einen Fehler oder schlechten Schlag gemacht hast oder eine falsche Schlägerwahl getroffen hast.
- Atemübungen zur Aktivierung und Entspannung
- Deine Atmung zu kontrollieren.
- Optimismus
- Methoden und Techniken, wie du deine Angst überwinden kannst.
- An- und Entspannungsübungen
- Distanzieren
- Privater Ausgleich
- Humor
- Dich auf das Positive zu besinnen.
- Positive Emotionen voll auszukosten und genießen zu können.
- Auslöser reproduzieren zu können.
- Erfolgreiche Momente wieder erlebbar und somit abrufbar zu machen.
- Nicht zu begeistert zu sein.
- Emotionen anzusprechen.
- Mit Flight-Partnern respektvoll umzugehen.
- Professionelle Unterstützung in Erwägung zu ziehen.
- Äußere Umstände zu verändern.
- In dem Moment Wasser zu trinken.
- Auf deine Körpersprache zu achten.
- Deine Pre-Shot-Routine und Rituale anzuwenden.
- Dich nicht von äußeren Einflüssen beeinflussen zu lassen.
- Einen kühlen Kopf zu bewahren.
- Lösungs-, ziel- und ressourcenorientiert zu denken.
- Positives Denken
- Dich von gewohnheitsmäßigen Sichtweisen zu lösen.
- Alte Gewohnheiten abzubauen.

»Ihre Fehler sind Ihre Fehler. Übernehmen Sie die Verantwortung für jeden Schlag!«
(Woods 2006, S. 272)

Im Kapitel 4 »Stress & Entspannung« findest du weitere Methoden und Techniken, wie du mit negativen Emotionen umgehen kannst.

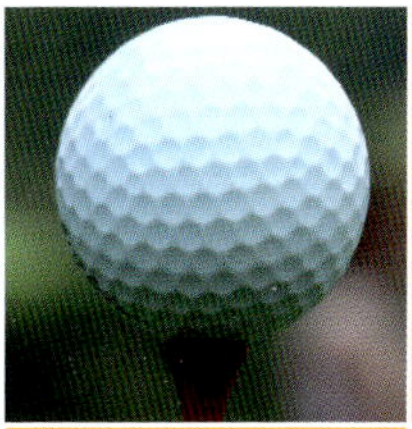

6 Selbstbewusstsein

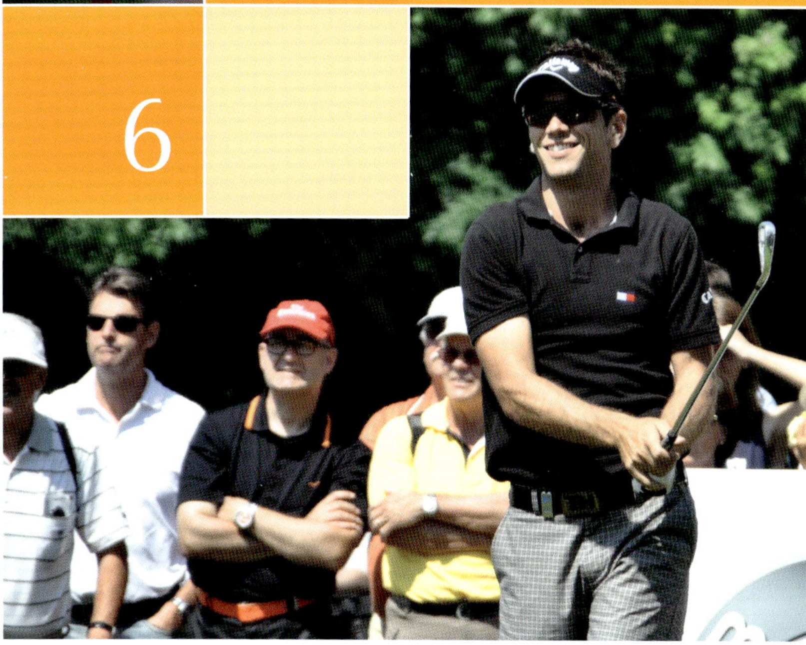

Ich achte als Mental Coach in der ersten Phase der Begleitung eines Sportlers immer auf das Selbstvertrauen und »Selbst-bewusst-Sein« des Sportlers, seine Stärken-Wahrnehmung, Werte, Selbstwahrnehmung und seine persönliche Zielsetzung.

Glaubst du an dich? Vertraust du dir und deinem Schwung? Wie siehst du dich selbst als Golfer? Kannst du dich in deinem Kopfkino als Sieger sehen? Kannst du Fehler akzeptieren? Bekommst du dein Temperament auf dem Platz in den Griff?

Eine positive Selbstachtung und Selbstvertrauen beeinflussen deine Handlungen in großem Maße und sind die wichtigsten Grundlagen dafür, dass du eine stabile psychische Grundhaltung und Verfassung erlangst, die es dir erlaubt, auch unter Druck gut Golf zu spielen und mit Ablehnung durch andere umgehen zu können. Selbstvertrauen nimmt in Bezug auf deine Erfolge auf dem Golfplatz eine Schlüsselrolle ein.
Daher: Arbeite pausenlos an deinem Selbstvertrauen, deiner mentalen Stärke, deiner Stressresistenz und deinen Einstellungen. Mindestens

genauso viel, wie du an deinem Golfschwung arbeitest!
Denn Körper, Geist und Seele wirken zusammen, auch wenn es Menschen gibt, die sich Körper, Geist und Seele getrennt voneinander vorstellen.

An Ostern hatte ich in einem meiner Kurse einen Teilnehmer, der seit zwei Jahren versuchte, sein Handicap von 9,1 runterzuspielen. Er trainiert jeden Tag zwei Stunden auf der Driving Range und dem Platz, bevor er sich an den Schreibtisch setzt. Die physischen Voraussetzungen für eine Handicapverbesserung hatte er. Er scheiterte an mentalen Schwachstellen.

Genauso beobachte ich natürlich, dass viele Golfer sich lieber einen weiteren neuen Driver oder Putter kaufen, als an ihren geistigen Einstellungen und ihrem Selbstbild zu arbeiten. Es liegt aber meist nicht am Material. Sondern u. a. an deinem Selbstvertrauen.
Tiger Woods steht für mich für Selbstvertrauen. Sein Selbstvertrauen hat trotz Skandalen, trotz seiner Verletzungen und Schwungumstellungen nicht gelitten.

Ich werde in den Seminaren immer wieder gefragt, ob zu viel Selbstbewusstsein nicht schnell in Arroganz umschlägt. Es gibt kein Zuviel an Selbstvertrauen. Ich hatte in meinen vielen Berufsjahren noch keinen solchen Klienten. Die meisten Menschen, die ich begleite, haben eher zu wenig Selbstvertrauen. Und dann reagierst du unter Druck natürlich ganz anders. Du nimmst dann einzelne Schläge zu wichtig. Bilder von Turnieren oder Situationen, in den du versagt hast, tauchen in deinem Kopf auf. Du hältst dich nicht mehr an deine Pre-Shot-Routine. In solchen Momenten mache ich mehr Probeschwünge und benötige mehr Zeit als sonst. Und wenn es mir nicht gelungen ist, aus diesem Grübelkreislauf während meines Spiels auszusteigen, fahre ich mit einem Gefühl des Versagens und meist mit einer schlechten Stimmung nach Hause.
Wenn wir unser Selbstvertrauen verlieren, machen wir auch gerne andere für unsere Fehler verantwortlich, anstatt aus den Fehlern zu lernen.

Wir alle kommen mit einem gesunden Selbstbewusstsein auf die Welt.

6.1 Stärken stärken

Ich erlebe oft, dass sich Menschen, unabhängig vom Kontext, nur auf ihre Schwächen konzentrieren. Das demotiviert und frustriert. Konzentriere dich viel mehr auf deine Stärken und Ressourcen und baue diese aus. Ich behaupte sogar, dass eine konstante Verbesserung deines Golfspiels nur möglich sein wird, wenn du dich auf deine Stärken konzentrierst.

Aus meiner Praxis: Als ich jugendliche Skifahrer im Ziel eines Trainingslaufs fragte, was ihnen im Lauf gut gelungen sei, schauten sie mich mit großen Augen an und konnten mir keine Antwort geben. Wohl aber konnten sie mir genau sagen, was sie für Fehler gemacht hatten, was nicht gut gelaufen war und was sie im nächsten Lauf besser machen müssten.
So kommst du aber nicht weiter. Die Konzentration auf Schwächen und Defizite kostet viel

Kraft und Energie. Und man wertet sich dabei selbst ab.
Viele Trainer beklagen sich über demotivierte Sportler. Für mich auch eine Konsequenz des In-den-Vordergrund-Stellens von Schwächen und Misserfolgen, ob seitens des Trainers oder durch den Golfer selbst.

Wie gewinne ich mein Selbstvertrauen zurück? – Stärken stärken
Selbstvertrauen räumt jeden Zweifel aus.
Selbstvertrauen bedarf

- keiner Zweifel.
- keines Vergleichs mit anderen.
- keiner Angst vor Misserfolgen.
- keiner Sorge über das, was andere denken.
- keiner Leugnung (der eigenen Schwächen).
- keiner Ausreden.
- Kenntnis der persönlichen Stärken.

Übung zur Einführung ins Thema und als Bestandsaufnahme:
Beantworte folgende Fragen:
Welches Selbstbild hast du von dir? Wie schätzt du auf einer Skala von 1 bis10 (1 = kein Selbstvertrauen, 10 = absolutes Selbstvertrauen) dein derzeitiges Selbstvertrauen ein? Wohin willst du (Soll-Wert)?

Nachdem du regelmäßig mentale Übungen in dein Training eingebaut hast, wiederhole diese »Skalierung« nach einigen Wochen. Was hat sich verändert?

Welche Rückschläge, Misserfolge musstest du in den letzten Wochen einstecken?
Was hast du daraus gelernt?
Was hast du schon alles erreicht (im Golfsport)? Welche Erfolge hast du schon feiern können? Schreibe alles auf, das dir einfällt. Wofür wirst und wurdest du gelobt? Wofür beneiden dich vielleicht andere?
Bei welcher Tätigkeit vergisst du die Zeit? Was kannst du sehr gut? Wofür hast du ein besonderes Händchen? Denke dabei auch an deine anderen Hobbys und Freizeitbeschäftigungen. Was macht dir Spaß? Frage auch deinen Partner, Familie, Trainer, Lehrer, Freunde etc., was du für Stärken hast. Welche Charaktereigenschaften und Stärken schätzen andere an dir besonders? Teilst du diese Einschätzung? Was findest du toll an dir? Inwiefern bist du stolz auf dich?

Über Techniken, wie ich mein Selbstvertrauen zurückgewinne, könnte ich ein eigenes Buch schreiben. Anfangen bzw. beschränken möchte ich mich an dieser Stelle auf eine Stärkenana-

Hast du ein positives oder ein negatives Selbstbild?

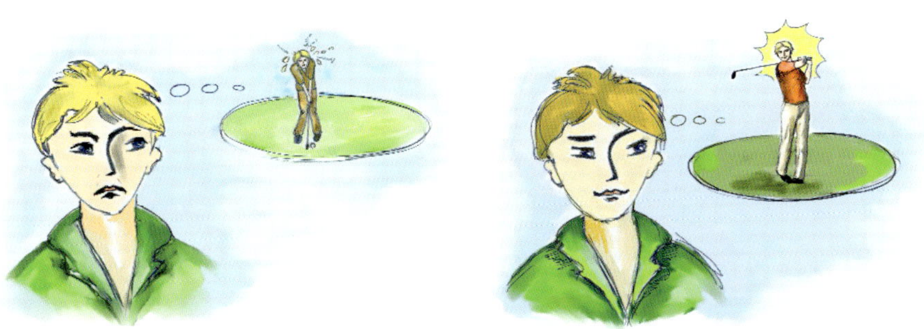

lyse. Andere Aspekte und Übungen in diesem Buch werden immer auch dein Selbstvertrauen stärken.

Ressourcen- und Stärkenarbeit

- steigert dein subjektives Wohlbefinden.
- steigert deinen Erfolg.
- versetzt dich in einen Zustand optimaler Leistungsfähigkeit.
- ermöglicht dir eine effektive Verfolgung deiner persönlichen Ziele und eine erfolgreiche Erreichung deiner Ziele.
- lässt dich an Selbstvertrauen gewinnen.
- bringt dich in Kontakt mit deinen Fähigkeiten und Stärken.
- erleichtert die Bewältigung von Herausforderungen (auf dem Golfplatz).

Quellen des Selbstvertrauens und Selbstbewusstseins

(vgl. Stoll/Ziemann in Anlehnung an Bandura/Vealey)

- Visualisierung erfolgreicher Erfahrungen und Erlebnisse (Spitzenleistung, Augenblick der

Zusammenhänge von Selbstvertrauen, Leistung und Selbstbild

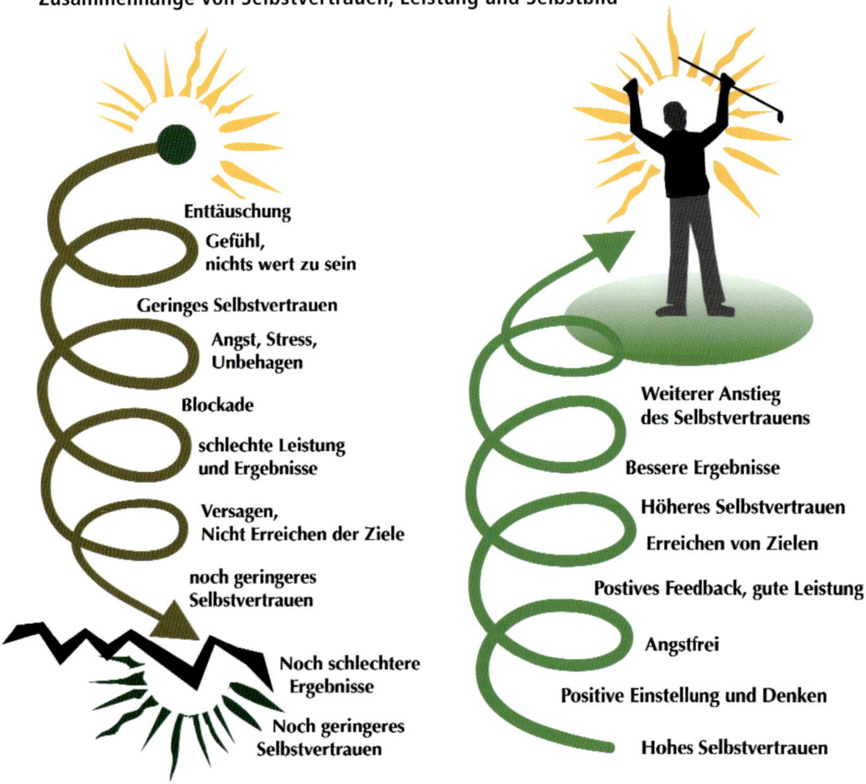

Linke Abbildung: Was geschieht, wenn das Selbstvertrauen abnimmt?
Rechte Abbildung: Hier ist das Selbstvertrauen kein Problem. (vgl. Peter Terry 1990, S. 80)

Höchstleistung, auch im Wettkampf) in der Vergangenheit – im Beruf, bei einem Hobby, z. B. Malen, im Golfsport oder auch in einem anderen Sport – über alle Sinne (Bild, Geräusche, Gefühle).

- Die tiefgreifende Überzeugung, dass wir zu einer bestimmten Sache selbst fähig sind.
- Sich selbst die optimale Leistung zum geforderten Zeitpunkt zuzutrauen und auch zu erbringen.
- Kontrolle negativer Emotionen.
- Positiv geprägtes Selbstbild.
- Sprachliche Überzeugung: »Ich bin überzeugt …«
- Physiologische Erregung.
- Stärke(n) modellieren: Beobachtung verschiedener Personen (selbst und andere).
- Gespräche über Stärken und Fähigkeiten.
- Positive Einstellung zum eigenen Körper.
- Positive Einstellung zum sportlichen Umfeld.
- Gute Beziehung zum Pro.
- Komplimente und Lob zum Beispiel durch den Pro.

Übung: Mache dir nun deine besonderen Eigenschaften, Stärken, Kompetenzen und Talente bewusst. Finde mindestens 15 positive Eigenschaften. Und was bedeuten diese Stärken genau?

- 1) Sammle nun deine Stärken, Kompetenzen und Ressourcen in der Tabelle (s. unten).
- 2) Rufe dir dann mindestens eine Situation aus deiner jüngsten Vergangenheit in Erinnerung, in der du die Stärke intensiv oder besonders schön erlebt und gespürt hast. Die Situation und die inneren Bilder und Gefühle dazu brauchen wir später, nämlich dann, wenn du diese Stärke zukünftig auch in einem Moment, wo du zum Beispiel gerade an dir zweifelst, gezielt einsetzen möchtest.
- 3) Skalierung: Zu wieviel Prozent lebst du in der letzten Zeit deine Stärke X? Was wäre dein Wunsch-Wert?

Du kannst es natürlich auch anders herum machen und dich an eine besonders schöne Situation in deiner jüngsten Vergangenheit oder an deinen größten Erfolg erinnern und dann über-

Stärke	**Situation** Wo? Wann? Mit wem? Trainer, Gegner, Lebenspartner. Wetter? Welche Randbedingungen waren gegeben?	Ist-Wert 0–100	Soll-Wert 0–100

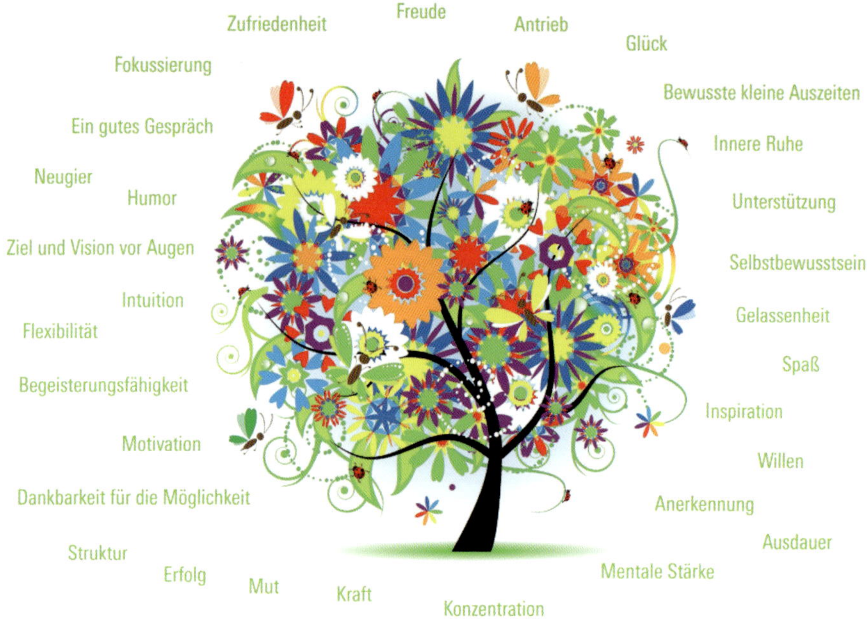

legen, welche Fähigkeiten und Fertigkeiten du in dieser Situation genutzt hast bzw. welche zum Erreichen des größten Erfolgs nötig waren und eingesetzt wurden.

Jede Fähigkeit trägst du oben in die Tabelle ein. Lass dich von anfänglichen Schwierigkeiten beim Entdecken deiner Stärken und Ressourcen nicht abhalten. Du wirst erleben, diese Aufgabe motiviert dich und steigert dein Selbstwertgefühl.

Wichtig: Begnüge dich nicht damit, irgendwelche allgemeinen Stärken auswendig zu lernen, sondern schreibe deine eigene Definition mit dazu.

Denn nur so kannst du konkret sagen, was du meinst, wenn du dich z. B. als »zuverlässig« beschreibst. Außerdem fallen dir vielleicht noch andere Begriffe ein, die vielleicht noch besser zu dir passen bzw. die auch noch zu dir gehören und quasi weitere Qualitäten von dir zeigen.

Schreibe deine Stärken zusätzlich auf Karten, Zettel bzw. in den Stärkenstrauß im Anhang und nimm diese »Schätze« mit auf den Golfplatz.

Auf der Grundlage der Werte der beiden rechten Spalten lassen sich als weiterer Schritt Strategien für deine Zukunft erarbeiten:

Fragen bei hoher Bewertung:

»Wodurch wurde der hohe Wert der Stärke bewirkt? Was wirst du zukünftig tun, damit der Wert deiner Stärke auf dieser Höhe bleibt oder sogar noch steigt?« Denn deine Stärken gilt es zu erhalten und zu verstärken.

Fragen bei niedriger Bewertung:

»Was wäre für dich eine Verbesserung, also ein Wert auf der Skala, bei dem du sagst: Der Wert dieser Stärke ist in Ordnung so?«

»Was genau müsste geschehen, damit du diesen Wert erreichst?«

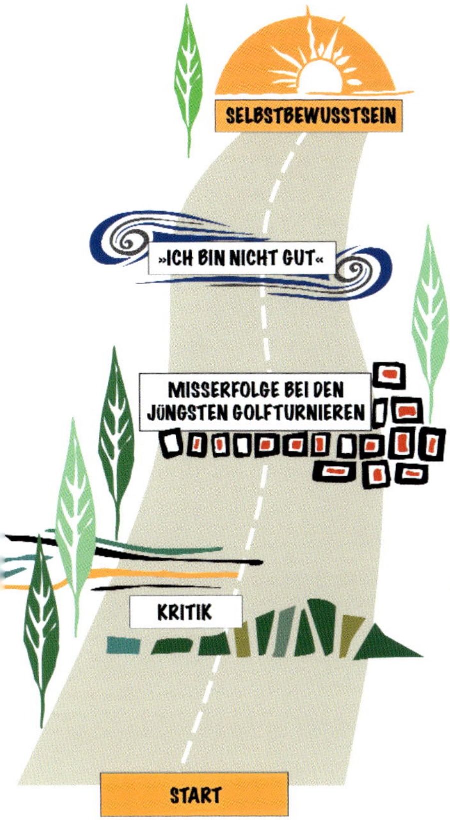

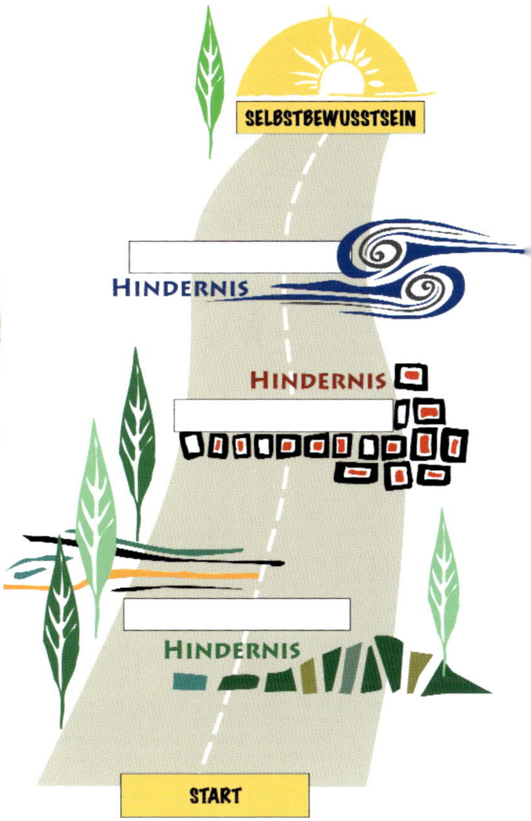

»Was wirst du zukünftig tun, damit du dich deinem Wunschwert annäherst?«

Umsetzung der Stärken: Wie kannst du deine Stärken im Golfsport (oder Alltag) konkret umsetzen? Geht das in deinem aktuellen Umfeld? Wie müsstest du dein Umfeld (Privat, Arbeit, Golfsport usw.) gestalten, damit du deine Stärken umsetzen kannst? Kannst du dein Umfeld anpassen?
Die **schriftliche** Dokumentation dieser Arbeit unterstützt deinen Prozess nachhaltig. Eine abschließende Vereinbarung über das, was du ändern kannst und wirst und was du tun wirst, kannst du zum einen mit dir selbst treffen (Selbstkontrakt) oder zum Beispiel mit deinem Pro.

Hindernisse erkennen

Übung: Wegplaner für Selbstbewusstsein
Überlege, was konkret dein Selbstbewusstsein einschränkt und was Gegenmaßnahmen sein könnten. *(Übungen aus Terry 1990, S. 90–91, siehe Abbildungen oben)*

Ein weiterer kleiner Schritt

Sage etwas Positives über dich, wenn du das nächste Mal in den Spiegel schaust.

Ein weiterer kleiner Schritt.

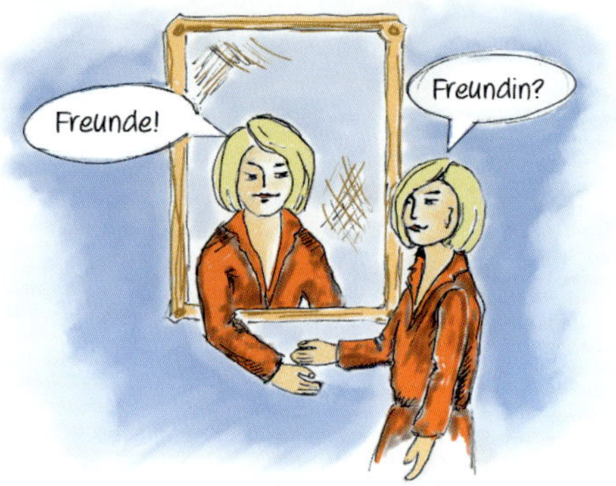

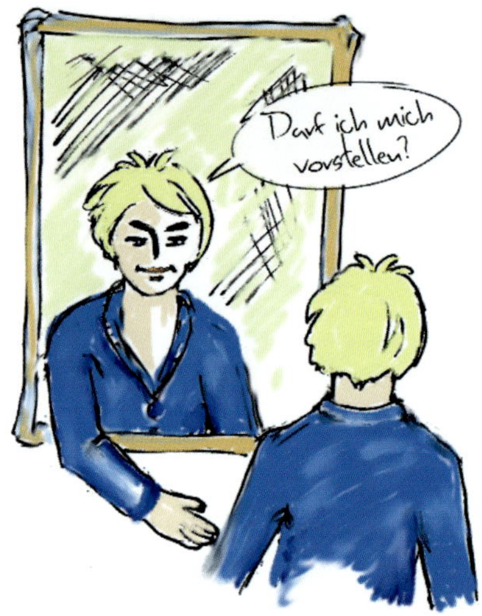

Sage etwas Positives über dich, wenn du das nächste Mal in den Spiegel schaust.

Übung: 10-Finger-Ressourcenteam

vgl. Lötscher-Gugler 2008, S. 34–35)

- Male die Umrisse beider Hände auf einen DIN A4-Bogen auf.
- In jeden Finger wird eine Ressource zum Thema »ich kann«, eine Stärke, hineingeschrieben.
- Stelle dir bei jedem Finger eine Fähigkeit vor und ankere durch leichten Druck auf die Fingerkuppe. Dann die Fingerspitzen zusammenführen: Das starke 10-Finger-Ressourcenteam, das schon viel gelernt hat und noch viel Neues lernen kann.
- Jetzt aus den Fingern ein »Haus« bauen: Die Daumen und die kleinen Finger berühren sich als Boden des Hauses und die anderen Finger als Dach.
- In diesem »Gewächshaus« kann jetzt etwas Neues wachsen; das können auch mehrere Dinge sein.
- Neue Fähigkeiten, die während der Persönlichkeitsentwicklung/im Sport dazukommen, können später noch auf der Hand verankert werden und entsprechend auf dem Bild mit den beiden Händen eingezeichnet werden.
- Das Ressourcenbild aufhängen, damit es immer wieder angesehen werden kann.

6.2 Selbstvertrauen wettkampfnah trainieren

Training und Golfturnier sind zwei Paar Stiefel. Es kommt vor, dass Golfer einfach nicht ihre eigentlich vorhandene Leistung abrufen und ausschöpfen können, wenn es ernst wird. Der Glaube an die eigenen Stärken ist verloren (Trainingsweltmeister).

Unterschiede zwischen Trainingsgestaltung und Turniersituationen:

- Situationen im Golfturnier sind nicht wiederholbar, sie sind einmalig. Ich kann einen Schlag/Putt nicht wiederholen, wenn er daneben gegangen ist.
- Erwartungsdruck, da immer (bewusst oder unbewusst) eine Prognose, also eine Vorhersage bzgl. des Ergebnisses besteht.

- Situationen im Golfturnier haben immer mehr oder weniger gravierende Konsequenzen (ein schlechter Schlag bleibt ein schlechter Schlag).
- Fremdbestimmter Zeitpunkt (Samstagmorgen um 7 Uhr).

Eberspächer hat hierfür drei spezielle Varianten der Trainingsgestaltung entwickelt *(vgl. Eberspächer 2007, S. 32–37)*:

- das Prognosetraining
- das Training der Nichtwiederholbarkeit
- das Prognosetraining und
- das Training der Nichtwiederholbarkeit mit Zeitverzögerung.

Prognosetraining

Ablauf des Prognosetrainings *(vgl. Eberspächer 2007)*

1. Anforderungen und Aufgaben festlegen. Ziel für die gestellte Aufgabe setzen. Beim Prognosetraining mit öffentlicher Prognose trägt der Golfer in ein Blatt seine Prognose ein oder kündigt den Mitspielern die Prognose vorher öffentlich an.
2. Ausführung.
3. Prüfen, ob das Ziel erreicht wurde und die aufgestellte Prognose realistisch oder unrealistisch war.
4. Analysieren, warum das Ziel erreicht bzw. nicht erreicht wurde, woran es gelegen hat, dass die Prognose eingetroffen, nicht eingetroffen ist oder übertroffen wurde.

Beispiel: Prognosetraining beim langen Spiel

Aus 160 Metern drei Meter an die Fahne spielen. Jeder Spieler sagt bei einer Anzahl von je fünf Bällen an, wie viel er bei der gestellten Aufgabe zu lösen imstande ist. Dabei verliert der Golfer, der die falsche Prognose gestellt hat bzw. gewinnt der, dessen Prognose am ehesten zugetroffen hat.

Beispiel: Putten

Aufgabe: 18 Löcher putten, auf aufgebauten Parcours mit unterschiedlichen Entfernungen und Aufgaben (downhill, uphill, Break nach rechts und links). Der Spieler gibt seine Prognose ab, wie viele Putts er brauchen wird oder Birdies er spielen wird. Nach dem Spielen lässt sich feststellen, ob die Prognose erreicht worden ist oder nicht. Golfer lernen so, mit Erfolg und Misserfolg umzugehen. *(vgl. Eberspächer 2007, S. 33)*

Training der Nichtwiederholbarkeit

Im Training der Nichtwiederholbarkeit wird darauf abgezielt, dass Aktionen während des Golfturniers in der Regel nicht wiederholbar und damit Fehler nicht wieder gut zu machen sind. In der Trainingspraxis bedeutet dies, dass ein Golfer eine Aktion (jeweils einen Abschlag, einen Pitch, einen Putt) nur einmal versuchen darf. Im Falle eines Misserfolgs gibt es keine Wiederholungsmöglichkeit des Schlags.

Der Pro legt die Aufgabe und den Zeitpunkt fest, zu dem die Aufgabe vom Golfer erledigt werden muss. Der Golfer hat dann Zeit, sich auf die Aufgabe vorzubereiten, dann aber nur einen Versuch, einen Schlag, für dessen Ausgang er eine eigene individuelle Prognose über Ausgang/Ziel abgibt. Nach dem Training Überprüfung, ob das Ziel erreicht wurde. War das Ziel realistisch oder nicht? Nach Versuch: entweder normales Training oder Trainingsende (Umgang mit Nicht-Erreichen des gesteckten Ziels).

Man kann den Golfer auch Konsequenzen für Erfolg und Misserfolg (Sanktionen) spüren lassen. Beispiele für Sanktionen: Liegestütze, Autoreinigung, Schläger für andere reinigen, andere Golfer am Abend bedienen ...

Beispiel: Schlag mit Zeitvorgabe

Aufgabe: Mit einem Schläger nach Wahl aus

90 Metern 1,50 Meter an die Fahne spielen. Golfer bekommt Strafschläge, wenn er den Schlag nicht in dem Zeitfenster von 30–45 Sekunden ausführt. Fünf Durchgänge.
Ziel: Schlagroutine zu festigen.

Prognosetraining und Training der Nichtwiederholbarkeit mit Zeitverzögerung

Der Zeitpunkt der wettkampfnahen Überprüfung der Leistung wird zeitlich verzögert. Zeitverzögerungen sind eine zusätzliche Belastung, wenn Golfer unter Wettkampfbedingungen ihre Leistung erbringen sollen. Regengüsse, Gewitter, Verspätungen. Normalerweise wird das Erbringen der Leistung immer schwieriger, je länger der Zeitraum ist. Denn in der Wartezeit ist Zeit für störende negative Selbstgespräche.

Prognosetraining dient einerseits der realistischen Selbsteinschätzung, andererseits der Stärkung des Selbstvertrauens.

Weitere Übungen zum Stresstraining:

- Schlag mit vorangehender körperlicher Belastung
- Aufgabe: Mit einem Schläger nach Wahl aus 90 Metern 2 Meter an die Fahne spielen.
- Nach Belastung von 60 Sekunden Seilspringen wird ein Schlag innerhalb von 30 Sekunden erwartet. 5 Durchgänge.
- Mit eingebauten Störungen.
- Runde mit Preisaussetzung (Abendessen, Getränke …)

Lerne bereits in der sicheren Umgebung des Trainings, dich mit Misserfolgen auseinanderzusetzen.

- Zuschauer zum Training einladen.
- Unter Beobachtung trainieren.
- Simulation eines Turniertags: »tu so, als ob« Turnier stattfinden würde. Trainiere unter Turnierbedingungen mit dem Birdie-Book des Heimatplatzes/des nächsten Turnierplatzes.
- Golfbiathlon (als Team über 5 Stationen, z. B. 5 x 1 m Putts, 5 x 15 m Pitchs in ein Zielfeld, 5 x Bunkerschläge aus 10 Metern) oder große Runde laufen und chippen oder driven. Bei Fehler Strafrunde.
- Speedgolf (nicht in Golfschuhen).
- Wettkampfnahes Training regelmäßig, aber nicht zu häufig.

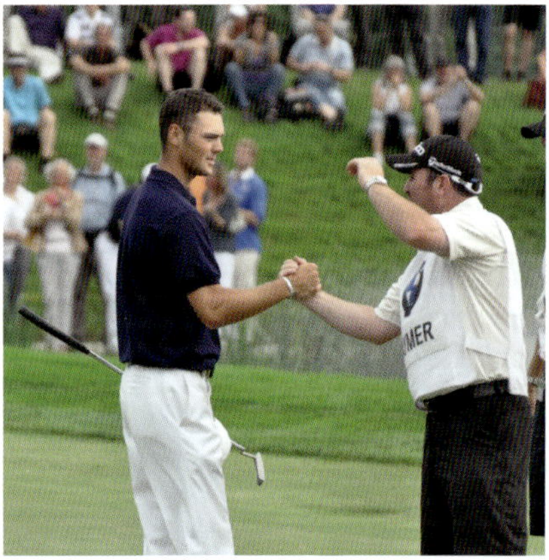

Visualisierung

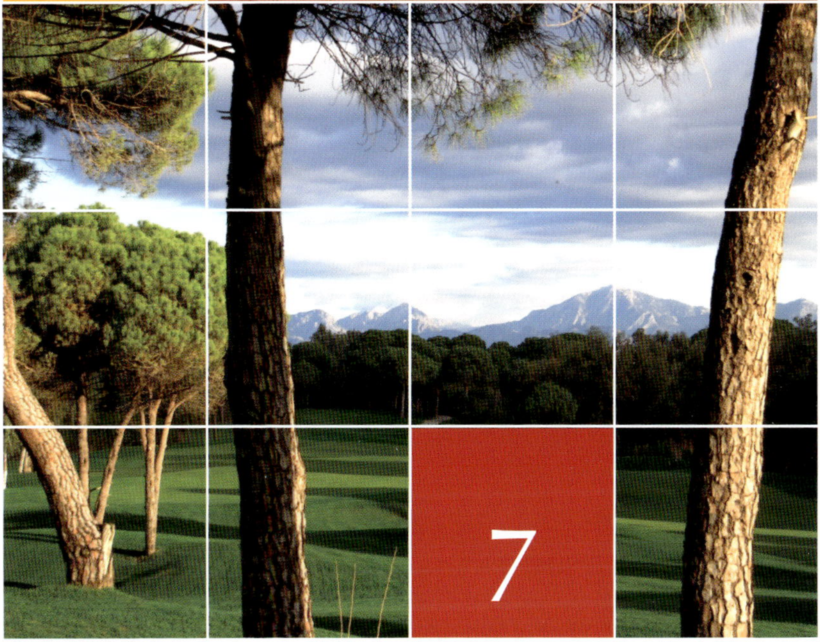

Kommt dir das bekannt vor? Du hast vor deinem nächsten Schlag Sekunden, wenn nicht Minuten lang Zeit, dir viele Gedanken zu machen. Gedanken wie:

- »Der Ball soll nicht nach links ins Out gehen. Da vor mir der Wassergraben ist ein großes Hindernis, hoffentlich bin ich weit genug, um da drüber zu kommen.«
- »Achtung, Bunker rechts vorne, tiefes Rough und eine Baumgruppe stehen auch noch da.«
- »Oh, die Landezone ist extrem eng und das Wasser kommt hinzu.«
- »Hoffentlich putte ich nicht wieder so schlecht« oder »Nicht wieder zu kurz putten.«
- »Vorsicht, links ist eine Ausgrenze.«
- »Nicht zu nah an den großen Baum rechts schlagen.«
- »Die letzten Male bin ich immer in dem Bach gelandet – ob ich es heute besser mache?«

Und was passiert? Irgendwie kommt der Ball immer genau dort hin, wo er nicht hin sollte. Zufall? Pech? Schicksal? Nein.

Du hast dir z. B. den falschen Landeort für deinen Ball vor deinem geistigen Auge vorgestellt. Denn wenn du über schlechte Schüsse, Schläge oder falsche Landeorte nachdenkst, …

Merke!
Der Mensch bestimmt selbst, wie er denkt und was er denkt.
Das, was er denkt, erlebt er auch und zieht es an.

Beispiele:
»Golfspieler **Jack Nicklaus** ist bekannt dafür, das Visualisieren zu beherrschen. Er nimmt für sich in Anspruch, dass er nie einen Golfschwung macht, ohne ihn zuerst im Geiste ausgeführt zu haben. Jack Nicklaus sagt, er »geht in sein geistiges Kino«, wobei er im Geiste jeden Schlag in umgekehrter Richtung fliegen lässt. Zuerst klärt er ab, wo der Ball seiner Meinung nach landen soll, und dann stellt er sich den Flugweg zu exakt diesem Punkt vor. Erst dann visualisiert er den speziellen Schwung, der erforderlich ist, um den Schlag zu erzeugen. Diese Form des Visualisierens wurde zu einem unerlässlichen Teil seiner Vorbereitung für jeden von ihm gespielten Golfschlag.

»Ich schlage nie einen Ball, selbst nicht beim Training, ohne ein sehr scharfes und klares Bild von dem Schlag in meinem Kopf zu haben. Es ist wie ein Farbfilm. Erst »sehe« ich den Ball am gewünschten Landeort, dann wechselt die Szene schnell und ich »sehe« den Ball, wie er dorthin fliegt; dann wird ausgeblendet, und die nächste Szene zeigt mir, wie ich den Schwung ausführe, der die vorausgegangenen Bilder in die Wirklichkeit umsetzt.«

Die Reihenfolge der beschriebenen Ereignisse ist wichtig, denn das letzte, was er gerade vor dem Ausführen des Schlags visualisiert, ist der Schwung selbst. Das bewirkt, dass er den Bewegungsablauf frisch in Erinnerung behält. Andere Golfspieler versuchen, die Essenz des erforderlichen Schwungs einzufangen, indem sie sich einen Lichtbogen auf der Linie vorstellen, dem der Schlägerkopf folgt. Wenn der Ball dann tatsächlich gespielt wird, kann sich der Spieler alleine darauf konzentrieren, wie er den Schlägerkopf entlang dieser illuminierten Linie zurückführt. Diese Visualisierungstechnik kann einer ganzen Reihe anderer Fertigkeiten sehr leicht angepasst werden.« *(Peter Terry 1990, S. 67–68)*

Die erfolgreichsten Golfer erzählen, dass ihre Erfolge nur mit Hilfe von täglichen Visualisierungsübungen möglich waren/sind. Sie stellen sich immer vor, wo der kleine weiße Ball landen wird, und den ganzen Rest (Kraftanpassung, Handführung usw.) übernimmt das Unterbewusstsein.

7.1 Was bedeutet Visualisierung?

Man sieht und fühlt das, was man sich vorstellt.

»Visualisierung ist eine Übung, in der bestimmte Vorstellungsbilder konzentrativ und imaginativ hervorgerufen werden.« *(Quelle: www.wikipedia.de)*

Visualisieren ist

- »Vergegenwärtigen oder Vorstellen geistiger Bilder« *(vgl. Peter Terry 1990, S. 53)* in Gedanken
- Kopfkino, bildhaftes Vorstellen, subvokales Training
- Visualisieren heißt Denken in Bildern anstatt in Worten, also das Vorstellen in Bildern eines Bewegungs-, Handlungsablaufs oder eines Ziels. Es ist ein selbst geschaffenes gedankliches Vorstellungsbild. Du siehst voraus, was du tun wirst.

- »Programmieren« von positiven Vorstellungsbildern
- Anwendung der Phantasie, der Vorstellungskraft – man »sieht« mit dem »inneren Auge«
- Es ist die Re-Kreation, die geistige Rekonstruktion, die Wiedererschaffung eines vergangenen Erlebnisses, einer Erfahrung durch geistige Vorstellungsbilder. Es bedeutet, dass wir auch die Gefühle, Sinneswahrnehmungen und Emotionen wieder wecken, welche diese Bilder begleiten.
- Sich in seiner Vorstellung ein Bild von sich selbst machen, wie man etwas tut und was gemacht werden soll. Wann stehe ich wo? Wann mache ich was? Wie verhalte ich mich, wenn ...? Wie fühlt sich was an?
- Wiederholung einer physischen Leistung oder Bewegung im Geiste

Alles, was dich beschäftigt oder du verbessern, optimieren, perfektionieren willst, kannst du dir vorstellen.

Wirkungsweisen und Nutzen:

- Was wir vor unserem geistigen Auge sehen, verleiht all unseren Zielen, Hoffnungen und Träumen Glaubwürdigkeit.
- Die Bilder werden zur selbst verwirklichenden Prophezeiung.
- Die Bilder werden Teil der mentalen Software.
- Imagination wirkt strukturbildend (im Gehirn).
- Physische Fertigkeiten werden verbessert.
- Deine Golftechnik stabilisiert sich und verbessert sich deutlich.
- Du kannst dich besser auf das Gelände eines (neuen) Golfplatzes einstellen.
- Visualisierungstraining verkürzt die Lernzeiten für die Aneignung von Bewegungsabläufen.
- Visualisierung erlaubt relativ hohe Wiederholungsfrequenzen pro Zeiteinheit.
- Visualisierung wirkt energiesparend.
- Visualisierungstraining verleiht innere Sicherheit, Selbstbewusstsein und Selbstvertrauen und steigert auch dein Denkvermögen und deine Kreativität.
- Du kannst so erfolgreich deine Nervosität und Ängste reduzieren und deinen Stress bei Wettkämpfen minimieren.
- Visualisierung führt zu einer verbesserten konzentrativen Einstimmung auf das Golfturnier.

Die Wirkung der Visualisierung kann erhöht werden, wenn

- die Ausführung und das optimale »Wunsch-Körpergefühl« (Sich-an-Fühlen bestimmter Körperteile) vorher schriftlich festgehalten wurden
- die Ausführung vorher verbalisiert wurde.

Anwendungsmöglichkeiten für die Visualisierung

- Bei Mängeln im Bewegungsablauf. Diese Fehler treten immer mal wieder auf, vor allem dann, wenn du unter Druck gerätst.
- Wiederherstellung des emotionalen Gleichgewichts nach verpatzten Putts oder Schlägen, z. B. durch das Denken an Erfolge in der Vergangenheit.
- Heranwagen an neue und schwierigere Golfplätze.
- Einprägen von Schwierigkeiten und ungeliebten Bahnen auf Plätzen.
- Erlernen von neuen komplexen Bewegungsabläufen und Fertigkeiten.
- Einprägen von möglichst wichtigen Details eines Bewegungsablaufes.

Je mehr langatmige Erklärungen beim Lernen durch Bilder ersetzt werden, umso einfacher und effektiver werden Schwünge beherrscht und umso schneller geht der Lernprozess voran. Ganz gleich, ob du in der Position des Pro oder des Golfers bist – die Kunst des Visualisierens spielt eine große Rolle dabei, Bewegungsabläufe weiterzugeben und zu verstehen.

- Entspannung
- Visualisierung lässt sich gut in »übungstoten« Zeiten (Ferien, Reisen, Flüge, ...) einbauen, da du immer und überall visualisieren kannst.
- Entwicklung taktischer Kenntnisse
- Üben der vorhandenen Fertigkeiten und Bewegungsabläufe

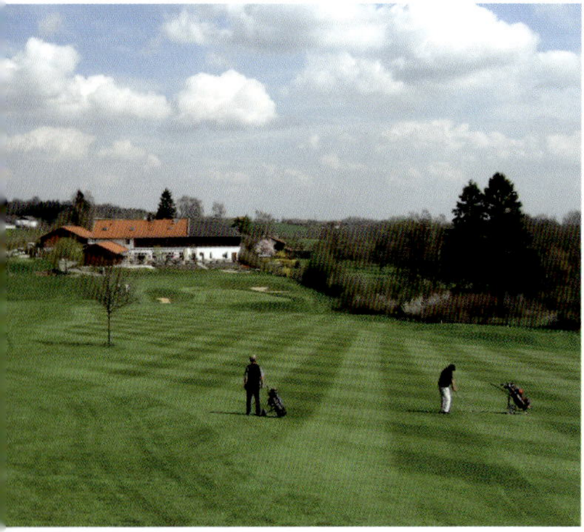

- Du siehst dich im Vorfeld eines Turniers bei schwierigen Bedingungen wie zum Beispiel großen Zuschauermengen, nicht optimalen Platzverhältnissen und Wind oder anderen überraschenden Situationen Erfolge erzielen.
- Das Bild z. B. einer Glaskugel zum Schutz vor allen störenden Einflüssen: »Nur ich unter der Glaskugel!«
- Um Freude und Spaß am Golfen zurückzugewinnen.
- Bei Krankheit und Verletzung: Bewahrung eines hohen Niveaus der Motivation, wodurch ebenfalls positive Wirkungen auf die spätere Wiederaufnahme des Trainings zu erwarten sind.

Die meisten Topathleten und Leistungssportler vieler Disziplinen in aller Welt trainieren das Visualisieren regelmäßig und wissen sehr wohl um den Wert dieser Strategie, der sich in ihrer Leistung niederschlägt. Was sie gelernt haben, kannst auch du lernen. Die Kunst des Visualisierens ist eine der wirksamsten mentalen Trainingsstrategien, die aktiven Sportlern zur Verfügung steht.

Unsere bewussten und unbewussten Vorstellungen haben erhebliche Konsequenzen auf unser Verhalten, unser Selbstvertrauen, unsere Gefühle und unsere gesamte Körperchemie. Vorstellungen können stärker sein als »tatsächliche« Erlebnisse.
Luise Reddemann, Psychoanalytikerin: »Bis vor 20 Jahren war ich ein total pessimistischer Mensch. Meine Gedanken und Bilder drehten sich ständig um das, was schrecklich und schlecht war.« Irgendwann hatte sie davon die Nase voll und sehnte sich nach einem leichteren Leben. »Dann habe ich verstanden, dass es nur leichter wird, wenn ich mich auch mit dem Leichten und Mühelosen beschäftige.« Aber das braucht eine klare Entscheidung. Es sei wie beim Muskeltraining: »Wenn wir den rechten Bizeps stark machen wollen, nutzt es nichts, wenn wir den linken trainieren. Genauso ist es mit den inneren Bildern. Wenn ich das Positive stärken will, darf ich mich nicht dauernd mit dem Negativen beschäftigen.« Neuere Ergebnisse der Hirnforschung belegen das. Beschäftigen wir uns ständig mit Unangenehmem, werden die Synapsen im Gehirn, die für unangenehme Gefühle zuständig sind, immer leistungsfähiger und die Synapsen, die für Zufriedenheit, Entspannung und Glück zuständig sind, immer schwächer.

Wenn wir das erste Mal auf ungewöhnliche, herausfordernde Situationen stoßen – z. B. das erste Golfturnier – können wir uns mit Visualisierungen hervorragend darauf vorbereiten. Ich ermutige dich, auf der Internetseite des Golfclubs zu surfen, wo du demnächst starten möchtest, und so viele technische und visuelle Informationen wie möglich zu sammeln. Mit dieser Hilfe können alle möglichen Details von der Größe des Platzes bis hin zu den Grüns in die Visualisierung einfließen und du bist vertraut damit, wie es auf dem Platz aussieht, wenn du dann selbst dort spielst.

Gehörst du auch zu den Menschen, die glauben, sie könnten sich nichts vorstellen? Bedenke, wir machen uns ständig innere Bilder. Visualisiere beispielsweise die Haustür deiner Wohnung, öffne diese und betrete den Flur … Anfangs siehst du vielleicht verschwommene Bilder, das ist okay.

Wie ein Trainerkollege letztens anmerkte: »Ansonsten würden wir unsere Partner nicht wieder erkennen, wenn wir nach Hause kommen.«
Und es könnte vielleicht an dem Wort »Visualisierung« liegen (abgeleitet aus dem Lateinischen: videre = sehen). Durch die Herkunft dieses Wortes ist natürlich jeder zunächst geneigt zu glauben, dass visualisieren sehen bedeutet.
Und da wir Menschen glücklicherweise alle verschieden »ticken« – setzen wir auch unsere sinnesorganischen Fähigkeiten verschieden ein.

Folgende fünf Sinne stehen dir für die gedankliche Vorwegnahme eines gewünschten Ereignisses zur Verfügung:
visuell – sehen
(Farben, Bilder, Details, Gegenstände, Ausrüstung)
auditiv – hören
(Geräusche, Klang des Balls, klatschende Zuschauer)
kinästhetisch – fühlen
(z. B. Gefühle, Ausholen, innere Spannungen, »Körpersinn«, Sonne auf deinem Rücken, Wind im Gesicht)
olfaktorisch – riechen
(z. B. Geruche in der Luft, Schweiß, der Geruch von frisch gemähtem Gras an einem heißen Tag)
gustatorisch – schmecken
(z. B. Schweiß, kaltes Getränk)

Abkürzung zum besseren Merken: **VAKOG**

Während es dem einen sehr leicht fällt, Bilder mit seiner Vorstellungskraft herbeizuzaubern, kann ein anderer sich besser am Geruch oder Geschmack orientieren.

Hinweise:
Beginne mit einfachen, statischen, also nicht bewegten Bildern und versuche dich erst später an komplexen Szenen.
Visualisieren gelingt am besten im Zustand der Entspannung (am idealsten nach einer Entspannungsübung) und Erwartungslosigkeit. Negative Gedanken, psychischer Druck, Erfolgserwartungen, Überlegungen wie »Was passiert, wenn?« müssen ausgeschaltet bleiben.
Wichtig: Stelle dir die geistigen Bilder regelmäßig und über längere Zeit vor, damit die »Pläne« sich in deinem Gedächtnis verankern können und du wie bei einem Navigationssystem, dann wenn es darauf ankommt, die verschiedenen »Landkarten« abrufen und ihnen folgen kannst. *(vgl. Eberspächer: Gut sein wenn's drauf ankommt 2008).*

Die Wirkung von geistigen Bildern auf die Regulation von Bewegungsabläufen und Verhalten kann durch die Begleitung durch Worte (»Selbstverbalisation«) und rhythmische Abläufe mit Kopf, Finger oder Fuß erhöht werden.

Erst wenn du das Visualisieren beherrschst, übe das Visualisieren auch unter Stress.

7.2 Praktisches Beispiel: Visualisieren

Orangenübung:
Wende diese Übung zur Vorbereitung deiner Visualisierungstechnik an. Setze alle Sinne ein.

1. Schritt: Nimm eine Orange in die Hand und richte dich nach folgenden Instruktionen: »Greif die Orange, die vor dir liegt. Nimm die Farbe wahr. Welche Farbe hat sie? Taste mit den Fingern die Oberfläche der Orange ab und beachte den Geruch. Beobachte, wie es spritzt, wenn du deine Fingernägel in die Orangenschale eingräbst. Nimm während des Schälens den Geruch der Orange wahr. Beachte die Geräusche, die während des Schälens und Trennens in die einzelnen Stücke entstehen. Spüre den klebrigen Saft auf deinen Fingern. Beiße und kaue die einzelnen Stücke der Orange und nimm den Geschmack und das Gefühl der Orange in deinem Mund und auf deinen Zähnen wahr.« *(mobile-sport.ch 11/2011 Psychologisches Training Übungen, S. 6)*

2. Schritt: Stelle dir die Orange vor (du visualisierst): Nimm eine bequeme Körperhaltung ein. Schließe die Augen. Entspanne dich. Atme gleichmäßig durch die Nase ein und durch den leicht geöffneten Mund aus. Lasse das Bild der Orange in deiner Vorstellung auftauchen. – Solltest du kein Bild erhalten, stelle dir vor, welches Geräusch entsteht, wenn du in ein Orangenstück beißt, wenn deine Zähne das weiche Fruchtfleisch berühren – rieche die Orange. Und stelle dir vor, wie sie schmeckt und wie es sich anfühlt, wenn du die Orange berührst. Beende die Visualisierung.

Welche Selbsterkenntnis hast du in der Übung gewonnen?
Hast du auch die folgenden zwei Dinge festgestellt?
1. Dein Mund hat vermehrt Speichel produziert und 2. du hast dein Gesicht verzogen.

Dieses kleine Experiment zeigt dir:
1. Deine Gedanken und Phantasien sind Kräfte, die deinen Körper veranlassen, zu reagieren. Dein Körper und deine Gesichtsmuskulatur haben so reagiert, als hättest du tatsächlich in die Orange gebissen. Du hast dich so gefühlt, als hättest du das getan, was du dir in Wahrheit nur eingebildet hast.

Merke!
Jeder Gedanke, jede Vorstellung, ob positiv oder negativ, hat einen Einfluss auf dein seelisches und körperliches Befinden. Du kannst dich dadurch schwächen oder stärken.

2. Im Internet oft zu lesen, in Seminaren oft vermittelt: Das Unterbewusstsein – das letztendlich deine Handlungen bestimmt – macht keinen Unterschied zwischen echt (Realität) oder vorgestellt (Imagination).
Franz Hütter im Vortrag »NLP mit Hirn«: Das Gehirn unterscheidet zwischen realer Wahrnehmung und Imagination. Dennoch sind bei lebhafter Imagination fast alle der ca. 30 visuellen Areale aktiv.

Welche Bedeutung hat diese Selbsterkenntnis für deinen Alltag?
Achte gut auf deine Gedanken und Vorstellungen. Überprüfe, ob deine Gedanken und Vorstellungen der Realität entsprechen. Du kannst nicht vermeiden, dass negative Gedanken in deinem Kopf kreisen, aber du kannst verhin-

Merke!
Dein Gehirn verrichtet stumpfsinnig seine Arbeit wie ein Computer. Es kümmert sich nicht darum, ob etwas Realität oder Einbildung ist. Es verarbeitet jede Information so, als sei sie real. In der Computersprache sagt man: »garbage in, garbage out« – was so viel heißt wie: Wenn du Müll reingibst, kann nichts Sinnvolles dabei herauskommen.

dern, dass sie sich bei dir einnisten und du dich dauerhaft mit negativen Emotionen belastest.

Entweder du kontrollierst dein Denken und deine Gedanken oder diese kontrollieren dich.

Wenn du mit deiner Vorstellungskraft ein wenig herumexperimentierst, gelingt es dir bald, schnell und unkompliziert bekannte, aber auch unbekannte Bilder vor deinem geistigen Auge entstehen zu lassen.

Unter welchen Bedingungen haben Visualisierungen die stärkste Wirkung?

- Wenn du dich an einem bequemen und ruhigen (Lieblings-)Ort, z. B. in einem gemütlichen Sessel oder im Hotelzimmer sitzend befindest, ohne jegliche Ablenkung und Störung wie zum Beispiel durch's Handy.
- Wenn du Gefühle, Gedanken, Erwartungen, Wünsche oder Sehnsüchte beiseite legen kannst, die keinen Bezug zu dem geistigen Vorstellungsbild haben.
- Dabei werden die Bilder umso wirksamer, je anschaulicher sie sind. Fülle deine innere Leinwand mit Farben, Berührungen, Tönen, Gerüchen, Gefühlen und Musik! Nutze alle fünf Sinne – Sehen, Hören, Fühlen, Schmecken, Riechen (VAKOG).
- Suche dir für Visualisierungsübungen eine ruhige Zeit aus. Dunkelheit unterstützt.
- Üben ohne Druck! Solltest du anfangs Schwierigkeiten haben, Bilder »zu sehen«, mache dir keine weiteren Gedanken. Viele Menschen »fühlen«, »spüren« oder »denken« ihre Bilder. Mit der Zeit fällt es dir immer leichter, innere Bilder zu sehen.
- Wenn du in so vielen Einzelheiten und Details (heißes und feuchtes Wetter, Schweißperlen auf der Stirn, Sonnenschein, Schatten, Blumen, Zuschauer, Rascheln des Laubs, Luftzug im Gesicht) wie möglich visualisierst.
- Wenn du deine Bilder regelmäßig wiederholst und übst.
- Ausgangspunkt jeder erfolgreichen Visualisierung ist ein entspannter Zustand. In diesem Zustand der Ruhe und Gelassenheit verschwinden alle äußeren Reize, deine Motorik kommt zur Ruhe und störende Gedanken werden ausgeschaltet.
- Beziehe Gefühle mit in die vorgestellte Situation mit ein. Wie fühlt sich dein Bild an? Emotionen spielen eine Schlüsselrolle beim Speichern und Abrufen von Erinnerungen. Jede Erinnerung wiederum aktiviert automatisch die daran gekoppelten Emotionen.

Es gibt zwei höchst unterschiedliche Zugänge zum Visualisieren, und beide rufen sehr unterschiedliche Ergebnisse hervor.

Innere Perspektive – »subjektive Visualisierung« – Assoziation

Wir nehmen bei der subjektiven Visualisierung unser Golfspiel aus der Perspektive der eigenen Augen bzw. aus unserer persönlichen Sicht und mit allen Sinnen wahr *(vgl. Hörst 2003, S. 36)*. Und zwar so, als würdest du jetzt tatsächlich golfen. Du bist der Akteur. Dies bezeichnet Loehr als »subjektive Visualisierung« und Terry als »Ich-Form«-Visualisierung. Hierbei führst du körperlich die Bewegungen in deiner Vorstellung aus und »fühlst« geistig das Resultat. Der Film enthält so viele detaillierte Wahrnehmungen und Empfindungen wie möglich. Bei der subjektiven Visualisierung sind die gleichen Muskeln aktiviert in genau der gleichen Folge, wie dies bei einer tatsächlichen physischen Ausführung geschehen würde. Dies ist eine ausgezeichnete Methode, physische Fertigkeiten einzustudieren bzw. einen möglichst detaillierten, mentalen Film eines zukünftigen Erfolgserlebnisses oder Siegergefühls zu konstruieren. Visualisiere aus der inneren Perspektive ausschließlich positive zukünftige Leistungen. Für die Visualisierung unerwünschter Ergebnisse sollte unbedingt in die äußere Perspektive gewechselt werden *(Hörst 2003, S. 37)*.

Die »objektive Visualisierung« – Dissoziation

Bei der objektiven Visualisierung betrachten wir unser Golfspiel aus einer Zuschauerperspektive bzw. durch eine Filmkamera (TV-Perspektive: Wir betrachten uns im Fernseher). Du erlebst dein Spiel wie eine Videoaufzeichnung. Die Visualisierungsmethode setzt voraus, dass du vorübergehend aus dir heraustrittst und zu deinem »Beobachter« wirst. Mit dieser Methode, auch »objektive Visualisierung« genannt, siehst du einen Film von dir selbst. Du siehst dich von außen auf einem Podium stehen oder du siehst dich diejenigen golferischen Leistungen bewältigen, die du selbst als das Ziel deiner Träume bezeichnen würdest. Nimm dein großes Ziel ins Visier und die Gedanken und Gefühle, die damit einhergehen. Es ist wichtig, gedanklich immer wieder einmal zum Endziel zu wandern – zu deiner eigenen, persönlichen Goldmedaille. Vorstellungen, mit denen wir aus der Sicht von außen auf die eigenen Leistungen blicken, können als Gedächtnisstütze dienen, wohin wir uns golferisch entwickeln wollen und warum das

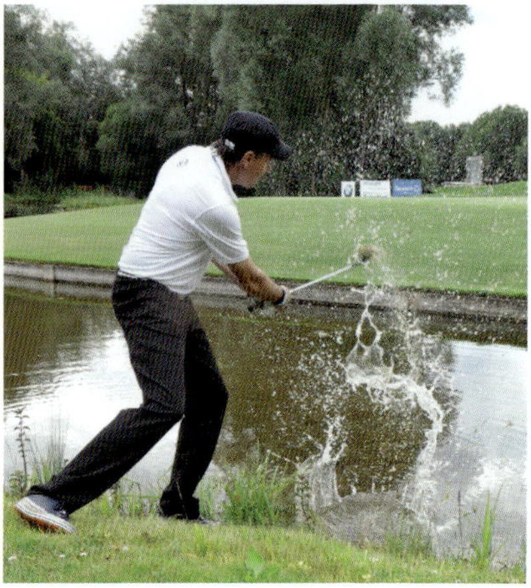

tägliche Training so entscheidend ist. Ich hoffe, auch du hast große Ziele. Es lohnt sich, sich in schwierigen Augenblicken daran zu erinnern.

Die Selbstbetrachtung von außen kann dein Selbstvertrauen stärken, bevor du Herausforderungen angehst, über die du dir Sorgen machst. Diese Perspektive eignet sich am besten, um in der Vergangenheit liegende negative Erlebnisse z. B. schlechte Leistungen, zu verarbeiten. Dabei geht es darum, aus einer nüchternen Zuschauerperspektive möglichst viele Informationen zu sammeln, die geeignet sind, unsere zukünftige Leistung zu verbessern.
Experimentiere und finde heraus, welche Sichtweise besser zu dir passt. Vielleicht passen ja auch beide, je nach Situation und Herausforderung.

Kinästhetische Vorstellung

Das kinästhetische Vorstellen kann mit beiden Perspektiven kombiniert werden.
Es kommt vor, dass Golfer während der Imagination die Perspektive wechseln.

Das Visualisieren hat nichts mit Zauberei zu tun und erspart auch nicht das intensive physische

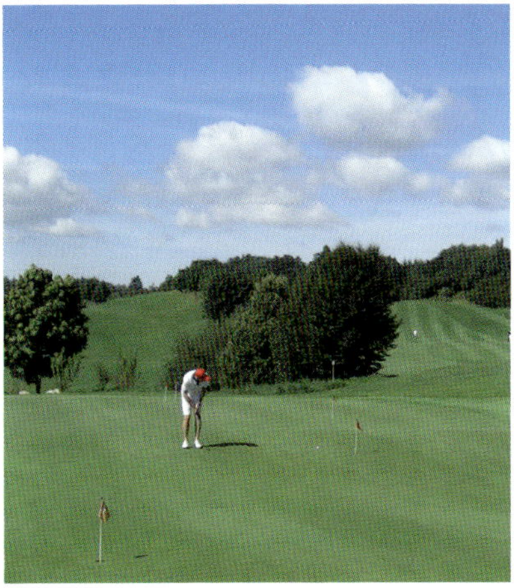

Training. Es ersetzt das TUN nicht! Es gibt keinen Ersatz für körperliches Training, aber damit gewinnt man den Kampf nur halb. Die andere Hälfte wird u. a. durch das Denken in positiven, dich stärkenden Bildern gewonnen!

Der imaginäre Schutzraum

Inwieweit beeinflussen mich andere? Und wie gehe ich damit um? Wer steht in meinem Geiste am Abschlag?
Manchmal ist es so, dass wir etwas nicht konzentriert machen, da unsere Wahrnehmung und unsere Sinne von dem, was wir tun, abgelenkt sind. Z. B. wenn wir immer wieder vor unserem inneren Auge einen mit Angst besetzten Film ablaufen lassen, unser Körper »Stress« signalisiert oder wir gar unsere ganze Aufmerksamkeit auf Zuschauer und andere Golfer richten.

Beim »Modellieren« (Abkupfern von Lösungsstrategien) einiger sehr guter Sportler habe ich herausgefunden, dass diese, wenn sie schlagen, eine Art imaginären Schutzraum um sich herum visualisieren, in den keinerlei Ablenkung einfließen kann.
Dieser imaginäre Schutzraum (Ball mit Ventil, eine Blase z. B. aus Plexiglas oder eine Glocke) kann den Golfer vollständig abschirmen und als Abgrenzung dienen. Das ermöglicht ein konzentriertes und ungestörtes Schlagen und Schwingen.
Beispiele: Bunter Ball mit Ventil, Blase, Käseglocke, Schutzmantel, -anzug, -schild, Glasscheibe oder Glocke.

In entsprechenden Situationen kann dieser imaginäre Raum mental modifiziert werden, um ein gewünschtes Ergebnis zu erreichen – je nachdem, was du für dich in dem Moment benötigst:

- Aufladen mit Energie und Schwung
- Herstellen von Ruhe und Sicherheit

Übung: Der imaginäre Raum

Gehe in einen Entspannungszustand.
Jetzt, da du hier sitzt, während du den Boden unter deinen Füßen spürst und bestimmte Erwartungen an das, was jetzt kommen mag, hast – oder dich vielleicht eher überraschen lassen möchtest, könntest du dich einfach noch mal zurechtrücken. Und während du die Veränderungen um dich herum wahrnimmst, fragst du dich vielleicht, woran du merken wirst, wie dir diese Anleitung ein Geschenk und Unterstützung sein kann und wird – ob du es an deinem veränderten Körperempfinden merken wirst – und wie du gerade die Spannung in deinen Schultern spürst und dich noch bequemer hinsetzen kannst. Und es ist nicht notwendig, dass du die Augen schließt … aber viele genießen es mehr mit geschlossenen Augen … und gespannt darauf sein, welches Mehr an Möglichkeiten auf dich da wartet. Und da du das alles weißt, kannst du dir erlauben, die Augen zu schließen in dem angenehmen Wissen, dass du nichts tun musst, sondern dich einfach auf diese Erfahrung einlassen darfst – in dem Wissen, dass diese Erfahrung dich trägt … und dass der überwiegende Teil deiner Lebensfunktionen wie der Herzschlag, die Darmperistaltik, Erinnern

und Vergessen, Lernen und Nichtlernen, deine Körpertemperatur, die du ständig wahrnimmst … und auch nicht wahrnimmst … ständig völlig automatisch von deinem Unbewussten gesteuert wird.

Nimm wahr, wie sich dein Atemrhythmus schon verändert und du noch mehr loslassen kannst. Vielleicht kannst du auch jetzt schon feststellen, wie sich ein Gefühl von Behaglichkeit in dir ausbreitet … dich durchströmt …

Visualisiere einen für dich sicheren und schönen imaginären Raum. Mache dir ein inneres Bild z. B. eines unsichtbaren, dichten Schutzmantels, -anzugs, einer Blase, Hülle, Zwiebel oder Glocke um dich herum.

- Wenn der Raum eine Farbe hätte, welche Farbe hat er dann?
- Und wenn zur Farbe ein Licht passen würde, welches Licht passt dann dazu?
- Und wenn zu der Farbe und dem Licht ein Klang passen würde, wie klingt dann der Raum?
- Und wenn zu der Farbe, dem Licht und dem Klang ein Geruch passen würde, welcher Geruch passt dazu – und welcher Geschmack?
- Und wenn du dir die Farbe, das Licht, den Klang, den Geruch und Geschmack noch einmal ganz intensiv vergegenwärtigst, dann erlebst du auch ganz intensiv das Gefühl, das dazu gehört.
- Ist dieses Gefühl im ganzen Körper gleichmäßig zu spüren oder gibt es einen Bereich, wo es besonders intensiv ist? Wenn ja, berühre diesen Bereich und verankere das Gefühl auf diese Art und Weise.

Lasse deinen Körper und Raum ganz erfüllen und umhüllen von dem eben Erlebten.
Achte darauf, dass dieser Raum vollständig geschlossen ist. Dieser Raum muss nicht am Boden aufhören.
Fülle diesen Raum mit der Atmosphäre, die für dich genau das symbolisiert, was du brauchst, um erfolgreich, erfahrbar, konzentriert und effektiv Golf zu spielen.
Gestalte die Atmosphäre in deinem Raum so, dass nur die Informationen und Gefühle von außen, z. B. vom Pro, Flightpartner, Freund/in bei dir ankommen, die du an dich herankommen lassen willst und dass sie alles fernhält, was draußen bleiben soll.

Setze Erlebnissonden:
Ich darf Fehler machen – Fehler sind immer ein Feedback. Es ist völlig in Ordnung, eigene Meinungen und Gefühle zu haben und diese auch zu äußern. Ich lasse los. Locker geht es besser.
Nimm in Gedanken deinen »Schutzmantel«, deinen Ball oder Glocke voll und ganz wahr, und höre die Stimmen von außen, spüre Gefühle und Informationen, die von außen auf dich einwirken.
Spüre nach, was sich verändert hat.
Spiele so Golf im Kopf.

Future pace: Gehe in eine zukünftige Situation, z. B. auf dem ersten Abschlag mit Flightpartnern, die dir beim Abschlag zusehen – eingehüllt in diesen Schutzmantel/Schutzschild, Glocke, Ball, Blase – und erlebe diese Situation.

Erfolg in der Zukunft visualisieren

Denke an deine Zukunft – was du erreichen willst als Golfspieler – an die Bedeutung, die dies fur dich hat.
Wo bist du? Und wie siehst du aus? Was machst du? Sind dort andere Leute, um dir zu helfen? Gehe nun in deine Zukunft. Wie fühlt es sich an, erfolgreich zu sein? Wo liegen deine Stärken?
Stell dir vor, wie du als Sieger vom Platz gehst. Welche Gefühle hast du bei der Siegerehrung? Was werden andere über dich sagen? Wirst du stolz auf dich sein? Wie belohnst du dich?

Erlebe dich, wie du das tust, was immer du tun wolltest. Mach dir bewusst, wie es sich anfühlt, etwas zu erreichen. Horche auf die Gratulationen und höre dir die Reaktion der Welt an, die dich umgibt. Erlebe die ganze Wucht des Ergebnisses, nimm alles in dir auf, koste es aus, lass es geschehen und genieße einfach alles.

Übung: Visualisieren eines Golfturniers

Entspanne dich und atme tief ein. Lasse alle Spannung von dir abfallen. Lasse los. Schließe deine Augen. Nun stelle dir den optimalen Ablauf eines kompletten Golfturniers vor. Stelle dir das Golfturnier in allen Details mit jedem Schlag vor (inklusive Aufwärmen auf der Driving Range, Umgebung, erster Abschlag, Schlagvorbereitung, Schwung, Gewichtsverlagerung etc.) oder nur einzelne Teile, die dir immer wieder Probleme bereiten (z. B. der erste Abschlag, eine Bahn, die dir nicht wirklich gut gefällt).
Stelle dir alles ganz genau so vor, wie du die Runde spielen möchtest, und lasse keine Einzelheit aus. Erlaube dir, gut zu spielen. Stelle dir deinen inneren Zustand vor (locker, entschlossen, zufrieden etc.).
In einem zweiten Schritt baue Störungen ein. Stell dir vor: Es reden abweisende und überhebliche Flight-Partner bei deinem Abschlag. Das Reden lenkt dich ab und bringt dich aus der Konzentration. Oder: Es wird viel zu lange nach einem verlorenen Ball gesucht. Du wirst nervös. Du schwitzt stärker als normal.
Jetzt stell dir vor, wie du unter diesem Druck weiter positiv denkst und wie dir trotz Nervosität ein guter Schlag gelingt.

Löse dich nun langsam von dem Bild, sieh, wie es von dir fort schwebt, lasse es ziehen, erkenne, dass du erfolgreich warst, atme tief ein, nimm die Energie und Ruhe auf, atme langsam aus – atme langsam ein und aus.

Erfolgserlebnis aus deiner Vergangenheit

Entspanne dich und atme regelmäßig. Sei ruhig. Vergegenwärtige dir einen deiner größten Erfolge (im Golf) bzw. eine tolle Leistung. Spüre die damals auftretenden körperlichen Empfindungen und Gefühle.
Wie haben sich deine Schwünge angefühlt? Wie hast du dich gefühlt? Wie bewegst du dich? Welche Eigenschaften lebst du? Wie hast du dich auf dem Platz verhalten?
Sieh dein Verhalten wie bei einem Videofilm vor dir und schlüpfe in diesen Körper. Du siehst dich selbst nicht mehr und erlebst plötzlich alles so, als wäre es gegenwärtig. Präge dir das Bild ein und spüre mit allen Fasern deines Körpers die Gefühle vom erfolgreichen Bewegungsablauf, die Kompetenzen und den Wert deiner Person. Gehe deinen Erfolg nochmals durch.
Mit jeder Einatmung tanke auf mit jener Kraft und Energie, die du aus diesem Erfolgserlebnis ziehst.
Nimm diese Gefühle mit ins Training. Mit diesem Körpergefühl gehe gelassen auf gefürch-

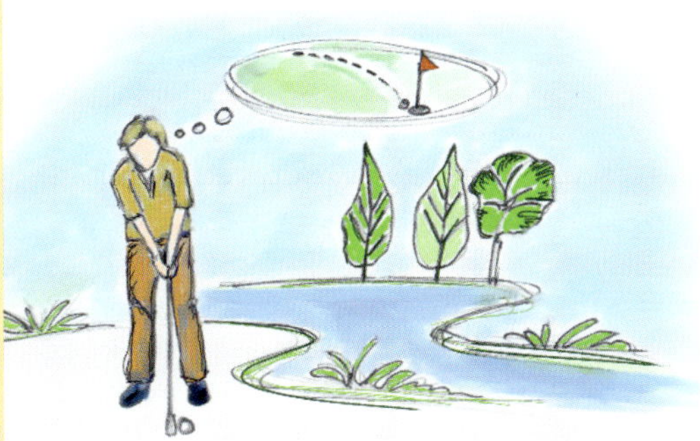

tete Situationen auf dem Platz oder Personen zu.
Öffne deine Augen und beende die Visualisierung.

Übung: Visualisieren eines Ziels auf dem Golfplatz

Weißt du, wohin du spielen willst?
Führe keinen Schlag ohne ein Ziel aus, wenn du als Golfer weiterkommen möchtest.
Suche dir ein sehr kleines Ziel aus. Dies kann das Ende eines Schattens auf dem Fairway sein oder ein dunkler Fleck auf dem Grün, 2 Meter links von der Fahne, ein Kreis, ein Quadrat oder ähnliches. Die Größe des Zielfeldes hängt von deiner Spielstärke ab.

Visualisierungsübung Putten
Lasse nun vor deinem geistigen Auge einen Ball über das Grün rollen. Zuerst gerade und dann einige Breaks. Gefälle zum Loch. Steigendes Grün. Langsames und schnelles Grün. Gesandet oder frisch gemäht. Lass den Ball in verschiedenen Situationen ins Loch fallen. Kannst du das Geräusch, das »Klock« des Balls hören, wenn er ins Loch fällt?

Visualisierungsübung Puttlinie
Lesen des Grüns.
Visualisierung des Weges, den der Ball zum Loch macht. Diesen Weg stelle ich mir als rote Linie vor. Dabei schaue ich nicht zum Loch, sondern stelle sie mir nur
vor meinem geistigen Auge vor. Dadurch spiele ich nur mit dem Bild im Geist den Putt.
Ich spiele erst, wenn ich die Linie ganz genau sehen kann. Im Zweifelsfall auch hier, wie schon im Kapitel »9. Pre-Shot-Routine« beschrieben, abbrechen und von vorne beginnen.
Ich behaupte, dass du, wenn du korrekt zum Ball stehst und das Loch von der korrekten Position aus gesehen hast, auch mit verbundenen Augen nach dem Visualisieren nicht viel schlechter putten würdest.
Probiere es beim nächsten Mal aus!

7.3 Ideomotorisches Training (IT)

Die höchste Stufe des mentalen Trainings ist das ideomotorische Training
(Eberspächer 2004; Frester/Wörz 1997).

Carpenter-Effekt
Der Carpenter-Effekt (auch: ideomotorisches Gesetz) beschreibt die Beobachtung, dass intensiv vorgestellte und tatsächlich durchgeführte Bewegungen beide die gleiche Wirkung auf unsere Muskeln haben. Muskeln, die man in Gedanken benutzt, werden auch effektiv trainiert. Dieser Effekt wurde erstmals im Jahr 1852 von dem englischen Naturwissenschaftler William Benjamin Carpenter beschrieben. Untersuchungen mit elektrophysiologischen Methoden und Superzeitlupenaufnahmen haben dieses ideomotorische Prinzip bestätigt.

Beispiel: Der Pianist Liu Shihkum visualisierte in seiner langjährigen Gefangenschaft Noten und Klavier und stellte sich die Bewegungen so genau und wiederholt vor, dass seine Finger

nicht verwahrlosten oder gar verkrüppelten, sondern er nach sechs Jahren Gefangenschaft fähig war, ein Konzert zu geben.
Natürlich kann der Carpenter-Effekt das Üben und Training nicht ersetzen.

Methode: »Ideomotorisches Training« bzw. mentales Training

Fünf Schritte des mentalen Trainings:

- 1. Instruktionen/Anleitungen
- 2. Eigene Beschreibung des Bewegungs-/Handlungsablaufs (Drehbücher, Skript)
- 3. Internalisierung/Verinnerlichung
- 4. Knotenpunkte festlegen
- 5. Symbolisch markieren

Instruktion

Am Anfang steht die Instruktion. Solcherlei Instruktion finden wir in hunderten von Golflehrbüchern. Instruktionen für Anfänger, Könner und Profis. So beschreibt zum Beispiel Tiger Woods in seinem Buch »So spiele ich« seinen Griff:
»Genau so, wie ich es hier zeige, verläuft der Schlägergriff in meiner linken Hand. [...] Wenn ich den Schläger, nur mit der linken Hand gegriffen, in die Ansprechposition bringe, sollte mein Daumen ein wenig nach rechts am Schaft anliegen und nicht genau oben darauf. Das vom rechten Daumen und dem Zeigefinger gebildete V weist, wenn ich alles richtig gemacht habe, ziemlich genau auf mein rechtes Ohr« *(Woods 2006, S. 102)*.

Diese Instruktion kann aus Büchern (wie eben von Tiger Woods) oder auch vom Pro kommen. Im Idealfall wird sich die Instruktion sprachlich und fachlich an die kognitiven Voraussetzungen des Golfers anpassen.
Gute Instruktionen lassen sich sofort umsetzen.

Beschreibung der Bewegung, Bewegungsplan/Skript schreiben

Mit geschlossenen Augen alle wesentlichen Punkte und Details des Bewegungsablaufes (angestrebte Technik, Schlägerhaltung, Schwungbewegung, Treffmoment, Flugbahn des Balles und die inneren eigenen Empfindungen, Reihenfolge, Geräusche, Gerüche, Bewegungsgefühle) unter Berücksichtigung deiner Fähigkeiten beschreiben, laut vorsprechen und schriftlich auf einem Blatt Papier fixieren. In der Reihenfolge, in der du die Bewegung durchführst.
Stelle dir folgende Fragen:
Was genau siehst du dann? Was spürst du wo?
Wie fühlt sich das an? Es fühlt sich an wie ...?
Was hörst du? Wann wo die Hand, der Schlägerkopf, der Blick ...?
Wo muss dein Gewicht hin? Körperspannung?
Hinweise:
Individuelle Sicht und Bewegungsbeschreibung mit möglichst vielen Sinnen.
Auf Ausführlichkeit achten.
Bitte zur Überprüfung deines Plans einen Bekannten, anhand des Plans das Ganze nachzumachen. So werden sog. »Filmrisse« und fehlende Details deutlich.
Hier keine Modelle oder Vorbilder nehmen.

Bewegungsbeschreibung durch Videoaufnahmen differenzieren

Verwende im Optimierungsprozess des Bewegungsplans Videoaufnahmen, Zeitlupenfilme und Slow Motion.

Lernen, Internalisierung

Lasse deinen Bewegungsplan vom Pro überprüfen, ob du die Instruktionen richtig aufgenommen und verstanden hast. Nach Absegnung durch den Pro beschreibe deine eigene Handlung laut, leise oder nur innerlich hörbar und mental (= subvokal). Lerne den Bewegungsplan und damit den richtigen Bewegungsablauf auswendig. Vergegenwärtige und visualisiere den Bewegungsablauf (subjektive Visualisierung).

In Knotenpunkte gliedern

Da der Bewegungsplan für die Praxis zu lang ist: Erarbeitung von Knotenpunkten und Reduzierung der Beschreibung auf wesentliche Knotenpunkte (= wichtige Schlüsselstellen der Bewegung, z. B. Rückschwung). **Erarbeite die Festlegung der Knotenpunkte selbst.**

Greife dabei keine Vision aus Büchern, Unterlagen oder vom Pro auf. Gib den Schlüsselstellen einen Titel, eine Überschrift oder markiere diese durch eine Kurzformel. Suche für jeden Knotenpunkt ein Symbol oder eine Metapher.

Spiele diese Knotenpunkte mental durch, indem du sie dir leise vorsprichst und visualisierst. Spüre die Knotenpunkte nach – Was fühlst du? Spannungen? Energien? Benenne das Bewegungsgefühl (Fokus, Energie, Flow, Tunnelblick, noch weiter, Sicherheit) dazu.

Die Knotenpunkte wieder aufschreiben und **auswendig lernen**.

Beachte: Die Knotenpunkte können sich durch deine golferische Entwicklung ändern. Überprüfe daher immer mal wieder deinen Bewegungsplan und die Knotenpunkte.

Beispiel: Knotenpunkte

Blick
Stand
Zuuug
Ab

(Eberspächer 2004, S. 102ff.)

Tabelle Seite 93: Bewegungsrhythmus eines Könners beim Golfabschlag mit sieben Knotenpunkten (Eberspächer 2008, S. 107/108)

Meine Knotenpunkte:

1. ______________________________
____
2. ______________________________
____
3. ______________________________
____
4. ______________________________
____
5. ______________________________
____

Die Schlagworte rhythmisieren

Die Schlagworte werden rhythmisch so ausgesprochen, dass sie dem zeitlichen Ablauf des Schlags entsprechen. Gleichzeitig stellst du dir die Bewegung vor. Wichtig: Führe diese Übung so lange durch, bis die geistige Vorstellung zeitlich genauso lange dauert wie die tatsächliche Ausführung.

Praktische Ausführung

Eine Kombination von mentalem und praktischem Training hat sich sehr bewährt.
(Eberspächer 1995, Seiler/Stock 1994, S. 140)

Voraussetzungen:

- Entspannungszustand
- Eigenerfahrung beim entsprechenden Schlag/Putt
- Formulierung in der Ich-Perspektive
- Lebhaftes Sich-Vorstellen. Bloßes »dran denken« reicht nicht aus. Du brauchst zum mentalen Training Ruhe und Aufnahmefähigkeit, um deine Ressourcen nutzen zu können.

Instruktion	Knotenpunkte	Rhythmus
Hinter dem Ball, ca. 3–4 Schritte – linker Fuß leicht nach vorn, Gewicht rechts – Schläger rechte Hand Blick auf das Ziel – **»Dahin«**, Zwischenziel schauen Beim Losgehen leichter Schlenker mit rechtem Handgelenk → Blick auf Zwischenziel Hochziehen von Handschuh	»Dahin«	
Linke Hand an linker Schulter → Hemd hochzupfen und Arm nach oben schütteln. **»Komm jetzt, das ist mein Schlag!«**	»Komm jetzt, das ist mein Schlag!«	
Schläger hinter Ball setzen → Handwechsel Gewicht nach hinten und Körper strecken. 3 x mit rechtem Fuß tippen, Griff mit links fassen, aufs Ziel sehen – **»Dahin«**	»Dahin«	BLICK
Schläger mit beiden Händen fassen – über Zwischenziel ausrichten, in die Fußstellung gehen und mehrmals tippen. → Blick wieder auf das Ziel – **»Komm jetzt, das ist mein Schlag!«** + Waggle (Handgelenke, Füße)	»Komm jetzt, das ist mein Schlag!«	STAND
Blick wieder auf den Ball → Schläger kurz dahinter setzen → nochmals Waggle + Blick geht wieder auf das Ziel – **»zum Ziel!«**	»zum Ziel«	ZUUUG
→ Schläger kurz zwischen Ball und Füße, dann hinter den Ball → Drehung aus Oberkörper/Schulter bis Spannung im rechten Oberschenkel außen → Rotation im linken Arm und Abwinkeln der Handgelenke (Einklicken in Schiene) → Arme heben, langsamer gradueller Anstieg der Kraft, weiter Rotation gegen Unterkörper bis zur maximalen körperlichen Spannung (= Endpunkt) → Leichte Vorwärtsbewegung **»Setzen!«** und Armbewegung nach unten → Unterkörper stabil • Linke Hüfte aus dem Weg drehen! • Linkes Bein strecken • Linker Fuß flach auf den Boden → Blick auf dem Ball lassen **»Kopf unten«** → Lang werden mit Armschwung, Rückseite von linker Hand stabil → Gewicht vollkommen auf linker Seite, Oberkörper frontal zum Ziel → Stabiles Finish → Schläger wieder vor den Körper mit Drehbewegung in die linke Hand	»Setzen« »Kopf unten«	AB

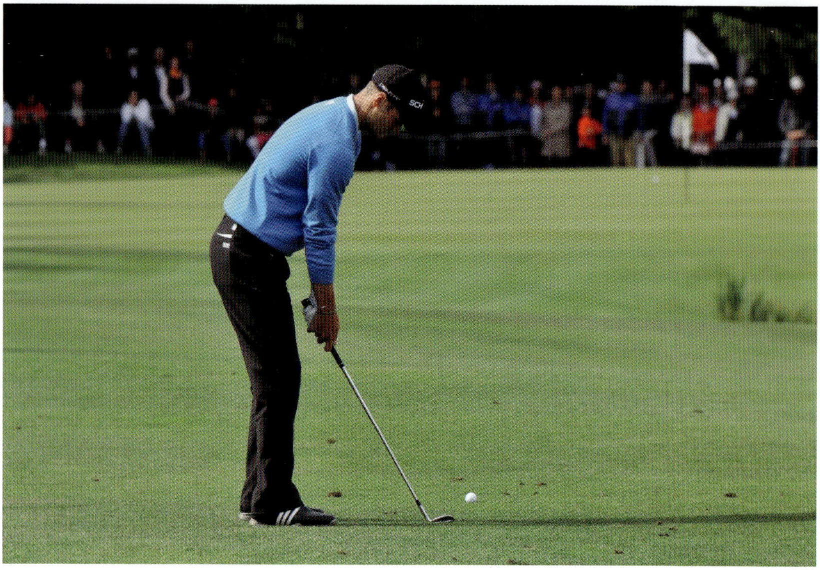

Vorteile dieses Vorstellungstrainings:

- Auseinandersetzung mit dem optimalen Bewegungsablauf und Festigung
- Deine Gedanken bleiben durch das Codewort/Kürzel im Hier und Jetzt bzw. verhindern Abschweifen in die Vergangenheit bzw. in die Zukunft.

Hinweise

- Der erste Bewegungsplan ist immer eine Rohfassung. Mir ist ein solcher Plan noch nie beim ersten Mal gelungen. Optimiere den Plan in den nächsten Wochen.
- Verwende deine eigenen Worte und Formulierungen.
- Verwende die Gegenwartsform.
- Setze dir realistische und genau definierte Ziele.
- Formulierung ohne »nicht« oder »kein«, ohne Verneinungen. Verwende positive Formulierungen.
- Übe, übe, übe, und das gezielt und regelmäßig ca. zehn Minuten.
- Baue das Vorstellungstraining fest in deinen Trainingsplan ein.

7.4 Zusammenfassung

- Setze Visualisierung sowohl für deine golferischen Fähigkeiten als auch für deine Einstellung ein.
- Mache im Geiste perfekte Schläge. Zehn Minuten, in denen du »perfekte« Schläge oder Fähigkeiten visualisierst, sind mehr wert als dreißig Minuten auf der Driving Range, in denen du wertlose, weil schlecht ausgeführte Schläge wiederholst.
- Am schnellsten verbesserst du dich, wenn du regelmäßige körperliche Praxis mit regelmäßiger mentaler Praxis kombinierst.
- Lasse dir selbst Zeit für Veränderungen. Eine neue Gewohnheit zu entwickeln dauert 21–30 Tage (oder länger).

8 Konzentration

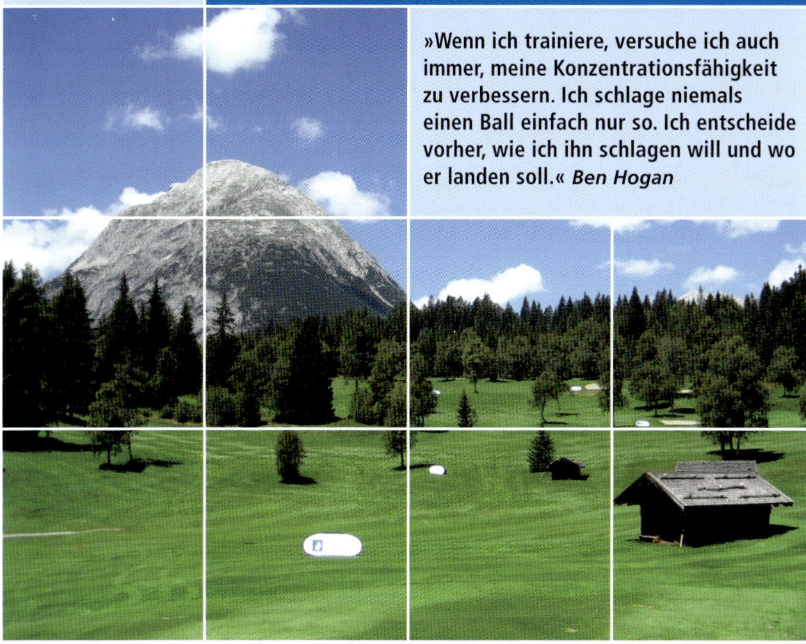

»Wenn ich trainiere, versuche ich auch immer, meine Konzentrationsfähigkeit zu verbessern. Ich schlage niemals einen Ball einfach nur so. Ich entscheide vorher, wie ich ihn schlagen will und wo er landen soll.« ***Ben Hogan***

Worauf konzentrierst du dich bei schwierigen Aufgaben bzw. unter Druck? Warum ist Konzentrationsfähigkeit so wichtig? Kannst du deine Aufmerksamkeit bewusst auf spezifische Sachen lenken? Kannst du Zuschauer, Flight-Partner, Lärm und Umgebung ausblenden? In welchen Situationen lässt du dich leicht ablenken? Wie kannst du deine Konzentrationsfähigkeit verbessern?

Was bedeutet Aufmerksamkeit oder Konzentrationsfähigkeit?

»Sich auf das Wesentliche zu richten, auf das Gegenwärtige und dabei – bis auf die unterstützenden – alle inneren und äußeren Einflüsse auszublenden – das ist Konzentration. Man ist auf das Ziel und die optimale Handlung gerichtet.« *(Eberspächer 2008, S. 146)* Leichter gesagt als getan.

Die Konzentrationsfähigkeit betrifft sowohl die äußeren Sinne (Hören, Sehen, Tasten), die inneren Sinne (Tastsinn, Gleichgewichtssinn, Bewegungssinn) als auch die Steuerung der eigenen (unangepassten) einströmenden Gedanken und Gefühle (Ärger mit Flight-Partnern) sowie Druck, äußere Einflüsse, diverse Erwartungshaltungen, Anspannungen und Vorstellungen.

Es ist unmöglich, die Konzentration über die gesamte Spieldauer von etwa vier Stunden und mehr aufrecht zu erhalten. Zumal Turniere über mehrere Tage gehen können. Der Versuch, sich über die gesamte Runde zu konzentrieren, kann zu einer mentalen Überforderung führen.

Konzentration hängt immer ab

- **von meiner aktuellen Stimmung: Fühle ich mich heute wohl? Habe ich Sorgen und Ängste?**
- **von der Sache**
- **von meiner psychischen Verfassung**
- **von meinem Können: Habe ich Schwierigkeiten?**
- **von meiner Umgebung**
- **von meinem Interesse und meiner Motivation**

Notiere Situationen, in denen dir Konzentration leicht fällt:

____

____

____

____

Merkmale für Situationen, in denen wir uns mühelos konzentrieren können:
Positive Einstellung, Neugier, dem Können angemessene Herausforderung, volle, ungeteilte Aufmerksamkeit, anderes Zeitgefühl, Erkunden, Erfahren und Erleben von Neuem, Entdeckungen und Aha-Erlebnisse, aktiver Geist, anvisiertes Ziel, Kontrolle über innere Impulse, Kontrolle über äußere Impulse, starke innere und äußere Motivation, Selbstwahrnehmung, gezielte Selbststeuerung, Intuition, Achtsamkeit, hohe Frustrationstoleranz, Selbstliebe, Selbstdisziplin, optimale Lerntechniken, Befreiung von Projektionen, Rückhalt in der Familie, gutes Verhältnis zum Pro.

»Where attention goes energy flows.«

Fragen: Welche Faktoren bringen mich immer wieder aus der Fokussierung – wodurch lasse ich mich ablenken? Wann fällt es mir schwer, mich zu konzentrieren?

Äußere und innere Faktoren: Langeweile, kein Ziel, wenn Müssen statt Wollen; Wind; Bekannte; Licht; Pro; negative Gefühle (Unruhe, Nervosität, Angst)

Tätigkeiten: Putten und gleichzeitig zuhören, was Flight-Partner erzählen (Ablenkung durch andere Mitspieler); immer wieder auftretende Gedanken (Aufgaben, die nach dem Golfen noch erledigt werden mussen; »ob der Schlag dieses Mal gelingen wird?«); viel Betrieb um mich herum auf der Driving Range; Lärm einer Straße oder eines Zugs;
mangelhafte Selbstwahrnehmung/Selbststeuerung, blockierte Intuition; in die Vergangenheit gerichtete Gedanken z. B. zum letzten schlechten Schlag oder zu ungelösten Problemen im Büro; Schmerzen; Anspannung; Ärger über den verschobenen Ein- Meter-Putt am letzten Loch; Zerstreutheit,Unaufmerksamkeit; körperliche Überlastung; Müdigkeit, schlechte Gesundheit, zu wenig getrunken; negative Einstellung

Beantworte dazu folgende Fragen:

Meine äußeren Störfaktoren:

____

____

____

____

Meine inneren Störfaktoren:

____

____

____

Welche Strategien (Techniken) habe ich in dieser Situation zur Verfügung?

Weitere Störfaktoren

(vgl. Frester/Wörz 1997, S. 20f.)

Solche Unterbrechungen der Aufmerksamkeit treten dann auf, wenn

- zu viele Anweisungen von außen auf mich treffen.
- ich mich zu fragen beginne, ob ich meine Sache auch gut mache.
- Zweifel auftreten.
- die Anforderungen meine Fähigkeiten übersteigen.
- ich mich im Moment des Abschlags frage, ob ich auch alles richtig mache.
- ich mir Gedanken darüber mache, was die anderen von mir denken werden, wenn ich jetzt nicht einputte.
- körperliche Anspannungen bei mir auftreten.

Die verschiedenen Arten von Aufmerksamkeit

Nideffer (1976), ein amerikanischer Sportpsychologe, definiert Konzentration als **Gerichtete Aufmerksamkeit**, was man sich wie den Lichtkegel einer Taschenlampe vorstellen kann: Entweder wir beleuchten einen kleinen Bereich oder Gegenstand sehr hell (Konzentration), während anderes drumherum im Dunklen bleibt, oder einen weiten, größeren Bereich bzw. die Umgebung eher schwach (Distribution). Darüber hinaus ist entscheidend, ob wir unsere Aufmerksamkeit auf ein Objekt außerhalb unseres Körpers und die Umwelt lenken (external oder **außen**) oder in unseren Körper hineinhorchen (internal oder **innen**) bzw. ob ich die Konzentration auf mich selbst und meine Gedanken richte, so dass sich vier verschiedene Konzentrationsarten ergeben:

Formen der Aufmerksamkeit nach Nideffer

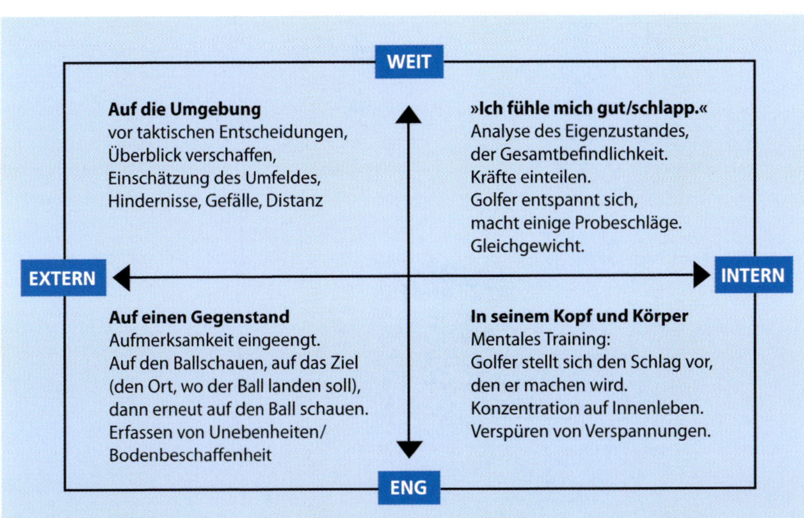

Lerne Umschaltfähigkeit: Der Golfer muss seine Aufmerksamkeit je nach Anforderungen der Aufgabe, die er zu erfüllen hat, anpassen und verändern können (wie auch seine Taktik). Denn es bedarf eines bewussten, sehr schnellen Wechsels der Konzentration von eng (z. B. Standfestigkeit, Konzentration auf das Gefühl bei der Griffhaltung des Schlägers) auf weit (Analyse von Spiel- und Platzsituationen; Frage nach dem Aktivierungsniveau).

Was passiert, wenn das Umschalten nicht gelingt? »So kann der Golfer [...] viel zu lange auf einen Schwachpunkt, z. B. eine Verkrampfung im Oberarm, fixiert sein. Er verliert den Blick für eine sachliche Einschätzung der Beschaffenheit des Fairways und kann nur sehr oberflächlich seiner Strategie für den nächsten Schlag nachgehen.« *(Wörz 2003, S. 127)*

8.1 Training der Konzentration

Konzentrationsfähigkeit kann gelernt werden! Konzentrationstraining soll dich unterstützen, deine Gedanken und Gefühle bewusst und aktiv zu steuern, zu beeinflussen und zu nutzen.

Entwickle und automatisiere deine Pre-Shot-Routine

... und konzentriere dich auf diese in deiner Schlagvorbereitung. Schreib deine Pre-Shot-Routine auf. Mit dieser leitest du deine Konzentrationsphase für den nächsten Schlag ein. Sie gibt dir innere, mentale Sicherheit und Selbstvertrauen, auch unter ungewohnten und ablenkenden Rahmenbedingungen. Verfeinere und verbessere deine Pre-Shot-Routine, damit du eine stabile Grundlage für dein Spiel hast.
Ich beobachte, dass Golfer unter Stress und in Turniersituationen von dieser Pre-Shot-Routine abweichen. Doch das ist falsch! Denke nicht über die Turniersituation nach und vergleiche dich nicht mit deinen Mitspielern, sondern wende konsequent deine Pre-Shot-Routine an.

Im Hier und Jetzt sein

Fokussiere dich. Denke in der Gegenwart. Lebe/spiele im Hier und Jetzt, nicht in der Vergangenheit oder Zukunft. Wenn du einem verlorenen Ball nachtrauerst, über »wenn« und »aber«, »was passiert, wenn« grübelst, an den möglichen Score und den Gewinn des Turniers denkst, zu lange Erfolgserlebnissen nachhängst, an die Leute hinter dir, an einen Termin im Büro oder an Unerledigtes denkst, läufst du Gefahr, deine Konzentration zu verlieren, deine Potenziale zu blockieren, Fehler zu machen, im Turnier abzufallen und Schläge zu verlieren. Wenn du Angst hast, bist du gedanklich in der Zukunft oder du befürchtest, dass deine Vergangenheit wieder zur Gegenwart werden könnte. Wenn es dir allerdings gelingt, im Hier und Jetzt zu bleiben, reduzieren sich deine »Horror«-Phantasien und deine Ängstlichkeit beträchtlich und du empfindest keine Angst, zum Beispiel vor Versagen, mehr.

Das Einzige, das wir wirklich beeinflussen können, ist unsere Gegenwart.

»Tue, was du tust!« Dieser Satz aus dem Chinesischen birgt das ganze Geheimnis aller Konzentrationsübungen. Tue das, was du gerade tust. Keine Unterbrechungen durch Störungen wie durch bimmelnde Handys oder Gespräche am Handy auf dem Golfplatz.

Aufmerksamkeit weg vom letzten Schlag

Während du zum nächsten Ball gehst, gibst du dir keine »tu dies«-, »tu jenes«-, »du musst«-Anweisungen und korrigierst dich, sondern du beschreibst über alle Sinne (Sehen, Hören, Tas-

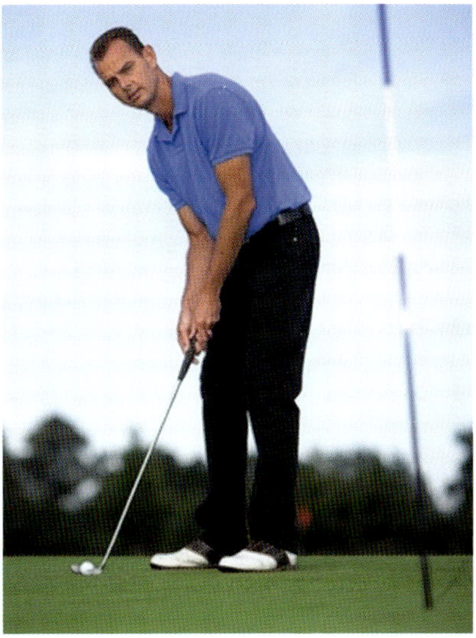

Entwicklung deiner Pre-Shot-Routine

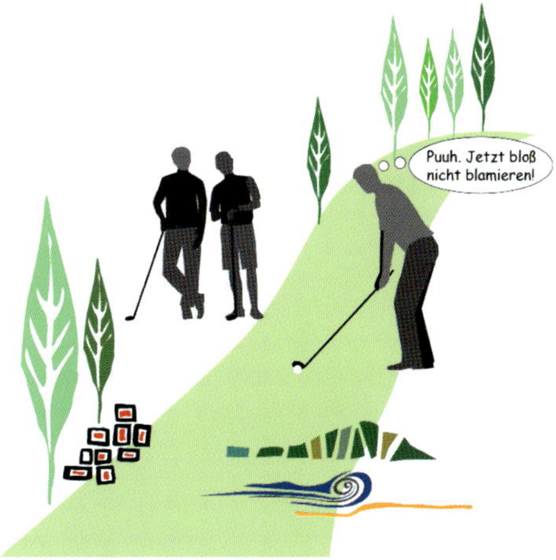

Konzentrationsfähigkeit kann gelernt werden.

ten, Riechen, Schmecken) einen Golfball in deiner Hand (»außen eng«) oder die Fahne, auf die du zumarschierst, im Wechsel mit der Betrachtung der Natur, den Bergen im Hintergrund und den Bäumen rechts und links des Fairways. Alternativen: Du zählst die verschiedenen Baumsorten und Pflanzenarten (»außen weit«). Oder fokussierst auf alles, was grün ist. Dazwischen schätzt du deine Gesamtbefindlichkeit (»innen weit«) auf einer Skala von null bis zehn ein und lenkst deine Aufmerksamkeit auf deine Fußsohlen (»innen eng«). Bleibe bei all dem körperlich locker. So übst du, dich zu konzentrieren, und das Hin- und Herschalten deiner Aufmerksamkeit, bist aber mit deiner Konzentration nicht beim letzten Schlag. Dein Kopf wird so frei für den nächsten Schlag.

Merke!

»Ein Golfspieler scheitert, wenn er sich vor dem Schlag von Ärger, Zweifeln, Angst oder einem anderen Faktor ablenken lässt.«
(Rotella 2005, S. 166)

Kinesiologische Übungen

Die »Denkmütze« / Ohren »anschalten«

Bei dieser Übung werden Reflexzonen im Ohr stimuliert, die mit wichtigen Körperfunktionen zusammenhängen. Sie erhöht u. a. die Konzentrationsfähigkeit.

Die Kiefer-, Zungen- und Gesichtsmuskulatur entspannt sich. Atmung und Energiekreislauf verbessern sich.

Massiere beide Ohrmuscheln gleichzeitig. Am besten nimmst du dafür die Ohrmuscheln zwischen Daumen und Zeigefinger (Daumen hinter, Zeigefinger vor dem Ohr) und schiebst den angewinkelten Zeigefinger auf dem Ohr dabei von innen nach außen. Ziehe die Ohrmuscheln dabei leicht nach außen, als ob du sie ausfalten wolltest. Bewege deine Hände gleichzeitig aufwärts, dann wieder abwärts, bis die Ohren angenehm warm werden. Ein wohlig entspanntes Gefühl stellt sich ein.

Deine Ohren kannst du im Liegen, Sitzen oder Stehen »einschalten«.

Überkreuzbewegung

Beginne mit den Überkreuzbewegungen, indem du einen Arm und das gegenüberliegende Bein langsam und bewusst gleichzeitig anhebst (marschieren) und dabei mit der Hand oder dem Ellenbogen das (gegenüberliegende) Knie berührst – anschließend die gleiche Übung mit dem anderen Arm und Bein (10-mal).
Wechsle dann zu »einseitigen« Bewegungen (Arm und Bein auf der gleichen Körperseite) anheben, dies führe ebenfalls langsam und bewusst durch (10-mal).
Zwischen diesen beiden Bewegungsabläufen wechseln. Die gesamte Übung sechs- bis siebenmal ausführen. Achte darauf, immer mit der Überkreuzbewegung zu enden.
Jede Gehirnhälfte kontrolliert die gegenüberliegende Körperseite. Durch das bewusste Bewegen eines Armes und des gegenüberliegenden Beines aktivieren wir beide Gehirnhälften. Diese Übung stimuliert das ganze Gehirn. Danach werden diese bemerken, dass das Denken wieder viel leichter fällt.

Trainiere deine Konzentrationsfähigkeit

Schaue auf dem Golfplatz zum Beispiel das Bag deines Flight-Partners an. Versuche, eine Minute lang nur an dieses Bag zu denken – an nichts anderes. Je mehr du in Übung bist, desto länger kannst du diese Übung machen. Das Ganze funktioniert natürlich auch mit dem Gehör. Stelle den Fernseher oder das Radio bei deiner Lieblingssendung (für zehn Minuten) ganz leise. Versuche, trotzdem jedes Wort, das gesprochen wird, zu verstehen.

Visualisierung von Abschottungshilfen

Ich befinde mich beim Schlagen und Putten unter einer Glocke/Kugel/Kapsel aus Glas, in einer Seifenblase oder in einem Tunnel und lasse so nichts an mich heran, was nicht an mich heran soll *(vgl. Kapitel »7. Visualisierung«).*
Es ist auch möglich, die Kugel nur um den Kopf zu visualisieren. Gegen Lärm, Stimmen und Geräusche von außen kann ich mir imaginäre Kopfhörer aufsetzen oder imaginäre Ohrstöpsel ins Ohr stecken.

»Die Welt verkleinern«

»Vor einigen Jahren begann ich, meine Hände über die Augen zu halten, während ich die Puttlinie studierte. Der Grund ist nicht, auf diese Weise mehr, sondern eher weniger zu sehen. Auf der amerikanischen Tour begleiten mich stets große Zuschauermengen und entsprechend groß ist die Unruhe, was mich ablenkt. Wenn ich aber mit meinen Händen eine Art Tunnel bilde, kann ich mich viel besser auf meine Puttlinie konzentrieren.« *(Woods 2006, S. 57).*

Die Ausrichtung der Konzentration trotz Störungen

Lerne Druckbedingungen zu bewältigen (ablenkende Einflüsse von außen wie zum Beispiel Lärm, Überraschung, Hektik, Pause). Eine Ablenkung oder Störung bedeutet immer den Verlust oder die Verschlechterung deiner Konzentration. Trainiere den Umgang mit Störungen, indem du dich von einem Freund oder Mitspieler, am besten unvorhergesehen, durch tiefe Atemzüge, Klappern mit Schlägern, Öffnen des Klettverschlusses des Handschuhs, Klicken einer Kamera, direktes Ansprechen oder Flüstern stören lässt. Lasse dich nicht ablenken und konzentriere dich darauf, deinen Schwung genau auszuführen.

Erweiterung der Übung: Bitte viele Golfer, die mit dir trainieren, sich neben und hinter dich zu stellen und führe konzentriert weiter deine Schläge aus.

Analysiere nach dieser Übung die gemachten Erfahrungen und Emotionen und erarbeite für dich, wie du dich beim nächsten Mal noch gezielter konzentrieren kannst.

Tiger Woods schreibt über die Methoden seines Vaters: »Mitten im Rückschwung ließ er mit lautem Getöse seine Tasche fallen, und wenn ich puttete, versuchte er mit allen möglichen Tricks, mich aus der Ruhe zu bringen.« *(Woods 2006, S. 269).*

Übung zur Konzentrationsschulung »Golfball ansehen«

Lege einen Golfball vor dich hin. Richte deinen Blick auf diesen Ball. Nimm dein Umfeld nur verschwommen wahr (Ausblenden von Störungen von außen).

Deine Gedanken sind ausschließlich auf den Golfball gerichtet.

Fang mit 60 Sekunden an und steigere dich langsam bis 5 Minuten und länger. Am Anfang ist das gar nicht einfach. Wichtig bei der Übung ist, dass du versuchst, gedanklich nicht abzuschweifen. Sobald die Augen abschweifen oder störende Gedanken auftreten, brichst du die Übung ab.

Sollte es dir nicht so recht gelingen, verurteile dich nicht dafür, sondern übe weiter.

Steuerung durch Selbstgesprächsregulation bzw. Selbstinstruktionen

Gedanken dürfen nicht zwischen Zuversicht und Zweifel hin und her springen. »Eine Person, der es schließlich gelingt, sich [mit Selbstgesprächen] dahingehend zu regulieren, dass sie erfolgszuversichtlich und leistungsbereit »durchhalten« kann, verfügt über die grundlegende Fertigkeit, psychische Beanspruchungssituationen zu bewältigen.« *(Eberspächer 2004, S. 25)*

Überlege dir positive, aufmunternde, realistische (!), einfache, prägnante, kurze, aufgabenbezogene Sätze oder Kürzel bzw. Signalworte wie zum Beispiel »Geh vor!«, »Fokus!«, »Locker durchschwingen!«, »Tief atmen.«, »Zieh durch!«, die du dir in kritischen Situationen auf dem Golfplatz sagen möchtest, und schreibe diese positiven Bekräftigungen und Statements auf. Nicht zu verwechseln mit einer gedanklichen Bewegungsausführung deiner Pre-Shot-Routine bzw. deines Schwungs, denn das würde deinen Rhythmus, dein automatisches Programm und deinen Schwung stören.

Statt Sätze können es auch Bilder und Symbole sein, die dich positiv einstellen.

Du kannst dir auch eine externe mobile Erinnerungshilfe ausdenken, um Dich gezielt konzentrieren zu können. Du kannst dazu Symbole – wie zum Beispiel einen Smiley oder das Powerbalance-Armband – oder Bilder, die du auf eine

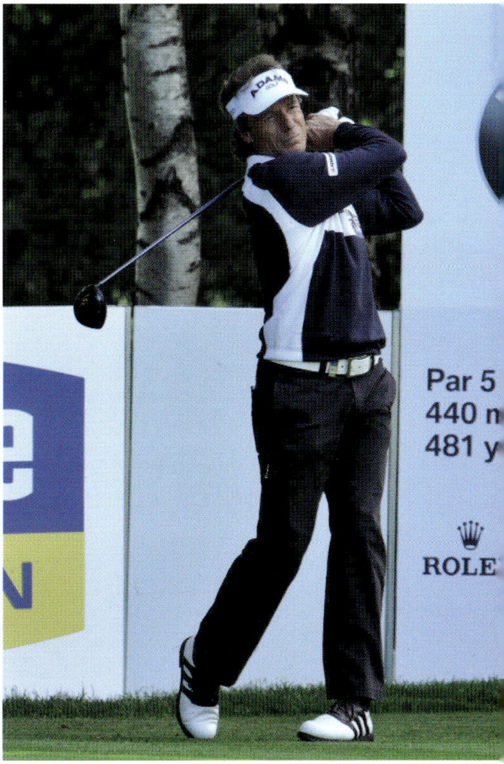

Plakette klebst oder an dein Golfbag hängst, verwenden oder Wörter/Sätze auf deinen Handschuh oder deine Hand schreiben. Dieser Anker erinnert dich daran, dich immer wieder auf das Wesentliche zu konzentrieren.
Übe die Konzentration mittels Selbstinstruktion bzw. Signalwort im Training, bevor du es dann auch im Turnier anwendest als festen Bestandteil deiner Pre-Shot-Routine.

Weitere Übungen

- Musik
- Gleichgewichtsübungen
- Entspannungsübungen
- Steuerung mittels positiver Selbstinstruktionen bzw. Signalwörtern, Beispiel: »Konzentrieren!«
- Automatisierung der Pre-Shot-Routine
- Umgang mit Störungen von außen (tiefe Atemzüge, Klappern mit Schlägern, Öffnen des Klettverschlusses des Handschuhs, Tasche fallen lassen,Klicken einer Kamera, direktes Ansprechen oder Flüstern) trainieren
- Verzicht auf »tu dies«-, »tu jenes«-, »du musst«-Anweisungen
- Visualisierung von Abschottungshilfen, Beispiele: Glocke/Kugel/Kapsel aus Glas, in einer Seifenblase oder in einem Tunnel
- Sporthypnose
- Konzentrationsanker (Symbole, Smiley, Wörter, Sätze auf seine Ausrüstung schreiben)
- Gedanken-Stopp-Technik (z. B. Visualisierung eines roten Stopp-Zeichens)

Es gäbe hier noch viele weitere Übungen, die man aufführen könnte. Solltest du eine Übung haben, die du an dieser Stelle vermisst, dann schreib mir bitte an:
info@sportnlpacademy.de.

8.2 Flow

Wann hast du dein bestes Golf gezeigt? Wann hast du zum letzten Mal alles um dich herum vergessen? Lief alles wie von selbst?
»Alles schien zur rechten Zeit zusammenzukommen«, »Ich hatte mich aufgelöst und etwas anders übernahm die Kontrolle«, »Ich spielte einfach aus dem Bauch heraus«, lauten die Beschreibungen im Buch von Gallway *(2003, S. 226)*
Mihaly Csikszentmihalyi entwickelte das Konzept von Flow Mitte der 1970er-Jahre und leistet mit weiteren Untersuchungen auf diesem Gebiet Pionierarbeit. Csikszentmihalyi und Jackson *(2000, S. 13)* schreiben in »Flow im Sport«: »Flow [ist] ein Bewusstseinszustand, in dem man völlig in dem aufgeht, was man gerade tut, ohne irgendwelche anderen Gedanken oder Emotionen zu haben.«
Voll und ganz vertieft sein, tief aus dem Tun selbst heraus motiviert sein und »Aufgehen« in einer Tätigkeit lässt sich besonders gut bei fasziniert spielenden Kindern beobachten, die alles um sich herum vergessen, die Welt um sich kaum noch wahrnehmen und sich nur noch auf ihr Spiel konzentrieren. Kinder haben Spaß an ihrem Spiel und leben im Hier und Jetzt. Lerne, dein Golfspiel auch zu einer solch schönen Tätigkeit für dich zu machen.

Für den Zustand von Flow bei Sportlern gibt es nach Csikszentmihalyi und Jackson *(2000, S. 7)* viele Bezeichnungen – »optimale Erfahrung, wie in Trance spielen, sich high fühlen und völlig konzentriert sein«.
Weitere Assoziationen für den Zustand des Flow: alles im Griff haben, nichts kann dich aufhalten, nichts kann schief gehen, ich existiere nur noch für das eine, ich habe keine Angst, spüre keine Schmerzen, Schwebezustand, in Spitzenform, wie ferngesteuert, unschlagbar,

stark. Diese Gefühle, die sich dabei einstellen können, gehören zu den intensivsten im Leben.

Merkmale für Flow:
Konzentration, Selbstvergessenheit, Gefühl von Können, Fokussierte Aufmerksamkeit, Abgeschirmt-Sein von Ablenkungen, völliges Aufgehen in einer Tätigkeit, Versunken-Sein, Abwesenheit von Selbstreflexion, von Selbst-Bewusstheit; wie in Zeitlupe.

»Flow-Erlebnisse« bleiben für immer im Gedächtnis und wecken den Wunsch, diese wieder zu erleben, diesen Zustand neu herbeizuführen.

Der Flow-Zustand kommt auf drei Ebenen zum Ausdruck, die der Spieler vor und im Turnier auch selbst regulieren kann *(Frester/Wörz 1997, S. 17ff.)*:

- Die *motorische* Ebene (Handlung/Verhalten)
- Die *physiologische* Ebene (Spannungsniveau)
  »Der Wechsel von Anspannung und Entspannung stimmte.«
- Die *subjektiv-kognitive* Ebene (handlungsunterstützende Gedanken/Bewertungen)
  »Ich kann mich gut an folgende Gedanken während des Wettbewerbs erinnern.«

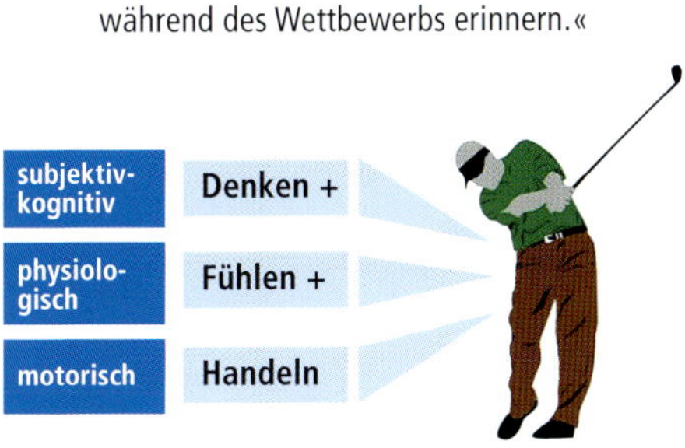

Anforderung und Können im Gleichgewicht
Nach *Schiefele 2001 und Schiefele/Köhler 2001* können »Flow-Zustände« nur dann entstehen, wenn Tätigkeiten allein um ihrer selbst willen (intrinsische Motivation) und nicht der Ergebnisse wegen (extrinsische Motivation) durchgeführt werden.

»Eine wichtige Voraussetzung für das Zustandekommen einer Flow-Erfahrung ist, dass die Anforderungen und Fähigkeiten im Gleichgewicht sind. Wenn eine Aufgabe zu schwierig wird, besteht andauernd die Gefahr von Fehlern.« *(Wirth 2005, S. 1)*
Bei Überforderung beschäftigt man sich dann gedanklich mit dem Score und einem möglichen Misserfolg und damit entsteht Angst vor Versagen oder Ärger, aber kein Flow. Im umgekehrten Fall, also bei einer Unterforderung durch eine zu leichte Aufgabe, »hat es sich ebenfalls schnell ausgeflowt. Interesse und Konzentration lassen nach, und es entsteht Langeweile.« *(Wirth 2005, S. 1)*
Das bedeutet: Flow entsteht, wenn Anforderung und die eigenen Fähigkeiten hoch und im Gleichgewicht sind; Unter- bzw. Überforderung erzeugen dagegen Langeweile bzw. Angst. Wenn Fähigkeiten und Anforderungen gering sind, kommt es zu keiner besonderen Erfahrung oder Emotion.

Wie erreiche ich den Flow-Zustand?

- **Gute Vorbereitung**
- **Glaube an den Erfolg**
- Lerne, deine Ängste, z.B. vor Versagen, zu bewältigen.
- Wandle Stress und ein Problem in eine Herausforderung um.
- Konzentriere dich auf deine Stärken, entwickle Selbstvertrauen.
- Steuere deinen Körper. Entspanne dich und achte auf die Lockerheit deiner Bewegungen. Eine Optimierung des physiologischen Erregungsniveaus beeinflusst die Konzentration und umgekehrt.
- Visualisierung vor Schlägen bzw. auf dem Weg zum Ball, nicht während des Schlagens:

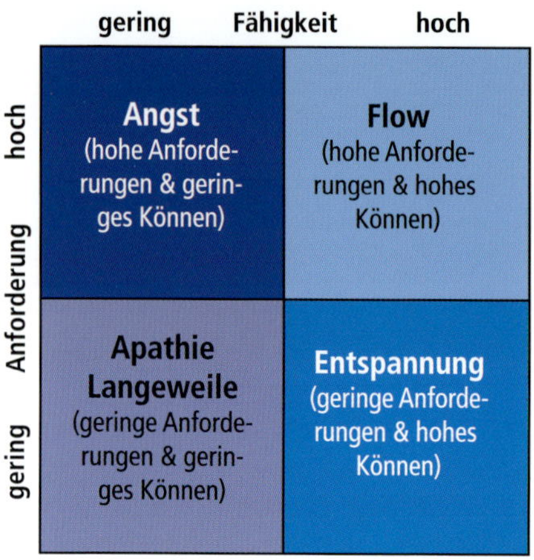

Das Quadrantenmodell des Flow-Erlebens (Csikszentmihalyi)

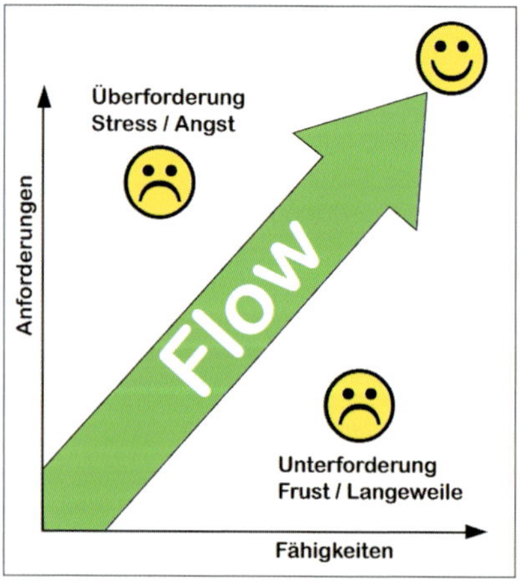

Versetze dich innerlich in Zustände des Glücks, indem du dir erfolgreiche/glückliche Momente wieder in Erinnerung rufst. Stell dir zum Beispiel vor, wie du damals das perfekte Golfturnier gespielt hast.

- **Klar definierte und eindeutige Zielsetzung.**
- **Feedback,** Tipps und klare eindeutige Rückmeldungen aus deinem Umfeld und vom Pro. Durch Feedback erhältst du Informationen über deine Leistung und hast dadurch die Möglichkeit, deine Ziele weiterzuverfolgen. Feedback, so Csikszentmihalyi und Jackson *(2000, S. 30)*, ist von entscheidender Bedeutung für deine Leistung.
- **Konzentration auf die bevorstehende, gegenwärtige Aufgabe**

Wende dich ganz dem zu, was du gerade tust. Verbanne unwichtige Gedanken aus deinem Bewusstsein. Lerne verlorene Konzentration zurückzugewinnen. Es ist, »als würde man auf den richtigen Kanal zurückschalten, sobald sich ablenkende Gedanken einstellen. Dabei besteht der erste Schritt darin, sich bewusst zu werden, dass die Konzentration nachlässt.« *(Csikszentmihalyi/ Jackson 2000, S. 118)*

- **Kontrolle**

»Sie vertrauen auf Ihre Fertigkeiten und Sie wissen, die Aufgabe ist lösbar. Diese Überzeugung verleiht ein Gefühl von Macht, Selbstvertrauen und Gelassenheit.« *(Csikszentmihalyi/Jackson 2000, S. 34)*

- **Positives Denken**
- Sorge für ein motivierendes Umfeld, das dich fördert.
- Stelle realistische Erwartungen an deine Leistung.
- Keine Unterbrechungen durch innere Störungen, z. B. Beschäftigung mit einer Enttäuschung, einer Sorge oder der großen Liebe.
- Entwickle Spaß und Freude, lache viel, auch über dich selbst, habe Freude an deiner Leistung und der Leistung Anderer – Erfolge der Anderen, hinter denen ja auch viel Training und Arbeit steckt, fair anerkennen und mitfeiern.

Achte darauf, auf der Runde eine Kleinigkeit zu essen und vor allem zu trinken.

Übung Flow

1) Liste sieben Tätigkeiten aus deinem privaten, sportlichen oder beruflichen Leben auf. Es sol-

len überwiegend Tätigkeiten sein, die dir eher unangenehm sind, aber es sollen auch mindestens zwei dabei sein, die du als angenehm empfindest.

Was machst du gern? ____________________

____

Was machst du ungern? ____________________

____

2) Sortiere die Tätigkeiten nach Spaß und Freude.

Welche dieser Tätigkeiten macht dir am meisten Spaß? Welche steht an zweiter Stelle? Gehe alle Tätigkeiten durch und bringe sie in eine Rangfolge.

3) Sortiere die Tätigkeiten nach ihrer Sinnhaftigkeit.

Bilde nun eine neue Rangfolge: Welche der Tätigkeiten ist für dich ganz persönlich am sinnhaftesten? Und welche am wenigsten?

Begriffe, die Flow beschreiben:

in sich versunken sein – absolutes Wohlbehagen – entrückt sein – völlige Hingabe – gelassen – wie ferngesteuert – alles passt zusammen – fit statt platt – Konzentration – leichtfüßig und locker – unschlagbar – alles klappt – alles andere ist egal – Schwerelosigkeit – in Topform – optimales Tempo – fließend – ohne Anstrengung – alles unter Kontrolle – sich stark fühlen – Ruhe und Selbstvertrauen – schwebend – hellwach

Überlege, ob du schon einmal ein Flow-Erlebnis hattest: Warst du schon einmal so sehr mit einer Tätigkeit beschäftigt, dass du alles um dich herum vergessen hast und Flow empfunden hast? Bist du schon einmal völlig aufgegangen in deinem Tun, das dir Freude bereitet hat?

Deine eigenen Begriffe, um Flow zu beschreiben: ____________________

____

____

8.3 Zusammenfassung

- Wie die meisten Fähigkeiten lässt sich auch die Konzentration durch regelmäßige gezielte Konzentrationsübungen, u. a. auf einer lockeren Trainingsrunde, steigern.
- Aufmerksamkeit bringt Verstärkung durch Fokus.
- Beschränke dich auf das Wesentliche.
- Die Balance zwischen Herausforderung und Können stellt eine wesentliche. Voraussetzung für Flow dar.
- Lerne, beim Golfspielen von innen nach außen und von weit nach eng umzuschalten. Entspanne zwischen den Schlägen.
- Finde heraus, warum du dich in vergangenen Situationen nicht so konzentrieren konntest, wie du es wolltest, und was genau zum Konzentrationsverlust führte?
- Konzentriere dich im Golfspiel auf deine eigenen Stärken und Fähigkeiten und entwickle diese kontinuierlich weiter!
- Der Flow-Zugang und das Flow-Erleben sind individuell! Der subjektive Flow-Zustand wird von jedem Golfer unterschiedlich wahrgenommen.
- Habe Spaß an deinem Golfspiel unabhängig von Score, Turniererfolgen, Platzierungen und Handicap.
- Je öfter du dich im Flow befindest, desto besser golfst du.
- Schalte dein Handy aus beim Golfen.
- Atemkonzentration, um deine Konzentration bündeln zu können: Achte nur auf deinen eigenen Atem. Und dann wieder auf die Aufgabe.
- Spiele mit geschlossenen Augen, um deine Balance zu trainieren (Zentrieren).
- Wiederhole innerlich einen positiven Satz.

9 Pre-Shot-Routine

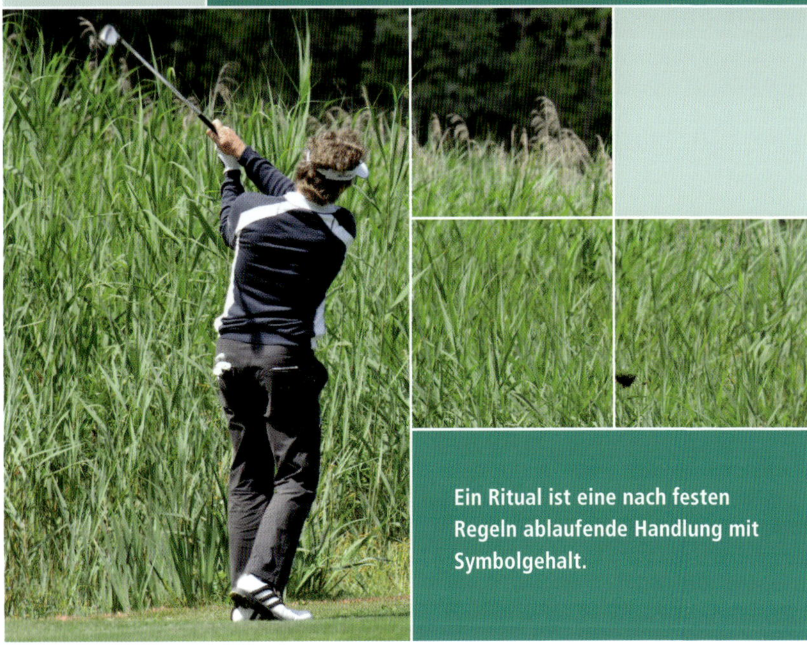

Ein Ritual ist eine nach festen Regeln ablaufende Handlung mit Symbolgehalt.

9.1 Routinen und Rituale

Dies sind wichtige Komponenten, um innere Stabilität auf dem Golfplatz zu behalten. Und doch wird das Thema in der Praxis immer noch stiefmütterlich behandelt. Letztens rief mich ein Interessent an, der seit vier Monaten Golf spielt. Er hatte von einer Pre-Shot-Routine noch nie etwas gehört. Sein Pro hatte ihm leider dazu nichts vermittelt.

Eine Routine kann verschiedene Rituale beinhalten. Ein Ritual ist z. B. das Herausnehmen des Schlägers aus dem Bag. Es gibt auch noch viele andere.

»Die Psycho-Logik der Routine beruht darauf, dass sich Anforderungen deshalb schnell, sicher, leicht, wirksam und situationsgerecht bewältigen lassen, weil bewusstes Bewerten weitgehend entfällt und man auf lange eingeübte

»Ich fange jedes Match mit einem neuen, originalverpackten Hemd an und trage immer dasselbe Amulett um den Hals, das ich als Glücksbringer bekommen habe.«
(Nicolas Kiefer)

Programme zweckmäßiger Handlungsmuster zugreifen kann.« *(Eberspächer 2004, S. 11).*

Tiger Woods trägt in einer Finalrunde traditionell die Farbe Rot. *(Woods 2006, S. 239)*

> **»Eine systematisierte Schlagvorbereitung ist das A und 0 für das Spiel unter Druck.«**
> ***(Rotella 2005, S. 60)***

In der mentalen Vorbereitung ist die Schlagroutine der wichtigste Bestandteil eines guten Golfspiels. Beobachte einmal einen Tourprofessional bzw. die besten Spieler der Welt. Du wirst feststellen, dass die guten Golfer vor einem Schlag konstant immer wieder die gleichen Bewegungsabläufe, die gleiche Schlagvorbereitung ausführen. Je präziser und fließender dieses Ritual ist, desto größer ist die Chance auf Erfolg und um so eher schöpfst du dein Potenzial aus. Die Pre-Shot-Routine ist kein monotones, und doch ein gleichbleibendes, konstantes, systematisches, vom Umfeld und der Umgebung losgelöstes **Ritual**. Sie ist mehr als eine Gewohnheit.

Beinahe in jeder Sportart kannst du Rituale vor dem Start beobachten, zum Beispiel beim Skispringen vor jedem Sprung, im Reitsport, im Skisport, in der Leichtathletik vor jedem Wettbewerb, im Tennis vor dem Aufschlag oder im Basketball vor dem Freiwurf.

Haust du einfach drauf? Und wunderst dich über schlechte Ergebnisse?
Wie gelange ich in einen optimalen Leistungszustand? Wo mache ich meinen Probeschwung? Wie viele Probeschwünge soll ich machen? Wie oft schaue ich zum Ziel? Hilft mir ein Waggle (leichtes Wackeln)? Hast du eine Schlagroutine, die du konsequent einhältst? Gibt es einen bestimmten Handlungsablauf, den du bei jedem Schlag durchführst, egal ob du in Eile bist oder nicht? Deine Schlagroutine sollte wirklich eine Routine sein. Das heißt, sie sollte absolut automatisch ablaufen, ohne dass du darüber nachdenken musst. Denn dein bewusstes Denken ist viel zu langsam, um dich durch den Schlag zu führen.

Die Golf-Technik hast du bereits mit deinem Pro eingeübt. Nun geht es darum, den Schlag mit einer konkreten Zielvorgabe auszuführen. Und genau dies erreichst du durch die richtige Schlagroutine. Diese beginnt schon, bevor du den Schläger in die Hand nimmst, und endet erst dann, wenn du ihn zurück in dein Bag steckst.

Aber bitte imitiere keine Pre-Shot-Routine. Du kennst die wichtigen inneren Effekte der Schlagroutine auf den Spieler, von dem du die Pre-Shot-Routine »kopieren« möchtest, nicht. Und hast du schon mal beobachtet, dass zwei Golfer ein und dieselbe Pre-Shot-Routine haben? Jeder hat seine individuellen »Marotten«. Entwickle daher exklusiv für dich deine eigene Routine, mit der du dich wohlfühlst.

Funktionen der Pre-Shot-Routine:
- eine gute Ausrichtung auf das Ziel
- eine intensive Zielverbundenheit
- eine Lockerung der Muskulatur
- eine Voraktivierung im Hirn
- körperliche und geistige Sammlung
- Umschalten von rationalem Denken zur Intuition
- Sicherheit und persönlicher Rhythmus
- Stabilität
- Vertiefung der Konzentration, auch unter schwierigen Bedingungen
- Steigerung der Intensität vor einem Schlag
- Ausschöpfen unseres wahren Potenzials

Worauf musst du bei der Pre-Shot-Routine achten? Was sind die entscheidenden inneren Abläufe während der Routine? Worauf solltest du deine Aufmerksamkeit/Konzentration lenken, um dir Schlag für Schlag die beste Chance auf Erfolg zu geben und Gleichmäßigkeit zu erreichen?

Gut vorbereitet ist schon halb gewonnen!

Konkrete Anwendung

Auf dem Weg zum Golfplatz/Abschlag: Ohne Hast, in Ruhe. Golf verlangt Ruhe, Zeit und Konzentration. Gehe nicht mit einem Zeitzwang auf den Platz. Lasse los.

Leite die Pre-Shot-Routine z. B. ein, indem du den Klettverschluss deines Handschuhs schließt. Bewusste tiefe Atmung, um zur Ruhe und über die Atmung ins Hier und Jetzt (Konzentration) zu kommen.

Checkliste

Wie ist es um deine Tagesform bestellt? Wie weit willst du den Ball schlagen? Entfernung zum Loch. In welche Richtung? Und wie groß ist der Bereich, den du treffen willst? Fahnenposition? Zielst du zum Beispiel direkt auf die Fahne oder auf einen größeren Bereich auf dem Grün? Letzteres gilt nur für Golfanfänger. Ansonsten ist »Mitte Fairway« oder »geradeaus« zu ungenau. Wie liegt dein Ball jetzt? Woher kommt der Wind? Harter/weicher Boden? Schnittlänge der Fairways? Gefälle/Steigung des Fairways? Temperatur? Wie liegt mir der benötigte Schläger? Wetter? Denn bei Regen fliegt der Ball nicht so weit wie bei Sonnenschein.

Das setzt voraus, dass du weißt, wie weit du mit welchem Schläger schlägst, und dass du deine Ausrüstung kennst. Überprüfe ab und zu deine Schlaglängen, zum Beispiel mit Hilfe von Distanzangaben auf der Driving Range.

Wähle dir vor jedem Schlag einen ganz konkreten Zielpunkt oder ein Zielgebiet aus. Dabei sollten alle Entscheidungen und das gewählte Ziel natürlich realistisch sein. Deine Entscheidungen sollten zu deinen tatsächlichen Fähigkeiten und den jeweiligen Gegebenheiten auf dem Platz passen.

Achte darauf, dass du deine Entscheidungen in einem ausgeglichenen emotionalen Zustand triffst und dich nicht noch über dem letzten »Miss-Hit« ärgerst bzw. über deine Leistung enttäuscht bist.

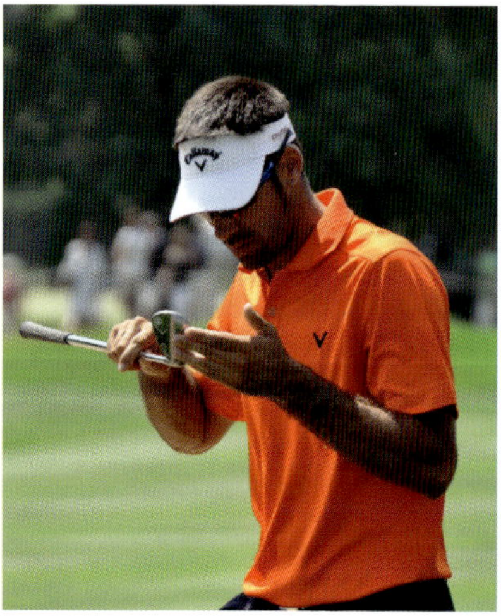

Wähle der Zielsetzung entsprechend den passenden Schläger aus!

Achte darauf, dass du diese Entscheidung nicht nur im Kopf triffst, sondern dabei in erster Linie auf deine Intuition, dein Bauchgefühl hörst. Dein Unterbewusstsein kann die richtige Entscheidung wesentlich schneller als dein bewusster Verstand fällen.

Wenn du irgendeine Behinderung oder Störung während der Routine wahrnimmst, egal, ob diese von innen oder außen auftritt, wenn du zum Beispiel das geringste Unsicherheitsgefühl oder Zweifel spürst, dann brich den Vorgang ab, tritt vom Ball weg und überdenke deine Schlägerwahl oder auch deine Zielsetzung. Wähle einen anderen Schläger oder ändere deine Zielsetzung – bis du dich mit deiner Entscheidung gut und sicher fühlst. Dann beginnst du nochmals von vorne.

Zielvorstellung, »Kopfkino« und Schlagprogrammierung

Tritt aufgerichtet, selbstbewusst, zuversichtlich, vertrauensvoll und unbeeinflusst von negativen Gedanken an den Ball heran, stelle dich mehrere Schritte (ca. drei Meter) hinter den Ball und schaue auf dein Ziel. Atme tief durch. Lasse Gedanken wie Wolken am Himmel kommen und gehen. Stelle eine möglichst intensive Verbindung mit dem Ziel her. Sieh eine Linie zwischen dem Ball und dem Ziel. Photographiere dein Ziel.

Und dann sieh deinen Schlag so klar wie möglich. Gehe den Schlag mit all deinen Sinnen (sehen, hören, fühlen, riechen, schmecken) im Geiste durch. Spüre den Schwung und die Bewegung; fühle den Treffmoment. Höre, wie du den Ball im Treffmoment mit einem satten Ton triffst. Visualisiere die Flugbahn des Balles und den Landepunkt. Sieh deinen Ball im Ziel. Höre wie der Ball ins Loch fällt. Oder sieh, wie der Ball ausrollt. So programmierst du dein Unterbewusstsein darauf, genau das zu tun, was du dir vorstellst.

Geeignetes, wieder gut auffindbares Zwischenziel auswählen, z. B. einen Grashalm, ein altes Tee in 2–10 Meter Entfernung vom Ball. Lasse dich dabei nicht von schief gesteckten Abschlagskugeln oder schrägen Mähstreifen irritieren.

Putten ohne Angst und ohne viel Nachdenken

Nimm dir Zeit, dich auf diesen (wichtigen) Schlag ausführlich und in Ruhe vorzubereiten, während deine Flight-Partner ihre Putts ausführen. Du liest das Grün (ca. fünf Sekunden). Zu den erfolgreichsten Visualisierungsübungen beim Putten gehört die Vorstellung, dass auf dem Gras vom Ball bis zum Loch Eisenbahnschienen verlegt sind. Visualisiere nach dem Lesen der Puttlinie einen Schienenstrang – wenn nötig auch als Kurve – der im Loch endet.

Probeschwung

Gehe einen Schritt nach vorn. Mit deinem Ziel oder der Linie im Kopf. Jetzt geht es um das Gefühl. Wenn du zu den Golfern gehörst, die einen Probeschwung machen, dann führe jetzt den Probeschwung hinter dem Ball oder parallel zum Ball aus. Denn nicht jeder Golfer muss einen Probeschwung machen. Je nachdem welche Vorliebe du hier entwickelt hast. Konzentriere dich beim Probeschwung auf dein Schwunggefühl. Mache deinen Probeschwung und spüre dabei, wie der Schwung sich anfühlt. Das heißt, der Probeschwung soll sich genau so anfühlen wie der Schlag mit dem Ball. Spei-

Lesen der Puttlinie und visualisieren.

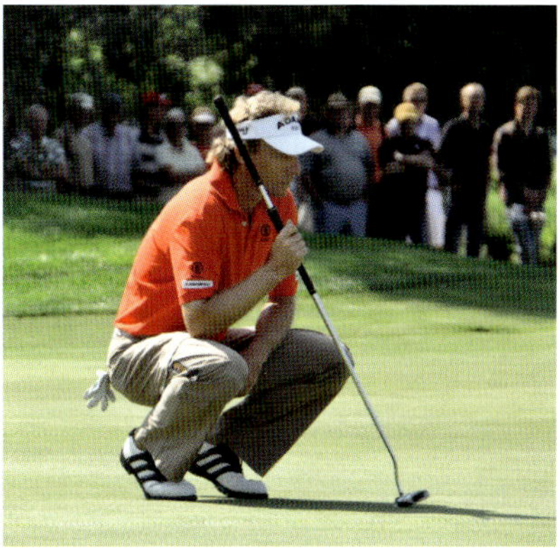

chere das Gefühl, das du beim Probeschwung hast. Suche aber nicht nach dem »richtigen« Gefühl – »Stellt sich das richtige Gefühl wohl ein?« –, denn somit misstraust du deinem Unbewussten.

Dieser Schritt dient der körperlichen Einstimmung. Dein Geist bleibt dabei frei und auf die Gegenwart konzentriert.

Merke:
Bewahre dir dabei Flexibilität. Denn wenn es nötig sein sollte, einen Probeschwung mehr zu machen, weil sich der erste Probeschwung nicht gut anfühlte, sollte dich das nicht komplett aus deinem Konzept werfen. Genauso kann es nötig sein, bei Regen beim Chippen mehr Probeschwünge zu machen.

Ball ansprechen

Stand neben Ball und Ansprechen des Balles. Check des Griffs. Richte dich und dein Schlägerblatt akkurat auf das Ziel aus. Deine Körperausrichtung folgt der Schlägerausrichtung. Keine Korrekturen mehr. Bei aufkommenden Zweifeln einfach weiterspielen. Letzte Programmierung mittels eines kurzen Schwunggedankens oder eines Wortes wie z. B. »locker« oder »Drehen winkeln«.

Du hast jetzt alles getan, was du bewusst tun kannst, um dich optimal vorzubereiten. Du bist nun geistig und körperlich voll auf den Schlag eingestimmt. Prüfe nichts mehr. Übergib beim Ansprechen des Balles die Ausführung vertrauensvoll deinem Körper und Muskelgedächtnis, deiner Intuition und deinem Unterbewusstsein. Dein rationales Denken hat Pause. Löse deinen Schwung mit Entschlossenheit und Zuversicht mit dem nächsten Einatmen aus.

Während eines Golfschwungs werden ca. 700 Muskeln und 206 Knochen aktiviert. Wenn du versuchen würdest, jede kleine Bewegung in diesem kurzen Moment des Schlags zu katalogisieren, würdest du Monate brauchen, aber du führst den Schlag in Sekunden aus. Die bewusste Steuerung eines Schlags ist unmöglich. Je mehr du versuchst, bewusst zu steuern, desto mehr störst du den im Unterbewusstsein abgespeicherten Bewegungsablauf und damit deinen Schwung. Du überlegst auch nicht, was du genau tun musst, wenn du auf einem Stuhl sitzt und von diesem aufstehen möchtest.

Schaue noch ein letztes Mal auf den **Zielpunkt**. Dein Schläger bleibt in Bewegung. Du machst kleine Bewegungen mit dem Schläger aus lockeren Handgelenken (»Waggle«), damit deine Muskeln locker bleiben. Ziehe dann deine Aufmerksamkeit ab und richte diese auf den Ball und deinen Körper.

Harre nicht zu lange in dieser Position aus, damit deine Muskulatur nicht verkrampft. Atme tief ein und aus. Lasse mit der Ausatmung alle Anspannung und Erwartungen los und beginne mit dem nächsten Einatmen den Schwung ... Beginne mit dem Schwung »wie von selbst«. Spiele den Ball.

Achte auf die Schlussphase deiner Schlagvorbereitung, denn »Wenn zwischen dem letzten Blick zum Ziel und dem Beginn des Rückschwungs auf dem Platz mehr Zeit liegt als auf der Driving Range, so ist dies ein deutliches Anzeichen dafür, dass der Spieler sich nicht an seine systematisierte Vorbereitung hält.« (Rotella 2005, S. 69f.)

Du kannst dafür eine Stoppuhr benutzen oder mit Video arbeiten. Letzteres hat den Vorteil, dass du dich selbst in deiner Schlagroutine beobachten kannst.

Beginn Rückschwung bis Finish. Das Finish ist immer gleich. Verweile im Finish. Ergebnis ermitteln. Schaue, wie der Ball rollt/fliegt. Beobachte deinen Ball bis zum Ende. Schweige möglichst dabei. Und gib deine körperliche Präsenz nicht auf. Empfinde Schlag und Ballkontakt nach und genieße.

Nach dem Schlag ein kurzes gedankliches Feedback. Akzeptiere das Ergebnis deines Schlags. Wenn der Schlag nicht o. k. war, benenne sachlich und ohne Selbstkritik die Abweichung vom Ziel. Tue dies leise nach innen. Kommentiere deinen Schlag nicht hörbar für andere Mitspieler.

Wende dich nach dem Schlag nicht schnell ab. Das vernichtet deine Empfindungen für den Schlag. Deine Gefühle können dann nicht mehr mit dem Ballflug assoziiert werden. Das Lernen bleibt dann aus. Präge dir einen guten Schlag ein.

Zusätzlich nach einem schlechten Schlag: Entspannungsatmung zur Beruhigung.

Wenn du das Ziel nicht erreicht hast, dann mache eine Kurzanalyse: Woran hat es gelegen? War die Vorbereitung nicht optimal? Waren es mentale oder körperliche Störfaktoren? Was war es genau? War ich unentschlossen? Gab es störende Gedanken? Habe ich meinen Plan kurz vor dem Schlag geändert? Wenn du die Störfaktoren erkannt hast, dann korrigiere diese beim nächsten Schlag. Und auch wenn du die Störfaktoren nicht erkannt hast, hake den Schlag ab und gehe zum nächsten Schlag.

Eventuell fehlerbereinigter Probeschwung.

Pre-Shot-Routine beENDEn, z. B. durch Öffnen des Klettverschlusses deines Handschuhs.

Alles in allem dauert diese Schlagroutine nur eine halbe bis eine Minute. Es erfordert aber einige Übung, bis sie automatisch und fließend abläuft. Eine gute Routine, die du konsequent bei jedem Schlag durchführst, kann allerdings dein Handicap erheblich verbessern.

Achte deshalb bei deiner nächsten Runde auf deine derzeitige Routine. Arbeite an ihr, bis diese für dich angenehm ist und zu dir passt. Und lasse dich nicht von deiner Routine abhalten und kürze sie auch nicht ab – egal wie einfach der nächste Schlag oder Putt auch sein mag.

Gehe jetzt nicht unbedingt davon aus, dass, wenn du das erste Mal mit deiner neuen Pre-Shot-Routine auf den Platz gehst, sich deine Ergebnisse gleich erheblich verbessern werden. Du wirst aber mit der Zeit und mit **fortgesetztem Üben** feststellen können, dass sich besonders in Drucksituationen, wie beim ersten Abschlag, beim Putten oder einem Schlag über das Wasser, diese Arbeit auszahlt.

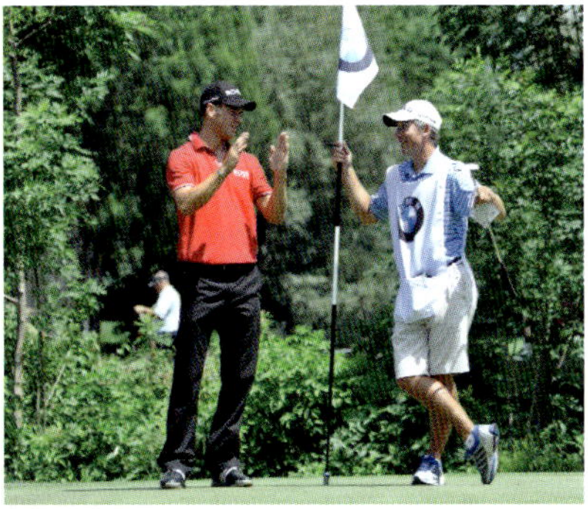

Integriere deine Routine bewusst in dein Training auf der Driving Range. Investiere im Training zum Beispiel die letzten 15 Bälle deines Eimers, die du mit dem gesamten Vorgang der Pre-Shot-Routine schlägst. Das heißt, dass du bei jedem geschlagenen Ball mit der Schlägerwahl beginnst und deine Routine vollends abspielst, bis der Schlag ausgeführt ist. Nach einigem Üben wirst du erkennen, dass der Zeitraum für die ganze Routine vom Wählen des Schlägers bis zum Ende des Schwungs konstant wird. Deine Routine wird dir mehr Sicherheit geben und deine Chancen auf erfolgreiche Schläge deutlich erhöhen.

Übung: Beschreibe nun genau deine eigene Pre-Shot-Routine. Und dann übe diese praktisch.

9.2 Putten

Pre-Shot-Routine fürs Putten:

»Generelle Einschätzung des Putts, wobei ich hinter dem Ball stehe.
Ich gehe aufs Loch zu und schaue mir die Linie von der Seite an, um die Neigung des Grüns zu erkennen.
Ich studiere das direkte Umfeld des Lochs.
Ich gehe zurück zu meinem Ball, bücke mich hinter ihm, um Länge und Break abzuschätzen.
Ich stehe am Ball und mache zwei Probeschwünge.
Ich setze den Putter hinter den Ball auf und richte meine Füße entsprechend aus.
Noch einige Blicke aufs Loch und die Puttlinie. Los geht's.«
(Woods 2006, S. 44f.)

Übung: Selbstwahrnehmung

Wie fest hältst du deinen Putter? Anfänger neigen dazu, die Schläger zu fest zu umklammern. Stufe nach den nächsten Putts deine Griffstärke auf einer Skala von 1 bis 10 (1 = Schläger fällt aus der Hand, 10 = sehr fest/Würgegriff) ein.

Weitere Übung: Nimm den Putter in die Hand und versuche, die Griffstärke, also die Kraft, mit der du die Hand zudrückst, um den Putter zu halten, in 10 gleichmäßigen Schritten zu verstärken.

Das Ergebnis dieses kleinen Tests ist immer gleich: Keiner meiner Teilnehmer schafft es bis zur Griffstärke 10, weil die meisten immer zu schnell zu fest zudrücken. Sinn der Übung ist es, die eigene Griffstärke bewusst zu dosieren und

Pre-Shot-Routine

Übung Putten

Diese Übung soll dir helfen zu fühlen, welche Wirkung dein Schlag auf den Ball ausübt.
Hat man beim Putten zu sehr das Ziel im Auge, geht das Gefühl verloren – das Gefühl, dessen es bedarf, das Ziel zu erreichen.
Du puttest den Ball, schaust aber nicht, wohin er rollt. Dann schätze, wo der Ball zur Ruhe gekommen ist. Als Erfolg zählt in diesem Fall nicht, dass der Ball eingelocht wurde, sondern dass man weiß, wohin der Ball gerollt ist.
Hast du die Lage des Balles erraten? Es zählt nur der Abstand zwischen der Stelle, wo der Ball zur Ruhe kommt, und der Stelle, wo du dachtest, er würde liegen bleiben. Die Differenz gibt an, wie bewusst du deinen Körper und deinen Putter fühlst.

Wahrnehmung / Gleichgewicht

Übung: Wahrnehmung

Finde mit geschlossenen Augen heraus, ob du durch Fühlen der jeweiligen Hand erraten kannst, ob das Putterblatt offen, geschlossen oder im rechten Winkel stand, als es den Ball traf. Und dann schaue nach, wo der Ball hingerollt ist. So hast du eine Rückmeldung zu deinem Schlag.
Spüre in einem nächsten Schritt in deinen Körper, ob dein Kopf schwankt, du deinen Oberkörper seitwärts bewegt hast oder deinen Körper zu stark bewegst.
Stufe deine Bewegungen auf einer Skala von 1 bis 10 ein.

Übung: Gleichgewicht

Um deine Gleichgewichtsfähigkeit zu trainieren, putte abwechselnd auf dem linken und rechten Fuß aus etwa 1 Meter Entfernung.

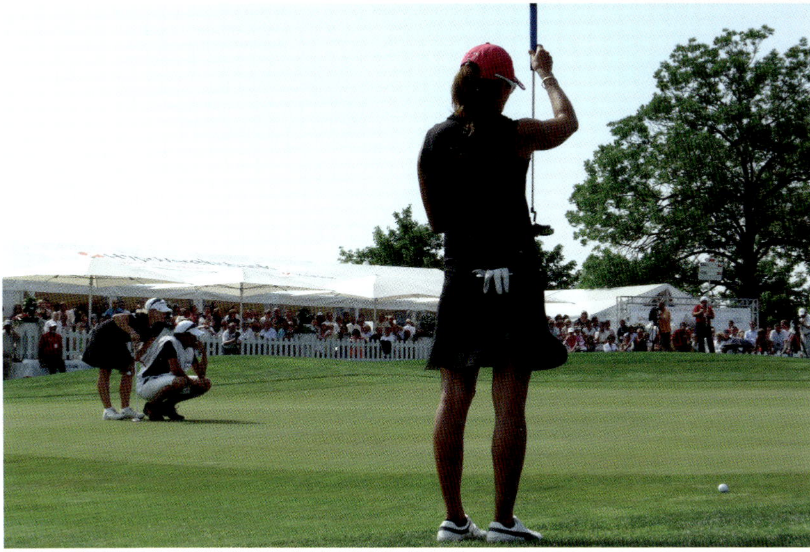

selbst ein Gefühl dafür zu entwickeln. Für ein lockeres Spiel reicht auf jeden Fall eine Griffstärke von 3 bis 5 auf dieser Skala.
Probiere folgende Visualisierung: Stelle dir vor, dein Putter ist aus Glas und zerbricht bei einem zu starken Griff oder ruckartigen Bewegungen in tausend Teile.
Was ändert sich?

Putt-Training
Mindestens 10 Bälle, die auf einem 3-Meter-Radius rund ums Loch liegen, putten.
Erster Durchgang mit offenen Augen und mit Blick zum Loch putten,
zweiter Durchgang mit geschlossenen Augen,
dritter Durchgang mit »drittem Auge« (das vorgestellte Loch),
vierter Durchgang mit Blick zum Loch – Blick auf Ball – Visualisierung »schöner Ort«,
fünfter Durchgang mit Selbstgespräch (»Pendel«).
Schreibe nach jedem Durchgang auf, was in deinem Kopf passiert ist und was du an Veränderungen wahrgenommen hast. Wenn ein Mitspieler dich beobachtet hat, tauscht euch über die gemachten Erfahrungen aus.
Ziel der Übung: Zielvisualisierung, Konzentration, Rhythmus und Orientierungsfähigkeit

9.3 Verhalten zwischen den Schlägen

Während einer Golfrunde auf einem Meisterschaftsplatz (18 Löcher, PAR 72) legt der Golfspieler rund 8000 Meter in etwa vier Stunden zurück. Unterbrochen wird diese Wanderung permanent durch kurze, aber extrem wichtige Hochkonzentrationsphasen. Hier soll allerdings alles – körperlich, konditionell, mental, emotional – perfekt funktionieren, um optimale Leistung abrufen zu können.

Ca. 80 Prozent des Golfspiels auf dem Platz wird mit Stehen, Gehen, Ortswechseln, Warten und Vorbereiten verbracht – viel Zeit, um mentale Stärke zu sammeln. Du musst Dich nach längeren, unregelmäßigen Spielpausen immer

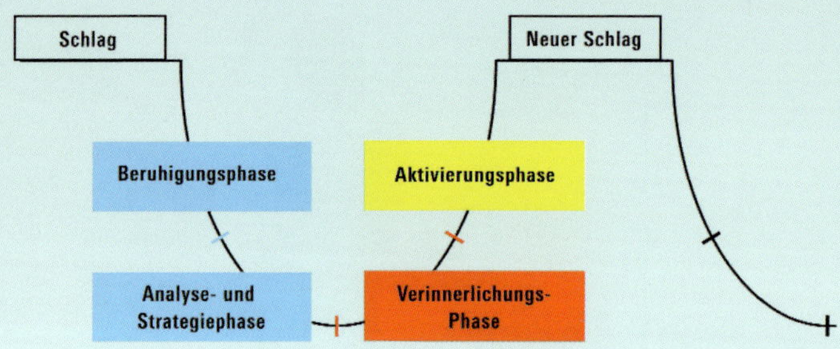

Optimaler Leistungszustand und Pausengestaltung (vgl. Wörz 2003, S. 85)

wieder neu auf deinen nächsten Schlag konzentrieren.

Nutze diese Spielpausen, um den letzten Schlag auch gedanklich abzuschließen. Während ich noch am Abschlagsort stehe, visualisiere ich einen Kreis von ca. einem Meter um den Ball herum. Solange ich mich innerhalb des imaginären Kreises bewege, erlaube ich mir, den Schlag noch zu analysieren und vorhandene Wut zum Beispiel durch Aufstampfen mit dem Fuß abzubauen. Hier gebe ich meinem Ärger Ausdruck, denn den Ärger hinunterzuschlucken, täte mir nicht gut. Sobald ich aber den Kreis verlassen habe, nutze ich den Weg zum Ball zu meiner Stabilisierung, zum Entspannen, Energietanken, um meinen Kopf freizubekommen und mich zu motivieren, um konzentriert den nächsten Schlag machen zu können. Ich denke zwischen den Schlägen nicht an Golf, Wünsche, berufliche Themen oder Probleme zuhause. Vergiss nie: Alles, was du auf dem Weg zum Ball denkst, tust oder eben nicht tust, hat einen entscheidenden Einfluss auf den nächsten Schlag. Und wenn du im Laufe der Runde müde wirst, fördert das noch den Aufbau von lästigen, negativen Gedanken und Emotionen und verhindert den Aufbau von positiven Gedanken und positiver psychischer Energie.

Verschwende deine Energie nicht mit negativen Gedanken (»Warum habe ich soviel Pech mit dieser Balllage?« »Ich kann mal wieder gar nichts.« Nach verpatztem ersten Abschlag »Der Tag ist gelaufen.«), Schimpfen wie ein Rohrspatz oder Aktionen (Schläger hinwerfen, verärgerte Bewegungen) auf dem Weg zum nächsten Ball, denn das vermindert deine Leistungsfähigkeit drastisch und kann eine Negativ-Spirale entstehen lassen, die unweigerlich in einem Desaster endet.

Erfolgreiche Golfspieler

- zeigen starke psychische Präsenz durch Körpersprache (Schultern zurück, Kopf erhoben, zuversichtlicher Gang, Arme und Hände entspannt).
- entspannen sich zwischen den Schlägen.
- beruhigen ihre Atmung, fahren den Puls runter, wenn nötig.
- führen ermutigende, positive Selbstgespräche.
- haken den letzten schlechten Schlag ab.
- denken nicht an den Score/an das Ergebnis.
- suchen keine Ausreden.
- haben weder Angst und Zweifel; hadern nicht, da das nichts bringt.
- visualisieren den Golfschlag, den sie das nächste Mal haben wollen.

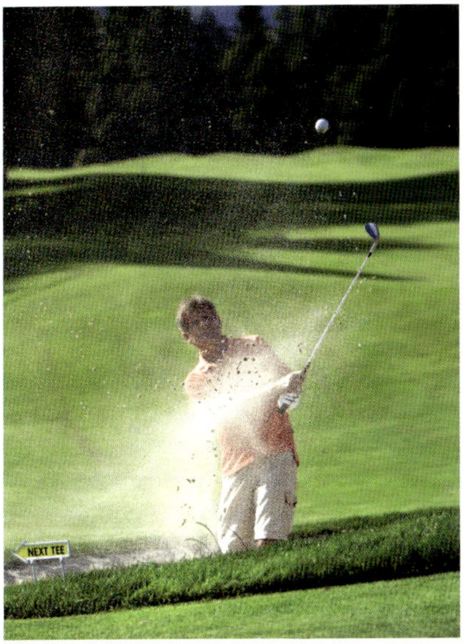

Auch bei Schlägen z. B. aus dem Bunker auf eine Pre-Shot-Routine achten.

Jim Loehr *(2001, S. 85)* unterscheidet 4 Phasen, die du nach deinen Bedürfnissen gestaltest.

1. Reaktionsphase – Reaktion auf den Schlag

Nach einem guten Schlag: Eigenlob. Eine geistige Runde Applaus. Genieße still. Emotionen der Freude durch eine Bewegung, z. B. mit dem Fuß oder der Faust ankern. Ich springe bei einem Birdie auch schon mal vor Freude in die Luft und lasse einen Freudenschrei los.

Nach einem schlechten Schlag: Emotional distanzieren, Lächeln, Wut abbauen, alles Negative abschütteln, den Golfschwung visualisieren, den du eigentlich spielen wolltest. Kurze, selbstkritische Analyse.

Denke daran: Du kannst den letzten Schlag nicht mehr ändern. Es zählt jetzt nur das Hier und Jetzt. Und keinem, auch nicht den Topgolfern, gelingt jeder Schlag.

2. Entspannungsphase

Tief durchatmen, die Umgebung wahrnehmen, sich auf einen vorbeifliegenden Vogel oder einen Golfer auf einem anderen Fairway beim Schlagen konzentrieren, sich auf die eigene Atmung und das Gehen konzentrieren, lachen, Muskeln z. B. mit progressiver Muskelentspannung *(vgl. Kapitel »4. Stress – Entspannung«)* entspannen, trinken und evtl. etwas essen. Ärger und Wut vermeiden. Mit Mitspielern plaudern. Gefühl beim Laufen wahrnehmen.

3. Vorbereitungsphase

Konzentration auf sich selbst. Planung des nächsten Schlags. Positives Selbstgespräch z. B. »Mit Spaß, Vertrauen und Lockerheit schlage ich den Golfball.«

4. Pre-Shot-Routine, Rituale

Psychische Aktivierung. Einleitung der Pre-Shot-Routine durch das Herausnehmen des Schlägers aus dem Bag oder das Zupfen am Polohemd. Positiver und anfeuernder innerer Dialog. Visualisierung der Flugbahn und des Ziels.

9.4 Turnierrituale

Entscheidend für den Erfolg ist oft die unmittelbare Wettkampfvorbereitung (UWV).

Checkliste für die UWV

- Warm up, Seilspringen, Übungen aus der Kinesiologie z. B. »Die liegende Acht«,
- Überkreuzbewegungen
- Rücke den Spaß in den Vordergrund – lachen.
- Realistische und klare Zielsetzung!
- Handlungs-, Mottoziele statt Ergebnisziele z. B. technische Ziele – Ausführungsqualität Falsch: »so gut wie möglich sein«, denn dieses Ziel kann nachher nicht ausgewertet werden.

- Optimale Ernährung, ausreichend Wasser trinken
- Genügend Schlaf
- Konzentration – nicht an den Score denken
- Ablenkende Gedanken ersetzen durch unterstützende Gedanken
- Sich evtl. vor dem Wettkampf abschotten.
- Sich nicht mit den Problemen anderer beschäftigen.
- Ist mein Material in Ordnung? (Golfschläger reinigen, Bälle markieren, Ersatzhandschuhe, Handtuch, Zwischenmahlzeiten, z.B. Banane)
- Raus aus deinem Intellekt. Erlebe das Hier und Jetzt bewusst. Konzentration auf das Körpergefühl. Vertraue dir und deinem Schlag.
- Gestaltung des Wettkampfvorabends
- Zeiteinteilung des Wettkampftages (Aufwachen, gemütliches Frühstück, Dusche, Anziehen, Ausrüstungscheck, Anreise, Einstimmen auf Turnier, Entspannungsübungen, Aufwärmen, Einspielen wie immer und ohne technische Anweisungen, Startzeit)
- Auf die eigene Körpersprache achten.
- Wenn Pro/Betreuer dabei, Absprachen treffen: Der Golfer kommt bei Problemen auf den Pro zu. Der Pro wird in Anspruch genommen, wenn Bedarf besteht.
- Versetze dich in eine Stimmung von Mut und Entschlossenheit – »Ich habe gut trainiert – ich bin gut vorbereitet und freue mich jetzt auf das Spiel.«
- Nervosität akzeptieren
- Positive Selbstgespräche (Affirmationen)

Übung: Bitte schreibe alle Abläufe, die du machen willst, auf – vor jedem Golfturnier und am Turniertag selbst, um dich optimal körperlich und mental auf das Turnier vorzubereiten. Versuche, alles wegzulassen, was überflüssig und nicht notwendig ist (z. B. unnötige Gespräche oder Ablenkungen).

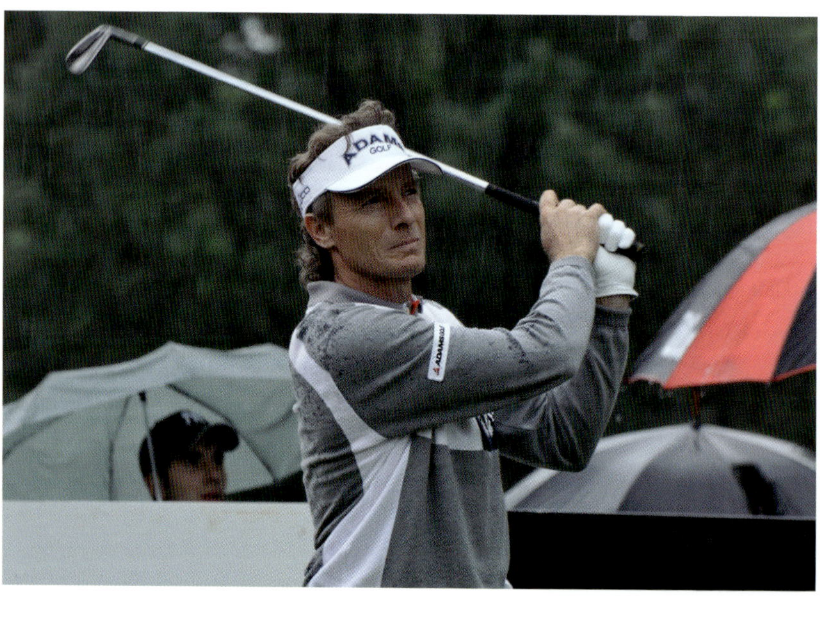

Je näher der Wettkampf rückt, umso wichtiger wird eine erfolgreiche mentale Wettkampfvorbereitung.

Lege schon vor dem Turnier Lösungen und Bewältigungsstrategien fest für ungewohnte Ereignisse, kritische Situationen oder erschwerte Bedingungen. Dein Vorbereitungsplan soll alle Schritte und Rituale beinhalten, die deine optimale körperliche, mentale und taktische Vorbereitung gewährleisten, so dass du mit einem größtmöglichen Selbstvertrauen an den Abschlag gehen kannst.

In dieser individuell gestalteten UWV wird z. B. festgelegt:

- Umgang mit äußeren Bedingungen wie z. B. Hitze, Regen, Kälte
- Kommunikation während des Turniers mit Caddy
- Die gesamte psychische Vorbereitung (Ernährung, ausreichend Schlaf etc.)
- Maßnahmen zur Zustandsoptimierung (emotional, konzentrativ) nach Erfolg und Misserfolg sowie bei unvorhergesehenen Situationen (z. B. Wetterumschwung, Zeitverzögerungen, Unterbrechung des Golfturniers etc.)
- Maßnahmen zur Aktivierung oder zur Beruhigung (PMR, Autogenes Training)
- Wie stärke ich mein Selbstvertrauen?
- Spieltaktik auf dem Platz, Birdiebook vom Platz mit detaillierten Zeichnungen der Spielbahnen mit Entfernungsangaben, Platzstrategie (Wo lauern Schwierigkeiten? Wo Hindernisse? Wo darf ich nicht hinschlagen? Wo ist Raum für einen Fehlschlag?)
- Drehbücher, mentales Training
- Aufmerksamkeitssteuerung
- Platzbedingungen
- Verhalten zwischen den Schlägen
- Umgang mit schlechten Schlägen
- Spiel gegen den Wind
- Pausengestaltung
- Realistische Zielsetzung

Welche Rituale hast du?

- Am Abend vor dem Turnier?
- Beim Vorbereiten deines Materials?
- Beim Packen deiner Tasche (Regenkleidung, Mütze, Handschuhe)?
- Was ziehst du an?
- Am Morgen vor dem Turnier?
- Zwei Stunden vor dem ersten Abschlag?
- Die letzte Stunde vor dem ersten Abschlag?
- Unmittelbar vor dem ersten Abschlag?
- Beim Stretching, Warm Up (ruhig und stressfrei)?
- Was isst und trinkst du vor dem Turnier und während der Mahlzeiten auf der Runde (Bananen, Äpfel, Früchteriegel, Energieriegel)?
- Nach der Golfrunde?

Überprüfe ab und zu deine UWV und verändere diese gegebenenfalls.

»Vor einer Turnierrunde sollte der Golfspieler mindestens 60 Minuten vor seiner Abschlagzeit zum Golfplatz kommen, um eine ruhige, stressfreie Aufwärmphase zu gewährleisten.« *(Rotella 2005, S. 197)* Finde Dein Aufwärm-Ritual.

Spezifische Rituale
Tiger Woods Vorbereitung auf ein Spiel bei Hitze, wenn die Sonne vom Himmel brennt:
(Woods 2006, S. 239)

- »Ich trage bewusst helle Kleidung, nicht jedoch in der Finalrunde: Da ist die Farbe traditionell Rot.
- Dem Dehydrieren beuge ich vor, indem ich viel, sehr viel trinke.
- Ich esse Obst (Äpfel und Bananen) und/oder

Früchteriegel, um meinen Kalium-Haushalt in Ordnung zu halten.

- Einen Teil des Handtuchs halte ich nass und benutze es zur Kühlung. Mit dem anderen Ende trockne ich meine Hände und den Schlägergriff.
  Meine Mütze schützt mich vor der direkten Sonneneinstrahlung.
- Ich brauche mindestens ein halbes Dutzend Handschuhe und wechsele sie praktisch ununterbrochen.
- Ich bewege mich langsamer, um Energie zu sparen.
- Ich konzentriere mich nur auf das, was ich beeinflussen kann – meinen nächsten Schlag. Mit der Hitze zu hadern, bringt nichts.«

9.5 Zusammenfassung

- Nutze die Spielpausen zwischen den Schlägen, um dich körperlich und psychisch zu erholen.
- Halte deine Pre-Shot-Routine konsequent durch.
- Unterscheide zwischen den Schlägen in
  - Reaktionsphase
  - Entspannungsphase
  - Vorbereitungsphase
  - Aktivierung, Rituale, Pre-Shot-Routine

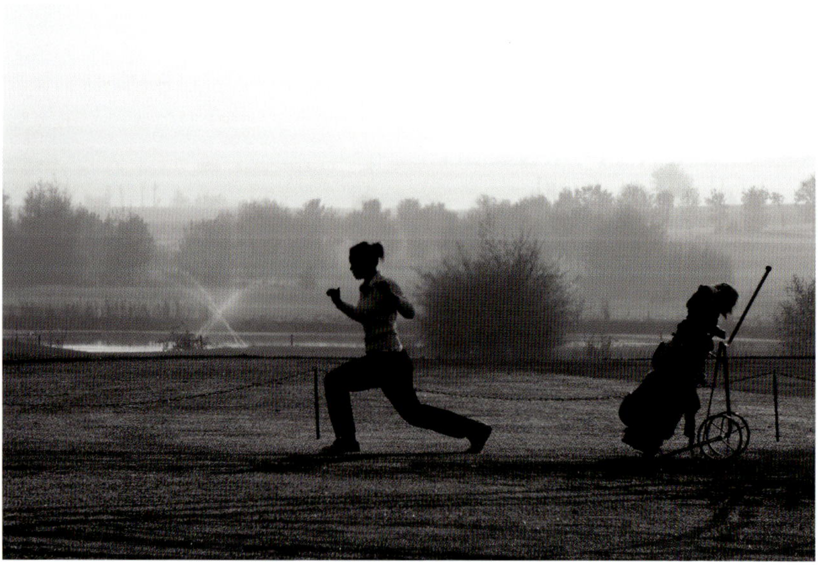

10 Körpersprache

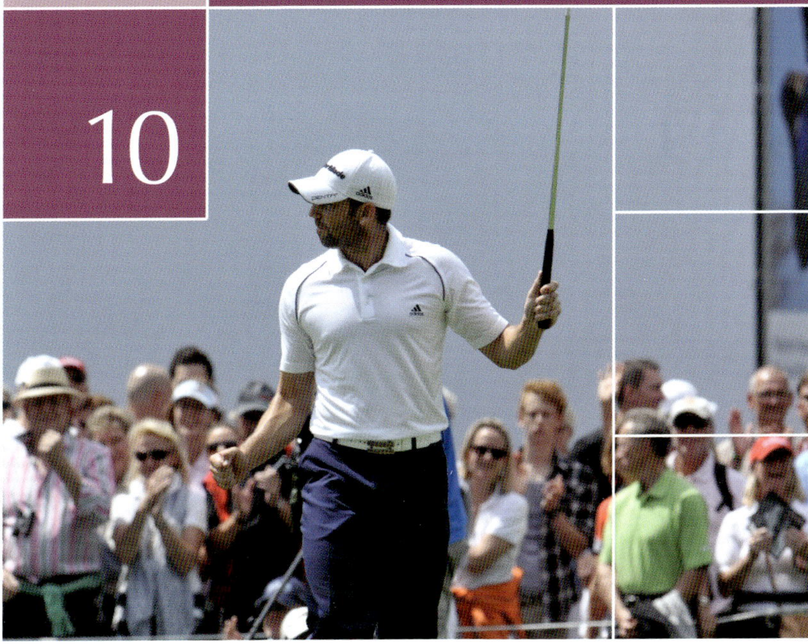

Inwiefern spielt die Körpersprache auf dem Golfplatz eine Rolle? Wie genau beobachtest du deine Körpersprache beim Golfen?

Der Körper ist das Spiegelbild der Seele und deines Innenlebens. Bist du traurig, depressiv, froh, gestresst oder wütend, drückst du dies über deinen Körper, deine Gefühle, innere Stimmung und Grundhaltung aus. Samy Molcho, Pantomime und Lehrer, brachte das einmal wie folgt zum Ausdruck: »Der Körper ist der Handschuh der Seele, seine Sprache das Wort des Herzens.« Mit deinem Körper signalisierst du Unsicherheit, Aggressivität, Überlegenheit oder Souveränität. Aber umgekehrt können wir unsere Gefühle, unser Selbstvertrauen und unsere Motivation auch direkt über den Körper beeinflussen. Lerne daher den bewussten und positiven Einsatz der Körpersprache und -haltung, um dich so in eine positive Stimmungslage zu bringen. Achte ab sofort auf deine Mimik, deinen Stand und deine Armbewegungen. Tritt einer negativen Gefühlslage dadurch entgegen, dass du auf deine Körpersprache achtest. Wichtig: Die positiven Körperhaltungen müssen zu deinem Charakter passen!

Der amerikanische Psychologe Albert Mehribian beschreibt in seinem Buch »Silent messages«

die Wirkung der Körpersprache mit 55 Prozent, von Tonfall und Stimme mit 38 Prozent und von Fachwissen bzw. Inhalt einer Aussage mit nur sieben Prozent.

Übung: Körpersprache
Wende beim nächsten Üben auf der Driving Range deine Aufmerksamkeit deiner Körpersprache zu.

Die Wechselwirkung zwischen Körpersprache und Seele

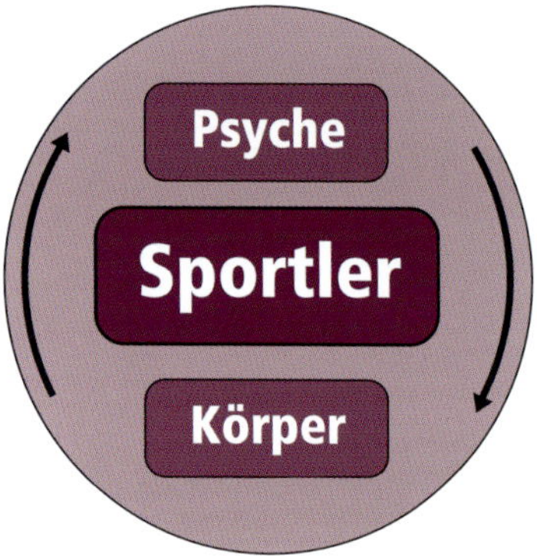

In der Psychologie »Embodiment« genannt. Vielleicht ging es dir schon einmal nicht gerade gut, du warst vielleicht depressiv verstimmt oder hast dich in Gesellschaft eines Menschen befunden, dem es nicht gut ging. An einem depressiven Menschen oder an einem Menschen in einer pessimistischen Stimmung können wir ganz genau beobachten, wie sich die Gefühlslage unmittelbar in der Körperhaltung, der Stimme, der Mimik, Gestik und im Blickkontakt niederschlägt. Ein depressiver Mensch redet leise und monoton. Sein gesamter Bewegungsablauf ist verlangsamt, seine Mimik ist wie versteinert, seine Gestik erstarrt, sein Körper ist gebeugt, der Händedruck beim Begrüßen schwach. Er ist nicht fähig, Blickkontakt zu uns aufzunehmen, sondern schaut auf den Boden.

Wie fühlst du dich mit gesenktem Kopf, gebeugtem Rücken und herunterhängenden Schultern zum Beispiel nach einem ins Aus geschlagenen Abschlag?

Auf der anderen Seite hast du dich sicher auch schon einmal in einer Hochstimmung befunden: Du hättest am liebsten die ganze Welt umarmt und einen Luftsprung gemacht. Deine Körperhaltung ist automatisch eine aufrechte. Deine Stimme kräftig und bestimmt. Du strahlst und lachst andere Menschen an. Du fühlst dich energiegeladen und selbstbewusst. Und wenn wir uns selbstbewusst fühlen, demonstrieren wir auch Selbstbewusstsein.

Charles M. Schulz lässt in seiner Comicserie seinen Helden Charlie Brown an einer Stelle sagen: *»Wenn du depressiv bist, dann macht es einen großen Unterschied, wie du dastehst. Das Schlimmste, was du tun kannst, ist aufrecht zu stehen und den Kopf hochzuhalten, weil dann fühlst du dich sofort besser. Wenn du deine Depression so richtig genießen willst, dann musst du Schultern und Kopf nach vorne hängen lassen.«*

Unsere Körperhaltung beeinflusst und verstärkt unsere Stimmung.

Auf das Zusammenspiel zwischen »Körper und Geist« nach innen und nach außen kannst du dich verlassen. Es lohnt sich, ein wenig Mühe und ein paar Minuten täglich darauf zu verwenden. Es gibt viele Möglichkeiten, Körpersprache zu trainieren. Lerne alte Programme der Unsicherheit mit einem neuen Programm zu überschreiben. Einem Programm, das uns auch in kritischen Situationen auf dem Golfplatz automatisch mit einem Schub Selbstvertrauen und positiver Ausstrahlung versorgt. Das lässt sich schnell umsetzen.

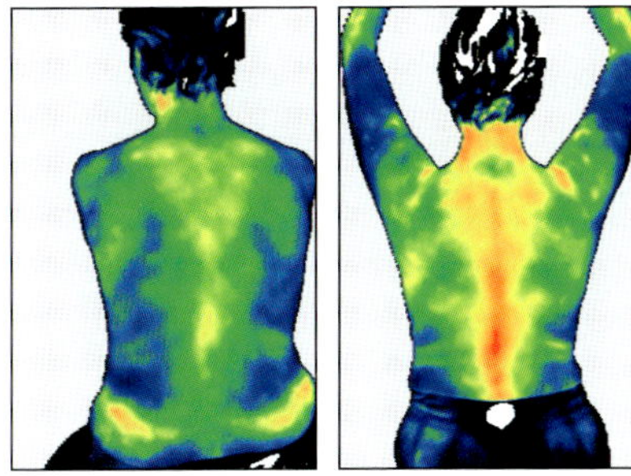

rechts: Darstellung der Wechselwirkung von Körper und Psyche mit Infrarot-Thermographie. Durch negative Erinnerungen in eine pessimistische Stimmung versetzt und resignierte Haltung (Bild links). Durch bewusstes Aufrichten des Beckens und Dehnung kehrt Zuversicht und Selbstvertrauen zurück und somit entsteht eine vollkommen andere Wärmeverteilung im Körper (Bild rechts).

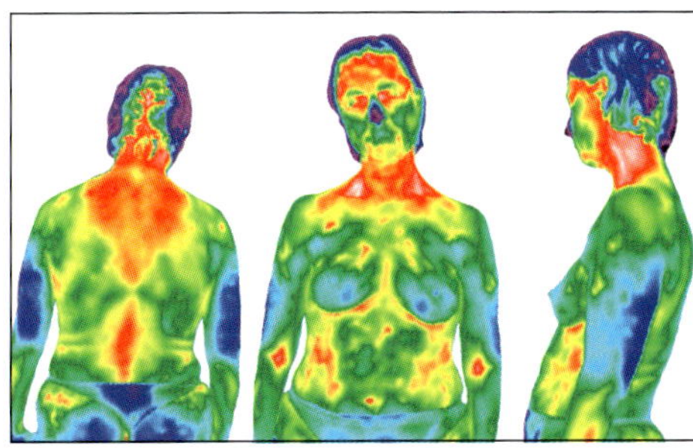

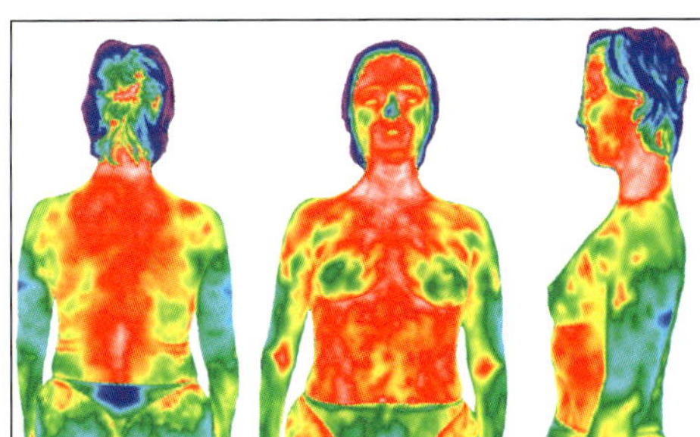

rechts Mitte und unten: Darstellung der Wechselwirkung von Körper und Psyche mit Infrarot-Thermographie. Themen wie Depression, Aufgeben, Mutlosigkeit drücken sich in einer gekrümmten Körperhaltung und einseitiger, punktueller Wärmeverteilung aus (3 Bilder rechts oben). Durch bewusstes Aufrichten entsteht eine vollkommen andere Wärmeverteilung im Körper (3 Bilder rechts unten).

(Abbildungen aus: Storch/Cantieni/Hüther/Tschacher: Embodiment. Die Wechselwirkung von Körper und Psyche verstehen und nutzen, Verlag Hans Huber, 2006, ISBN 978-3-456-84837-2)

Sei ein guter Schauspieler. »Wenn Sie sich verhalten, als ob Sie ein bestimmtes Gefühl hätten, haben Sie dieses Gefühl am Ende auch wirklich. Dass ein Verhalten »als ob« genauso wirkungsvoll ist wie ein tatsächlich vorhandenes positives Gefühl, liegt teilweise daran, dass – soweit es die Physiologie betrifft – die Chemie eines vorgetäuschten Gefühls mit der eines echten Gefühls identisch ist.« *(Savoie 2006, S. 35)*
Wenn man dich an ein Biofeedbackgerät anschließt, das die biologischen Gehirnwellen und den Herzschlag misst, wird das Gerät das Gleiche aufzeichnen, ob du nun ein Gefühl vortäuschst oder ob du das Gefühl tatsächlich hast.
Tue alles auf dem Golfplatz, was ein selbstsicherer Mensch macht, und du fühlst dich selbstsicher.

Diese Technik ist trainierbar, sodass wir sie jederzeit in Sekundenschnelle abrufen können. Dann reagieren und handeln wir selbstsicher.

Beginne jetzt:
Stelle dir nun vor deinem inneren Auge eine Situation beim Golfen vor, in der du z. B. mehr Selbstsicherheit brauchst. Die Aufgabe lautet: Tu so, als ob du dich jetzt in dieser Situation befändest und in dem Gefühlszustand, den du an-

strebst, denn dann wirst du das gewünschte Gefühl verspüren. **Hier einige Tipps:**

- Richte dich auf, stelle dich gerade hin.
- Atme kräftig und tief durch.
- Straffe die Schultern und nimm diese ein wenig nach hinten bzw. zurück.
- Erhebe deinen Kopf, richte deinen Blick nach vorne.
- Richte dich zu deiner vollen Größe auf.
- Suche guten Bodenkontakt über den gesamten Fuß.
- Lockere deine Gesichtsmuskulatur.
- Lächle freundlich, mache Scherze.
- Achte auf deinen Gang zwischen den Schlägen.

Gehe selbstsicher
Ein selbstsicherer Gang muss nicht zwingend schnell sein, er kann ebenso entspannt, leicht federnd und lässig sein. Oder aber flott, entschlossen, energisch und aufrecht. Er muss zu dir passen und deinen physischen Voraussetzungen entsprechen. Experimentiere. Finde eine Körperhaltung, Physiologie bzw. einen Gang, der dir Selbstvertrauen gibt.

Was sagt dein Gang über deine Bodenhaftung, deine Art, sich im Leben vorwärtszubewegen, und den nächsten Schlag? Gehe über den Platz und experimentiere zum Beispiel mit einem kraftvolleren und schnelleren Schritt. Finde die Gangart, bei der du dich angeregt, aber nicht gestresst fühlst.

Beobachte, wie dein Selbstvertrauen dabei steigt. Wiederhole diesen inneren Film so oft, bis er so reibungslos abläuft, dass du dich sicher fühlst. Wenn die vorweggenommene Situation eintrifft, achte darauf, wie gut dein Programm abläuft und was noch besser laufen könnte.

Stabilität und Gleichgewicht

Ich hatte letztes Jahr ein Problem mit meinem Stand und meiner Standfestigkeit während des Durchschwungs. Eine Videoaufnahme zeigte, dass ich mich auf meine Zehen stellte und die Ferse vom Boden hob. Was zu schlechten Schlägen führte.

Was tun? Ich stelle mir in der Pre-Shot-Routine meine Füße als eine ganz breite Fläche vor, die tiefe Wurzeln in der Erde hat. So verankere ich meine Füße im Schwung und stehe fest und stabil.

Zur Kontrolle lasse ich manchmal meinen Stand und meine Stabilität von einem Mitspieler durch für mich überraschendes Bewegen meines Oberkörpers testen. Er versucht, mich dabei aus meinem Gleichgewicht zu bringen.

Stimmt es mit deiner Körperbalance? Wie trainiere ich mein inneres Gleichgewicht?

Denn du solltest als Golfer auch deinen Gleichgewichtssinn ständig trainieren. Balance-Übungen sorgen nicht nur für das gute Zusammenspiel von Muskeln und Nervensystem, sie helfen dir auch auf dem Golfplatz, dein Gleichgewicht zu halten. Durch die Balance-Übungen werden deine Bewegungen sicherer, deine Reaktionen schneller und das Verletzungsrisiko sinkt.

Übung Einbeinstand: Ich stehe aufrecht und stelle mich auf ein Bein, hebe das andere Bein auf Kniehöhe und wende den Blick nach oben in den Himmel. Dann schließe ich die Augen. Somit wird dein Sehsinn ausgeschaltet. Entspanne bei der Übung.

Spüre, wie deine Bein- und Fußmuskeln arbeiten, um deinen Körper im Gleichgewicht zu halten. Wackelst du? Durch häufiges Üben wird es dir im Laufe der Zeit immer länger gelingen, das Gleichgewicht zu halten. Dies ist auch eine super Übung zur Stärkung der kurzen Rückenmuskulatur zwischen den einzelnen Wirbeln und somit sehr rückenfreundlich.

Mache die Übung jeweils mit dem rechten und mit dem linken Bein.
Im nächsten Schritt stelle ich mich auf ein »Wackelbrett« und wiederhole den Einbeinstand. Darauf müssen alle Muskeln des Körpers, von Fuß bis Kopf, korrigierend eingreifen, um Gelenke zu stabilisieren und die Balance zu halten.
Als Ersatz für ein Wackelbrett kannst du auch ein härteres Kopfpolster oder eine zusammengerollte Gymnastikmatte verwenden.

Weitere Übungen, um das Gleichgewicht zu schulen:

- Werfen von Bällen vom Wackelbrett aus
- Putten vom Wackelbrett aus
- Einbeinig Bälle schlagen
- Einarmig Bälle schlagen
- Mit geschlossenen Füßen Bälle schlagen.

Zurück zur Körpersprache

Wenn ich dich neugierig gemacht habe, kannst du dich im Training in der folgenden Übung *(im Kasten unten)* nun einmal ganz bewusst auf deine **Körpersprache** konzentrieren.

Wiederhole diese einfache Übung immer wieder, denn nur regelmäßiges Üben und Wiederholen bringt etwas.

Achte vor allem vor und während eines Turniers auf deine Körperhaltung. Nimm bewusst die Körpersprache eines Siegers ein, um einer möglichen negativen Grübelspirale zu entkommen und in einen positiveren Zustand zu gelangen. Achte darauf, dass du gerade nach schlechten Schlägen, einem verkorksten Loch und negativen Erlebnissen keine negative Körperhaltung und Mimik einnimmst. Keinen nach unten gerichteten Blick. Denn das würde deine negativen Emotionen nur verstärken.
Hast du dir schon mal überlegt, wie du auf deine Mitspieler wirkst? Wenn du mit hängendem Kopf und wütend über den Platz gehst, offenbarst du deinem Gegner Unsicherheit und kannst diesen dadurch ungewollt im Lochspiel

Übung: Innere Einstellung durch Körpersprache spiegeln – beim Putten/am Abschlag

Tu so als ob und gehe zuerst an den Abschlag wie ein Mensch, der von seinem Misserfolg und seiner Blamage überzeugt ist, fühle dich wie ein Verlierer. Oder wie ein Mensch, der bedrückt ist aufgrund einer schlechten Nachricht. Eingesunkener Brustkorb, hängende Schultern, Mundwinkel nach unten, gequälter Gesichtsausdruck. Schleppender und schlurfender Gang. Mache mit dieser inneren Stimmung und Körperhaltung mindestens fünf Schläge.

Und nun in die andere Richtung: Nimm die Haltung eines Siegers/Champions ein.
Gehe voller Selbstvertrauen, Selbstsicherheit, mit Erfolgszuversicht und mit einer positiven Ausstrahlung, Blick nach vorne und einem Lächeln auf den Lippen an den Abschlag. Mache wieder mindestens fünf Schläge. Und nimm dich dabei wahr, spüre deinem Körper nach, was hat sich verändert? Wie sind deine Ergebnisse? Fühlst du dich ein wenig optimistischer und selbstsicherer? Bist du so nicht ruhiger, gefasster und konzentrierter?
Viel Spaß!
Jetzt versuche in dieser Körperhaltung, dir ein negatives Ereignis in Erinnerung zu rufen. Geht das? Fällt es schwer?

enorm aufbauen. Zeige daher von Anfang an Selbstbewusstsein und (vermeintliche) Stärke. Hast du schon mal erlebt, dass es dir in dem Maß besser ging, in dem dein Gegner die Kontrolle über seine Emotionen und sich selbst verloren hat?

Kleidung, Outfit: Trage auf einem Turnier Kleidung, in der du dich wohlfühlst und die dich nicht einengt.

Hier noch ein Ergebnis aus der Forschung: »Das Spiel der Gesichtsmuskulatur steuert die Gefühlslage«, so lautet das Ergebnis einer Untersuchung des Mannheimer Psychologen Fritz Strack. Strack zeigte seinen Versuchspersonen Cartoons, wobei die eine Gruppe der Versuchspersonen dabei einen Stift zwischen den Lippen hatte, die andere einen Stift mit den Zähnen hielt. Nur diejenigen, die den Stift mit den Zähnen hielten, amüsierten sich prächtig.
Das Experiment zeigt: Menschen, die eine freundliche Miene aufsetzen, erzeugen bei sich selbst gute Laune und positive Gefühle. Die Erklärung hierfür ist: Wird der Bleistift zwischen den Lippen gehalten, wird dadurch ein Muskel mit dem Namen orbicularis oris aktiviert. Diese Aktivierung verhindert die Aktivierung eines anderen Muskels, der für das Lächeln sehr wichtig ist. Durch den Lippen-Stift wird Lächeln also verhindert, der Blutfluss zum Gehirn ist gehemmt und die heitere Stimmung auslösenden Botenstoffe werden nicht transportiert. Bei froher Miene fließt das Blut ungehindert.

10.1 Lächeln hilft

Insgesamt 18 verschiedene Arten von Lächeln unterscheiden die Verhaltensforscher heute.
Ein erstes kurzes Hochziehen deiner beiden (!) Mundwinkel bewirkt Entspannung, eine heitere und auflockernde Grundstimmung, und ein positives Gefühl stellt sich im ganzen Körper ein: An was erinnert dich Lächeln? An Fröhlichkeit? Automatisiere ein leichtes Lächeln. Setze einen besonderen Marker und hänge beispielsweise einen »Smiley« an dein Golfbag. Oder stecke einen in deinen Geldbeutel, klebe ihn an deinen Computer-Bildschirm, auf deinen Laptop, auf dein Telefon oder an die Kühlschranktür. Der Smiley erinnert dich jedes Mal, wenn du diesen ansiehst, ans Lächeln. Wenn du dies trainiert und automatisiert hast, dann genügt dir bereits die Vorstellung, ein Lächeln nach innen, um lockerer zu werden.

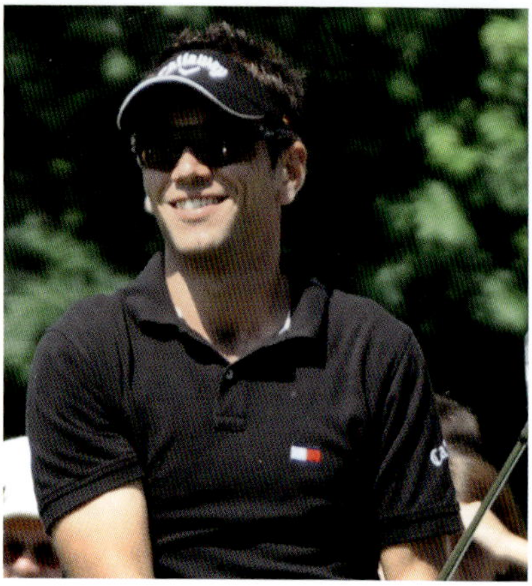
Lächeln als positiver Impuls

Verkrampfte Golfer erkenne ich an ihren Gesichtszügen und der Mimik rund um den Mund. Beißt du aufgrund von Stress und starker Konzentration die Zähne, zum Beispiel beim Durchschwingen, extrem fest zusammen? Bitte mal einen Mitspieler, besonders auf deinen Mund und Kiefer zu achten und dir ein Feedback zu geben. Denn durch das feste Beißen verspannen sich die Kaumuskeln. Diese sind direkt mit den Hals-, Nacken- und Schultermuskulatur verbunden. Verspannte Schulter- und Nackenmuskeln gehen ins Kreuz: Die Verspannung zieht bis in den Rücken und die Knie und beeinträchtigt den ganzen Körper. Und dann versuche mal, einen guten Schlag zu machen. Daher achte darauf, dass du den Mund beim Spielen leicht geöffnet hast. So kannst du deine Leistung steigern.

In anderen Sportarten wie zum Beispiel Fußball (Torwart), Leichtathletik, Handball, Tennis, Eishockey, Basketball, Kampfsport und Reitsport kommen Zahnschienen, sogenannte DPS-Schienen, zum Einsatz, die den Ober- und Unterkiefer fixieren und Verspannungen durch falsches Beißen verhindern. Versuch's mal und trainiere mit einer solchen Schiene. Ist zwar am Anfang etwas unangenehm, weil ungewohnt, das gibt sich aber. Dein Schwung wird besser.
Negative Gedanken wirken sich auf Gestik und Mimik aus. Verschiedene Muskeln beginnen sich anzuspannen und zu verkrampfen. Das Zusammenspiel der an den Bewegungen beteiligten Muskelgruppen gerät ins Stocken, der Bewegungsfluss geht verloren und das Ergebnis wird zum Zufallsprodukt. Die Muskelspannung ist viel zu hoch und die falschen Muskeln sind zum falschen Augenblick aktiviert.
Daher »schaffe« mit deiner Physiologie Gefühle.
Ein wesentlicher Beitrag, um Muskulatur zu lockern, unsere Stimmung zu verbessern und aufzuheitern, kommt dabei der Stirnmuskulatur zu. Die Entspannung dieser Muskeln überträgt sich schnell auf andere Muskelgruppen. Diesen positiven Aspekt macht man sich beispielsweise auch bei der Spannungskopfschmerz-Therapie zunutze.

Beim Lachen werden nahezu 300 verschiedene Muskeln (exakte Zahl jedoch nicht geklärt) aktiviert, wie der große Jochbeinmuskel (er hebt den Mundwinkel nach oben, seitlich, in der

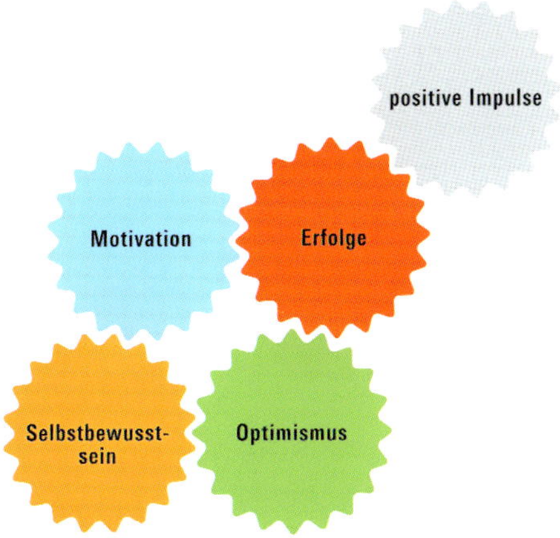

Lächeln im Gesicht als positiver Impuls

Mimik drückt seine Kontraktion Lachen oder Vergnügen aus), der kleine Jochbeinmuskel, der Lachmuskel, der Backen- oder Trompetermuskel (ermöglicht das Ausblasen der Luft, zieht die Mundwinkel nach außen, wirkt bei Lachen und Weinen mit, Gesichtsausdruck zeigt Genugtuung). Durch das Bewegen dieser Muskeln wird ein positives Signal direkt zum Großhirn geleitet. Serotonin wird frei, eine chemische Substanz, die gute Gefühle hervorruft und ein Arbeiten auf Höchstform ermöglicht. Das Verhalten »Lächeln« löst in unserem Gehirn Erinnerungen aus, die bis in die Kindheit zurückgehen und positiv besetzt sind. Bereits nach wenigen Sekunden werden negative Gefühle von positiven Gefühlen überlagert. Du bist zwischen den Schlägen gelöster.

Lerne, deinen Gesichtsausdruck zu kontrollieren, diesen in negativ besetzten Stresssituationen zu verändern und in einen entspannten, lockeren, optimistischen »umzuwandeln«.
Minutenlanges Lachtraining zum Beispiel am Morgen vor dem Spiegel ist eine geeignete Trainingsmaßnahme – Minimum: 30 Sekunden.

Lächeln und Lachen hilft aber nicht nur auf dem Golfplatz. Sprichwörter und Sätze wie: »Lächle, und die Welt lächelt zurück« oder »Humor ist der beste Gegenspieler der Angst« (ausgesprochen von Viktor Frankl, einem der Urväter der Lachtherapie) untermalen dies. Das Wissen um das Lachen ist nicht neu. Wie amerikanische Wissenschaftler mittels Magnetresonanztomographie neuestens bewiesen haben, stärkt Lachen das Immunsystem, steigert die Ausschüttung körpereigener Glückshormone (Endorphine), wirkt stressabbauend – und steht dir jederzeit zur Verfügung. Seit den 1970er Jahren beschäftigen sich Wissenschaftler mit den körperlichen Auswirkungen des Lachens. Diese Forschungsrichtung nennt sich Gelotologie – abgeleitet von Griechisch »gelos = lachen«. Die Gelotologen fanden heraus, dass herzhaftes Lachen zahlreiche Stoffwechselfunktionen positiv beeinflusst.

Wir lachen nicht, weil wir glücklich sind – sondern wir sind glücklich, weil wir lachen!
(Dr. Madan Kataria)

Allerdings: Unsere Leistungsgesellschaft hat das Lachen verlernt. Konkurrenzdruck, Neid, Anspannung stehen im Vordergrund. Lachen? Lachen ist nicht nur positiv besetzt, sondern auch negativ. Lachen heißt auch »auslachen« oder »ausgelacht« werden. Viele deutsche Manager haben ihr Lachen verloren. »Wer lacht, der arbeitet nicht.« oder »Erst die Arbeit, dann das Vergnügen.« oder »Ein humorvoller Chef ist keine Führungspersönlichkeit.«, so lauten »lachfeindliche« Sätze. Dabei können Lachen, Humor und fröhliches Auftreten zur Verbesserung des innerbetrieblichen Klimas und der sozialen Strukturen, zur Förderung der Teamarbeit, Kooperations- und Teamfähigkeit, als Strategie gegen Mobbing und zur Verbesserung der Kritikfähigkeit beitragen. Humor fördert die Kreativität der Mitarbeiter, entschärft Konflikte und sorgt für ein angstfreies, offenes Arbeitsklima.

Konkrete Anwendung:
Wenn du auf dem Platz zu grübeln beginnst, dann ziehe sofort die Mundwinkel nach oben und neutralisiere so Gefühle wie zum Beispiel Angst oder Ärger.

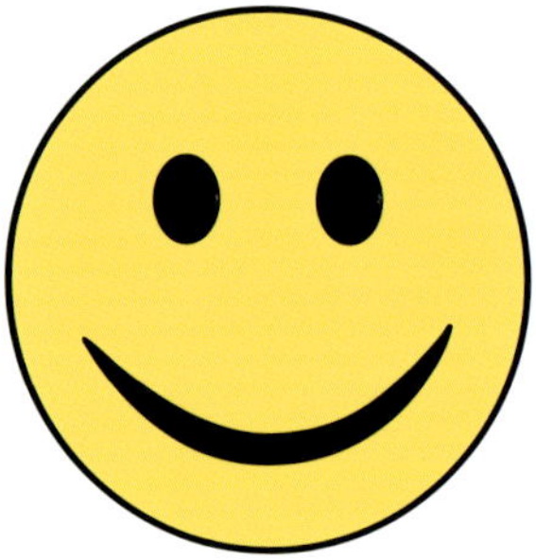

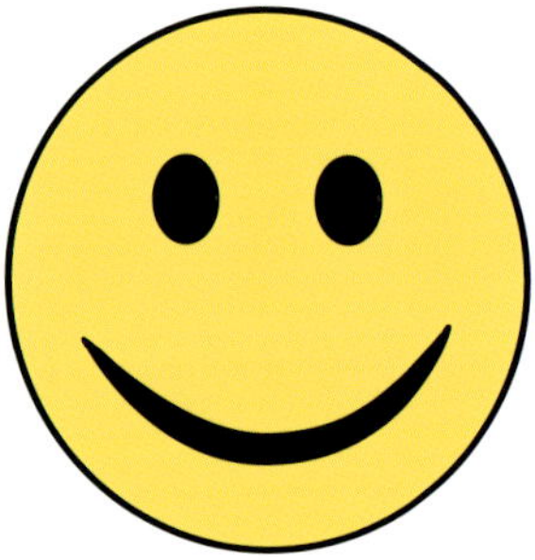

Schlusswort – »Zeit geben«

11

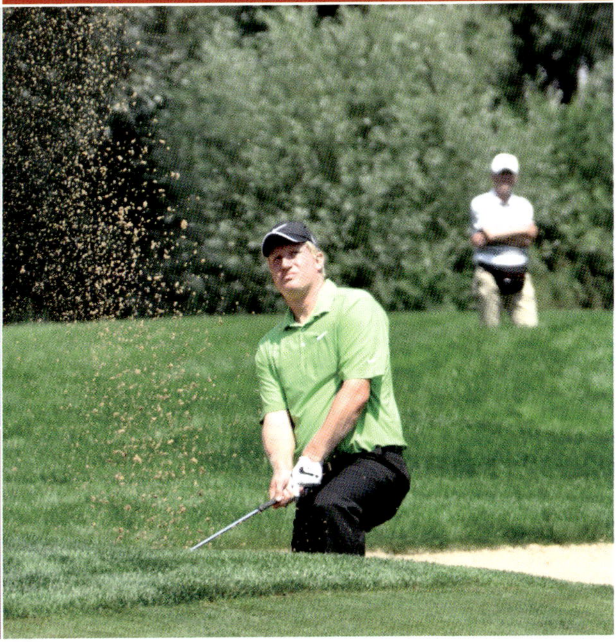

Ja, die Ungeduld, besonders wenn man schon lange keine echt gute Runde mehr zurückgelegt hat! Ich verstehe dich sehr gut. Wenn du deine Technik umgestellt hast, erwartest du auch, dass deine Turnierstarts erfolgreich sind? Oder? Und wie ist es beim mentalen Training? Du besuchst einen Kurs oder kaufst dir ein Buch und schon erwartest du, dass all deine mentalen Probleme wie weggeblasen sind?

Leider geht es nicht so schnell. Das Gehirn ist ähnlich wie ein Muskel. Wenn du ins Fitnessstudio gehst, hast du auch nicht gleich nach drei Stunden Training Muskeln wie Schwarzenegger oder eine Kondition wie ein Marathonläufer. Dein Körper braucht eine gewisse Zeit, um sich umzustellen und besser zu werden. Du kannst auch nichts anderes von deinen Gedankenaktivitäten, die ja nichts anderes als Aktivitäten deines »Hirnmuskels« sind, erwarten.

Gib dir Zeit. Diese Zeit kannst du aber auch genießen und dich über jeden kleinen Schritt freuen. Stufe für Stufe hinaufklettern zur mentalen Sicherheit. Dies ist eines der Geheimnisse. Deine zukünftige mentale Beständigkeit nicht nur im Golfsport, sondern in vielen anderen Lebensbereichen wird es dir danken.

Individuelle Aspekte können in einem Buch nie berücksichtigt werden und ein persönliches Coaching-Gespräch oder den Besuch eines Seminars natürlich nicht ersetzen. Ich habe meine langjährige Erfahrung eingebracht, um dieses Arbeits- und Übungsbuch zusammenzustellen, das dir hoffentlich wertvolle Impulse geben wird. Vielleicht hat all dies dein Interesse geweckt, intensiver mit einem Mentaltrainer zusammenzuarbeiten oder mit mir in Kontakt zu treten.

Ich freue mich über Feedback und Anregungen zu diesem Buch.

Viel Spaß auf deiner »Reise« zu deinem persönlichen Erfolg wünscht dir

Antje Heimsoeth
info@sportnlpacademy.de

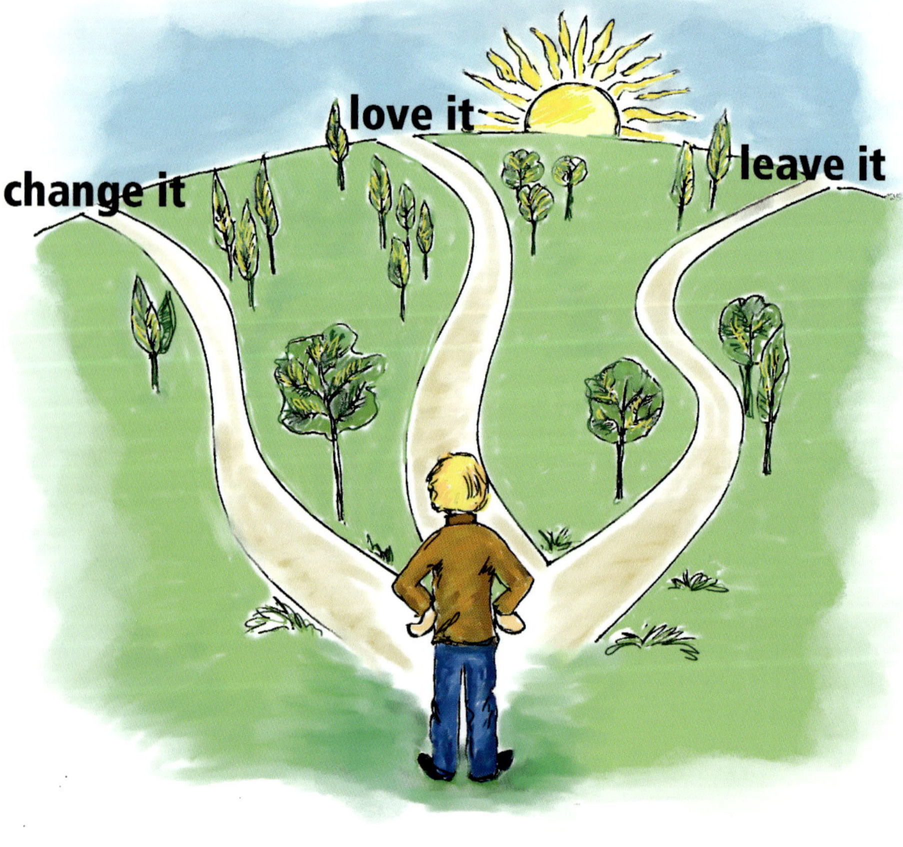

12 Anhang

Mein »Stärkenstrauß«

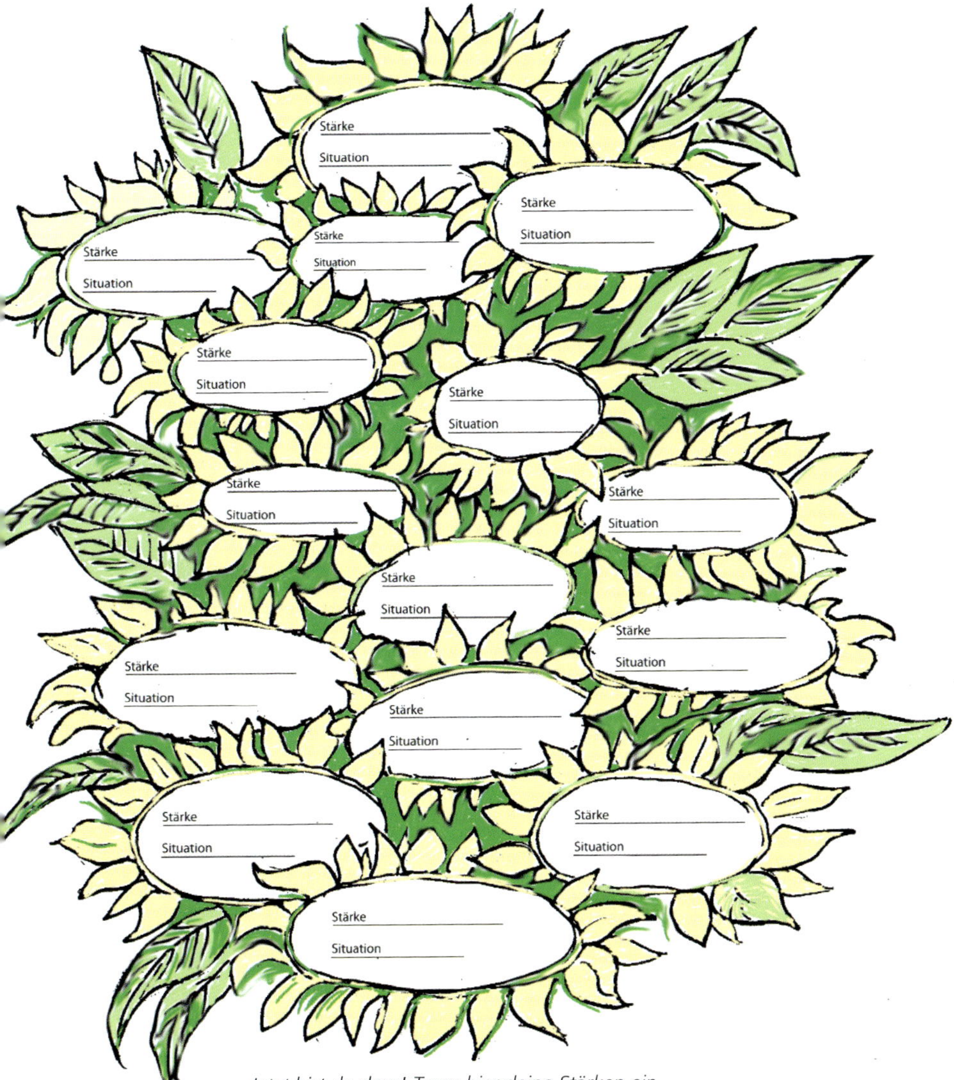

Jetzt bist du dran! Trage hier deine Stärken ein.

Wettkampfprofil

	1 2 3 4 5 6 7 8 9 10	
ausgeglichen		launisch
unerschütterlich (schnelle emotionale Erholung)		irritierbar (langsame emotionale Erholung)
kämpferisch		nicht kämpferisch
selbstvertrauend		unselbständig
zielbewusst		schwankend
aktiv		passiv
zuversichtlich		unsicher
geduldig		ungeduldig
diszipliniert		undiszipliniert
optimistisch		pessimistisch
verantwortungsbewusst		verantwortungslos
realistisch		unrealistisch
standfest		ängstlich
konzentriert		unkonzentriert
abgeklärt		unreif
motiviert		unmotiviert
emotional flexibel		emotional unbeweglich
gut im Problemlösen		schlecht im Problemlösen
risikobereit		nicht bereit zu Risiken
schauspielerisch versiert		schauspielerisch unbedarft
ausgeprägte Körpersprache		unausgeprägte Körpersprache
locker		verkrampft
energiegeladen		energielos
körperlich fit		körperlich nicht fit

links: Wettkampfprofil (modifiziert nach Loehr 2001, S. 42–43)

Bestimme, wie die Ausprägungen der untenstehenden Begriffe auf einer Skala von 10–1 auf dich zutreffen (z. B. 10 = ausgeglichen und 1 = launisch)! Trage diesen Wert in der Mitte ein.

Beschreibe dabei dein Verhalten beim Sport und nicht das deines Alltags. Sei kritisch und zeichne ein genaues Porträt davon, wie du dich im Wettkampf verhältst.

Auswertung:

Jeder Punkt, der mit 7 oder höher bewertet ist, bedeutet eine Stärke, eine Bewertung von 4 oder weniger eine Schwäche.

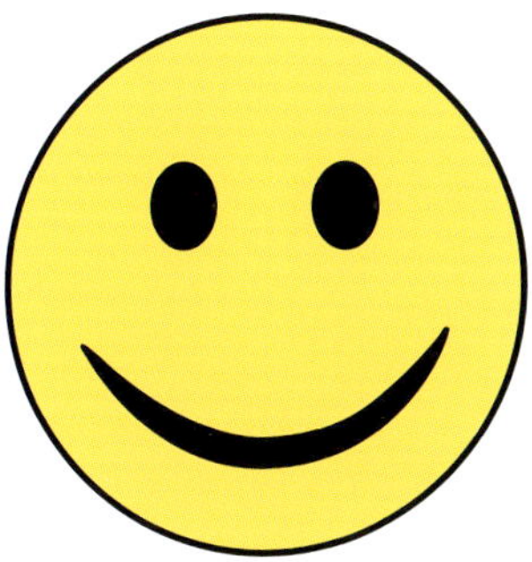

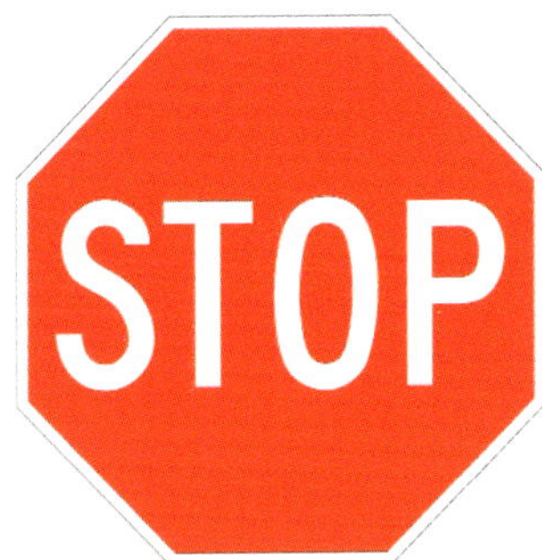

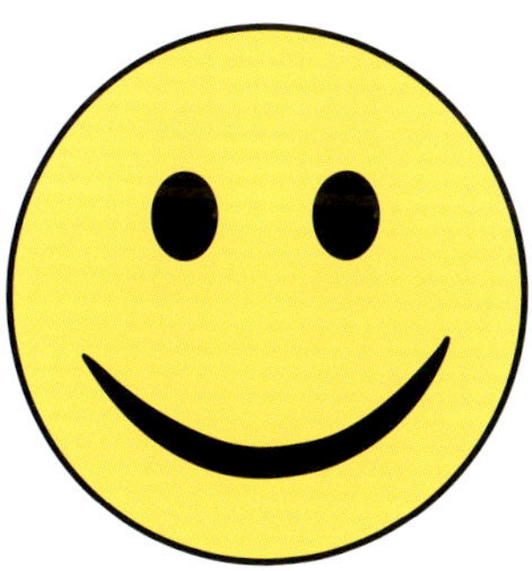

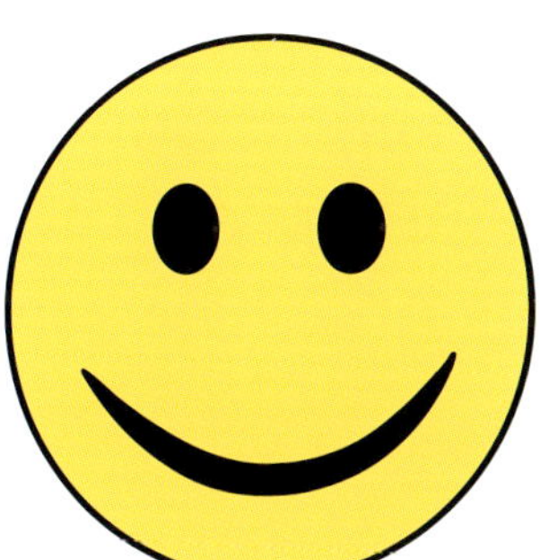

Die goldenen Feedback-Regeln

- Ich-Botschaften
- Zeitnah
- Konstruktiv
- Kurz
- Sachlich
- Konkret
- Verhaltensorientiert

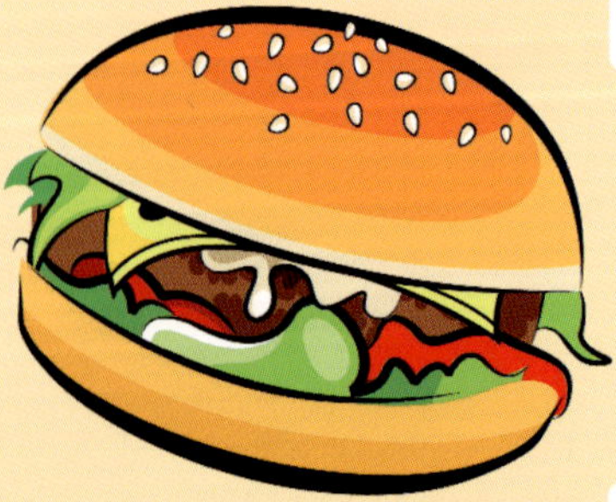

Was genau war gut?

Was genau ist wie zu verbessern?

Worauf kannst Du in Zukunft bauen?

13 Literatur

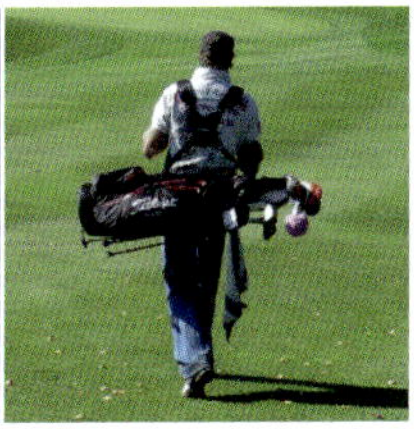

ALFERMANN, D.: Anwendungsfelder. In: Gabler, H./Singer, R./Nitsch, J. R.: Einführung in die Sportpsychologie. Teil 2. Hofmann 1993

AMLER, W./BERNATZKY, P./KNÖRZER, W.: Integratives Mentaltraining im Sport. Meyer & Meyer Verlag 2006

BANDURA, A.: Lernen am Modell. Klett 1976

BAUMANN, S.: Psychologie im Sport. Meyer & Meyer Verlag 1993

BLANCHARD, K.: Der Minuten-Golfer. Jahr 1997

BRAND, R./EHRLENSPIEL, F./GRAF, K.: Wettkampf-Angst-Inventar WAI. Sportverlag Strauß 2009

BRICKENKAMP, R.: Handbuch psychologischer und pädagogischer Tests. 2. vollständig überarbeitete und erweiterte Auflage. Hogrefe 1997

CROWCROFT, S.: Kagami Golf. Der natürliche Weg zu gutem Golf. Kosmos 2005

CSIKSZENTMIHALYI, M.: Flow im Sport. Jossey 2000

DR. PUTT: Yips and Choking: Not the same!. URL: www.drputt.com/deardrputt/Yips.php (07.05.2014)

EBERSPÄCHER, H.: Mentale Trainingsformen in der Praxis. Ein Handbuch für Trainer und Sportler. Sportinform 1992

EBERSPÄCHER, H.: Sportpsychologie. Grundlagen, Methoden, Analysen. Rowohlt 1993

EBERSPÄCHER, H.: Gut sein, wenn's drauf ankommt – Die Psycho-Logik des Gelingens. Hanser 2004

EBERSPÄCHER, H.: Mentales Training. Das Handbuch für Trainer und Sportler, 8. Auflage, Copress: 2012

FRESTER, R./WÖRZ, TH.: Mentale Wettkampfvorbereitung, Vandenhoeck & Ruprecht 1997

GALLWAY, W.T.: Inner Game of Golf. Die Idee vom Selbstcoaching. 3. Auflage. Alles Im Fluss Verlag 2007

HAUSER, M.: Befreit Golfen. Mit der Goa-Methode zum Erfolg. VAK Verlags GmbH 2003

HEULER, O.: Jenseits der Scores. Der Weg des Meisters beim Golfspiel. Golf-Forum 2002

HÜPPER, G.: Handbuch des Golfspiels. Heel 1994

LAU, A./STOLL, O./WAHNELT, S.: Mentales Training im Basketball. Ein Handbuch für Spieler und Trainer. 4. Auflage, Afra-Verlag 2002

LINDEMANN, H.: Einfach entspannen – Psychohygiene-Training. Heyne 1985

LINZ, L.: Erfolgreiches Teamcoaching. Ein Team bilden – Ziele definieren – Konflikte lösen, 4. Aufl. Meyer & Meyer 2014

LOEHR, J.E.: Die neue mentale Stärke. Sportliche Bestleistung durch mentale, emotionale und physische Konditionierung, 7. Auflage, BLV 2012

LOEHR, J. E.: Persönliche Bestform durch Mentaltraining für Sport, Beruf und Ausbildung, 2. Auflage. BLV 1991
LÖTSCHER-GUGLER H.: Lernen mit Zauberkraft. NLP für Kinder. 9. Auflage. Patmos 2013

Mc CORD, G.: Beim Golf putten, chippen und pitchen für Dummies. Wiley-VCH 2009
MERULLO, R.: Golf: eine Leidenschaft fürs Leben. BLV 2001
MÜLLER, I./HOGRÄFER, A.: Die gezielte Entspannung für den Golfer. Christians 1994
MURPHY, M.: Die Kunst, den Ball zu schlagen. Golf und Psyche. Piper Verlag 2002

NEUMANN, J.: Autogenes Golf. BLV 2000
NIDEFFER, R. M.: The Inner Athlete. Mind Plus Muscle for Winning. Cromwell 1976
NITTINGER, N.: Psychologisch orientiertes Tennistraining. Neuer Sportverlag/Neuer Kunstverlag 2008

REISENZEIN, R./MEYER, W.-U./SCHÜTZWOHL, A.: Einführung in die Emotionspsychologie. Band III. Kognitive Emotionstheorien. Huber 2003
RETZER, A.: Passagen. Systemische Erkundungen, 2. Auflage. Klett-Cotta 2002
RHEINBERG, F.: Grundriss der Psychologie, Band 6: Motivation, 8. Auflage. Kohlhammer 2012
RHEINBERG, F.: Intrinsische Motivation und Flow-Erleben. In: Heckhausen J./Heckhausen H. (Hrsg.), Motivation und Handeln. Kapitel 13. 3. überarbeitete u. aktualisierte Auflage. Springer 2006
RUDOLPH, U.: Lehrbuch Motivationspsychologie. Beltz 2002

ROTELLA, B.: Golf ist Selbstvertrauen. Besseres Handicap durch mentale Stärke. 3. überarbeitete Auflage. BLV 2005
ROTELLA, B.: So putten Sieger. Der mentale Weg zum Erfolg. BLV 2002

SAVOIE, J.: Positiv denken – Erfolgreich reiten. Kosmos 2006

TERRY, P.: Mental zum Sieg. Ängste erkennen. Motivation steuern. Sportliche Leistung steigern. BLV 1990
TERRY, P.: Selbstvertrauen. 10 Schritte zur vollkommenen Selbstsicherheit. www.editionxxl.de 2005
TIN CUP: DVD, Warner Brothers 1996
UNESTAHL, L.E.: Golf-Training mental. E. Albrecht Verlags KG 1993

VAITL, D./PETERMANN, F.: Handbuch der Entspannungsverfahren. Band: Grundlagen und Methoden. 2. Auflage. Beltz 2000
VAITL, D./PETERMANN, F.: Handbuch der Entspannungsverfahren. Band: Anwendungen. 2. Auflage. Beltz 2000

WEINER, B.: Motivationspsychologie. 3. Auflage. Beltz 1994
WÖRZ, T.: Mentales Golf. BLV 2003
WOODS, T.: So spiele ich! 3. Auflage, BLV 2006
WORTMANN, S.: Deutschland. Ein Sommermärchen. Das WM-Tagebuch. Kiepenheuer & Witsch 2006

ZERLAUTH, T.: Sport im State of Excellence. Mit NLP und mentalen Techniken zu sportlichen Höchstleistungen, Paderborn: Junfermann 2000
ZIMBARDO, P.G./GERRIG, R.J.: Psychologie, 7. Auflage. Springer 2003

Autorenporträt Antje Heimsoeth

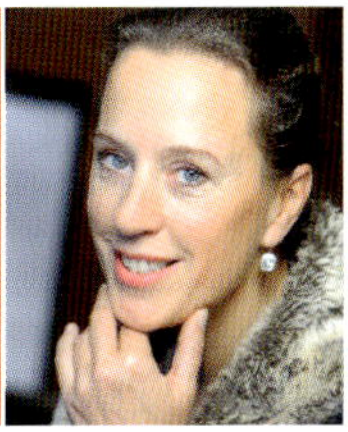

2003 stieg die SportNLPAcademy® in das mentale Training und Coaching (Sport, Gesundheit, Business, Kinder) ein. Seitdem hat Antje Heimsoeth, Gründerin und Leiterin der Sport- & BusinessNLPAcademy, viele internationale Mannschaften und Athleten, Ärzte, Unternehmen und Banken erfolgreich als Mentaltrainerin und Coach begleitet.

Antje Heimsoeth ist Sprecherin und Gründungsmitglied der Fachgruppe Sport (DVNLP).
Sie ist NLP-Lehrtrainerin, DVNLP, Coach, DVNLP, Golf-Fitnesscoach, LernCoach (nlpaed), ECA Sport Coach (Master Competence), wingwave®-Coach, Kinesiologin, Trainerin in Fortbildungsinstituten und Unternehmen, Dozentin an der Hochschule Ansbach. Sie greift zurück auf Methoden aus dem Sportmentaltraining, Lerncoaching, Intuitionstraining, Teamtraining, provokativen Coaching, wingwave®-Coaching, Neurolinguistischen Programmieren (NLP), Klopftechniken (EFT, PU), Mentaltraining, Körper- und Energiearbeit und der Sportkinesiologie.
Unter den Kunden und TeilnehmerInnen unter anderem Sportler und Mannschaften aus folgenden Disziplinen: American Football, Motorcross, Triathlon (Olympia-Siegerin; Ironman), Tanzsport (Europameisterschaft), Basketball (2. Bundesliga, Einzel Nationalmannschaft), Handball (2. Bundesliga, div. Kader), Bogenschießen, Biathlon, Boxen, Reitsport (Welt- und Europameisterschaft, Pony, Western, div. Kader, Bundeskader, Jugend), Eishockey (div. Kader), Fußball (Landes- und Bezirksliga), Frauenfußball (2. Frauenbundesliga), Judo, Tennis (div. Kader), Golf (div. Kader, Epdtour), Feldhockey (div. Kader), Eisstockschießen, Schwimmen (div. Kader), Schießen, Luftpistole, Tischtennis (div. Kader), Mehrkampf, Marathon, Ski Alpin (FIS) und Nordisch, Snowboard, Leichtathletik, Rad (Welt- und Europameisterschaft, RAAM), u. v. m. Mental trainiert wurden Mannschaften aus Deutschland, Nepal, Österreich und der Schweiz.

Dozentin an der Hochschule Ansbach – Autorin von vielen Fachartikeln und des Buches »Mein Kind kann's – Mentaltraining für Schule, Sport und Freizeit« (Verlag pietsch, ISBN: 978-3-613-50716-6) – Sprecherin auf nationalen und internationalen Konferenzen. Antje Heimsoeth leitet Vorträge, Kadertrainings, Inhouse-Trainings, Teamtrainings, Workshops, Ausbildungen und Seminare in Deutschland, Österreich und Schweiz.

Ihr Anliegen ist es, ihre persönlichen Erfahrungen im Coaching von Menschen weiterzugeben. Persönlichkeitstraining und -entwicklung macht Spaß, weckt Lebensfreude, bringt Lebensqualität und eröffnet den Zugang zu versteckten Ressourcen – auf dem Golfplatz und im Alltag – in uns.

Schreibe an:
Antje Heimsoeth, SportNLPAcademy®
Wendelsteinstr. 9b · D-83026 Rosenheim
e-mail: info@sportnlpacademy.de
www.sportmentaltraining.eu

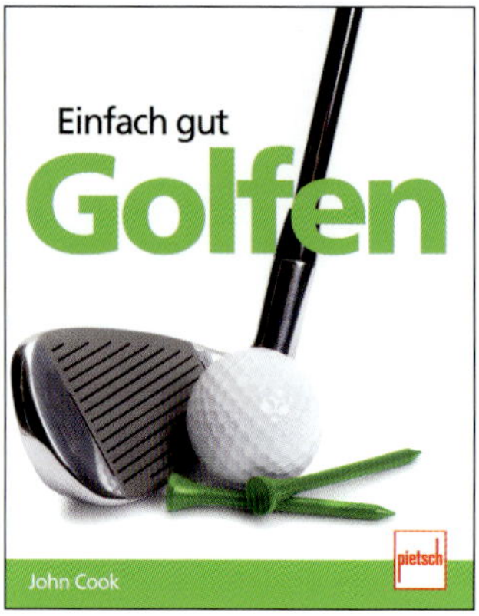

John Cook
Einfach gut Golfen

John Cook schöpft aus seinem reichen praktischen Erfahrungsschatz als Golf-Pro und Trainer. Unterhaltsam, kurzweilig und auf den Punkt erfährt der Golfer hier, wie er besser spielt, ohne mit nicht relevanten Informationen belastet zu werden. Mit diesem Ratgeber ist ein besseres Handicap garantiert.
172 Seiten, Format 165 x 205 mm
ISBN 978-3-613-50696-1
€ 14,95 / CHF 19,90 / € (A) 15,40

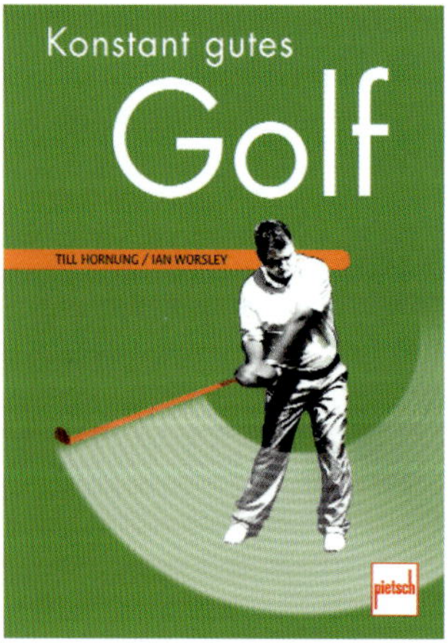

Ian Worsley/Till Hornung
Konstant gutes Golf

Der Golfschwung ist eine der komplexesten Bewegungen im Sport überhaupt und wird von unzähligen Stellschrauben beeinflusst. Der Golf-Pro Ian Worsley und sein Schüler Till Hornung zeigen in dieser Neuheit, an welchen wesentlichen Punkten Golfer vom fortgeschrittenen Anfänger bis zum erfahrenen Spieler ansetzen können, wenn sie an ihrer Konstanz arbeiten und ihr Handicap verbessern wollen.
128 Seiten, Format 170 x 240 mm
ISBN 978-3-613-50738-8
€ 14,95 / CHF 19,90 / € (A) 15,40

www.pietsch-verlag.de
Postfach 10 37 43 – 70032 Stuttgart
Telefon: 01805/00 41 55;
Fax: 01805/959 729*

* 0,14 €/Min. aus dem dt. Festnetz, max. 0,42 €/Min. aus Mobilfunknetzen
Stand Januar 2012, Änderungen in Preis und Lieferbarkeit vorbehalten